"智能化视听功能康复评估与辅具适配关键技术研究
（2018YFC2002602）"资助出版

儿童言语语言
康复技术

Ertong Yanyu Yuyan
Kangfu Jishu

中国听力语言康复研究中心 主编

华夏出版社
HUAXIA PUBLISHING HOUSE

图书在版编目（CIP）数据

儿童言语语言康复技术 / 中国听力语言康复研究中心主编. -- 北京：华夏出版社有限公司，2025.
ISBN 978-7-5222-0795-7

Ⅰ．G762

中国国家版本馆 CIP 数据核字第 2024UW4439 号

儿童言语语言康复技术

主　　编	中国听力语言康复研究中心
责任编辑	张冬爽
责任印制	顾瑞清

出版发行	华夏出版社有限公司
经　　销	新华书店
印　　装	河北宝昌佳彩印刷有限公司
版　　次	2025 年 2 月北京第 1 版　2025 年 2 月北京第 1 次印刷
开　　本	787×1092　1/16 开
印　　张	18.75
字　　数	340 千字
定　　价	99.00 元

华夏出版社有限公司　地址：北京市东直门外香河园北里 4 号　邮编：100028
网址：www.hxph.com.cn　电话：（010）64663331（转）
若发现本版图书有印装质量问题，请与我社营销中心联系调换。

儿童言语语言康复技术
编委会

主　编　张　芳　梁　巍　王丽燕
编　者（以姓氏笔画为序）
　　　　　卫冬洁　马晓宇　王丽燕　王晓力　申　敏　史　泱
　　　　　曲春燕　刘　淼　李革临　杨　军　肖永涛　宋　戎
　　　　　张　芳　张庆苏　陈　滨　罗　薇　赵子晨　晁　欣
　　　　　郭煜然　陶　征　梁　巍　梁佳静　穆　晨
秘　书　赵子晨　梁佳静
插　图　郭　勇

前 言

听觉是人类获取信息的一种重要手段，是正常言语发育及语言交流的先决条件。语言是人类在充分的语言环境刺激的作用下特有的一种高级神经活动，是人类在学习、社会交往、个性发展中应具备的重要能力。言语专指口头语言，即带有声音的语言。言语是人们用自身的发音器官发出的语言，人们可以用它表达自己的思想，它是人们在日常生活中运用最多、最便利的一种交流手段。语言和言语不能等同，语言包含言语，而言语则归属于语言。

言语语言障碍是指人们在使用或理解口语、书面语等沟通媒介时出现的各种异常现象。儿童期，尤其是儿童早期，是人类听觉、语言、言语能力发展的关键时期。根据有关研究报道，在中国，言语语言障碍儿童的数量占儿童总数的10%～20%，其中，3～6岁儿童的功能性言语语言障碍发病率为3%～8%；大多数听力障碍儿童受到听力损失的影响，加之缺少与周围语言环境的互动，其言语能力明显低于正常儿童。此外，在确诊为脑瘫、孤独症的儿童群体中，也存在着较高比例的言语语言障碍者；在每年新增的脑卒中患儿中，约有30%的患儿伴有失语症；在每年新增的脑外伤患儿中，约有10%的患儿伴有失语症。可见，言语语言障碍正在严重影响着上述患者群体的交流水平、心理健康、学习质量和生活质量，给自身、家庭和社会带来沉重负担。此时，及时、科学、有效的言语语言康复是缓解和解决言语语言异常问题的最主要的方法。

随着国家重点研发计划"主动健康和老龄化科技应对"2018年度重点专项"残疾人与失能和半失能老年人康复辅助器具评估与适配体系研究与应用示范"项目的确立和所属课题2"智能化视听功能康复评估与辅具适配关键技术研究（2018YFC2002602）"的推进与实施，课题组发现听力障碍儿童群体中普遍存在着较高的言语语言康复需求，但由于言语语言康复的学科性、专业性强，基层专业人才短缺，言语语言康复指导性、实用性不足，这一类康复需求一时难以满足。为了缓解言语语言障碍儿童康复服务需求满足率不高的问题，本课题组在保证完成所承担的科研课题任务的基础上，组织专门负责言语语言康复服务任务的专业小组成员，围绕儿童的言语语言康复这一专题，针对基层康复服务提供者和儿童家庭的康复实践需要，总结、撰写了三册图书，分别为《儿童言语语言康复技术》《儿童言语语言康复实用手册》《儿童发音训练教程》。这三册书将作为本课题组完成所承担课题任务成果的一部分，奉献社会，以期让更多的基层言语语言康复服务提供者和言语语言障碍儿童的家庭能够从中受益，帮助言语语言障碍儿童实现有效康复。

《儿童言语语言康复技术》主要是从言语语言治疗学的角度，按照儿童言语语言异常的不同分类，围绕着儿童言语、语言、沟通的基本概念、产生机制和发展规律，以及不同的言语语言异常表现（构音障碍、听力言语障碍、嗓音障碍、口吃、语言发育迟缓、失语症）的定义、病因、评估和训练方法等进行了较为系统的阐述，并对言语语言障碍的预防宣教要点、方式、策略进行了介绍，旨在帮助基层言语语言康复服务提供者和言语语言障碍儿童家长了解和掌握有关儿童言语语言康复的基础知识体系，实现基本的答疑解惑的作用。

《儿童言语语言康复实用手册》主要是针对言语语言异常的不同分类，按照构音障碍、听力言语障碍、嗓音障碍、口吃、语言发育迟缓、失语症儿童的言语语言康复的实操需要，从方法学角度详细介绍了应用于临床的康复训练，包括各言语语言异常的行为表现、具体的训练方法、训练中的注意事项和延伸训练建议，旨在帮助基层言语语言康复服务提供者和言语语言障碍儿童家长了解和掌握有关儿童言语语言康复的方法体系，从而有的放矢地采用针对性方法，实施个性化的儿童言语语言康复训练，提高康复质量与效果。

《儿童发音训练教程》紧扣汉语言语语音音位（声母音位、韵母音位、声调音位）系统中每类音位系统的语音要素的发音部位，对训练方法和儿童发音时可能出现的问题进行了逐一的描述和介绍，并针对儿童在学习、掌握某个具体音位时需要拓展的字、词、句，以及避免发音混淆需要对比强化训练的素材给予了系统的梳理，旨在为基层言语语言康复服务提供者和言语语言障碍儿童家长提供系统的发音训练素材支持，指导他们为言语语言障碍儿童的言语语言功能康复目标的实现奠定汉语发音基础。

这三册书相辅相成，既可有机地联成一个系统，组合成一套适合基层开展儿童言语语言康复服务的培训课程，也可单独使用，成为基层言语语言康复服务提供者和言语语言障碍儿童家长自主开展言语语言康复训练实践的参考性基础实操工具和材料。

本套用书的编写，得益于中国听力语言康复研究中心课题组和儿童言语语言康复团队成员的共同努力，既是课题组部分研究成果的展示，也是团队成员多年从事儿童言语语言康复临床经验的结晶。但是，受篇幅、时间和编写经验不足的限制，内容上难免挂一漏万。临床上仍有太多问题需要我们继续实践，不断积累和提炼。恳请广大读者对本书中存在的缺失和不足给予批评指正。

最后，衷心感谢华夏出版社及其编辑人员对本套图书在出版工作中给予的指导与帮助。

中国听力语言康复研究中心

智能化视听功能康复评估与辅具适配关键技术研究课题组

2023 年 6 月

目 录

第一章 绪 论 ·········· 1
第一节 基本概念 ·········· 3
第二节 言语产生的机制 ·········· 7
第三节 儿童语言发展 ·········· 20

第二章 构音障碍 ·········· 27
第一节 基本概念 ·········· 29
第二节 构音障碍的评估 ·········· 48
第三节 构音障碍的训练 ·········· 55

第三章 听力言语障碍 ·········· 125
第一节 基本概念 ·········· 127
第二节 听觉发展概述 ·········· 131
第三节 听觉语言能力评估 ·········· 135
第四节 听力言语障碍的训练 ·········· 149

第四章 嗓音障碍 ·········· 173
第一节 基本概念 ·········· 175
第二节 嗓音障碍的评估 ·········· 180
第三节 嗓音障碍的训练 ·········· 184

第五章 口 吃 ·········· 193
第一节 基本概念 ·········· 195
第二节 口吃的评估 ·········· 201
第三节 口吃的训练 ·········· 206

第六章　语言发育迟缓 ………………………………………………………… 213
第一节　基本概念 ……………………………………………………… 215
第二节　语言发育迟缓的评估 ………………………………………… 217
第三节　语言发育迟缓的训练 ………………………………………… 225

第七章　儿童失语症 …………………………………………………………… 239
第一节　基本概念 ……………………………………………………… 241
第二节　儿童失语症的评估 …………………………………………… 249
第三节　儿童失语症的训练 …………………………………………… 257

第八章　言语语言障碍的预防宣教 …………………………………………… 265
第一节　预防宣教要点 ………………………………………………… 267
第二节　预防宣教活动实施 …………………………………………… 271
第三节　预防宣教活动评价 …………………………………………… 274

附录 1　言语语言功能评估汇总表 ………………………………………… 277
附录 2　构音器官检查表 …………………………………………………… 278
附录 3　构音语音能力评估记录表 ………………………………………… 282
附录 4　双字调评估记录表 ………………………………………………… 284
附录 5　听觉能力评估记录表 ……………………………………………… 285
附录 6　语言能力评估记录表 ……………………………………………… 286
附录 7　言语语言障碍预防宣教活动满意度调查问卷 …………………… 287

参考文献 ……………………………………………………………………… 288

第一章 绪论

第一节 基本概念

一、言语、语言与沟通

言语是有声语言形成的过程。简单来说，言语就是我们说出来的话。言语的产生是在中枢神经系统的控制下，通过外周发音器官的协调运动来实现的。如果语言中枢或者外周发音器官发生病变，人们就会出现发音费力、发音不清，甚至发不出声音等现象。

语言是一种作为社会交际工具的符号系统。语言系统指的是语言的各种要素及语言单位按照一定的组合规律和内部联系所构成的整体。语言的要素包括语音、语义、语法和语用。语言的形式包括口语、书面语、手语等。语言的类型有汉语、英语、日语等。

沟通是人与人之间利用各种媒介（包括口语、书面语、表情、图片等）进行信息交换的过程。信息交换不仅包括人与人之间的信息传递，还包括情感的交流，思想和经验的分享，以及需求的表达。

沟通在这三个概念里面是最广的概念，包括了运用言语、语言、副语言、非语言等进行信息交换的过程。语言是一种人类特有的沟通工具，包括了口语、书面语、手语等多种媒介。其中口语最为便捷，也是人们最经常使用的，它通过言语来进行表达。因此，我们可以说沟通是三者中最大的概念，语言是三者中最重要的符号系统，而言语是语言的表现形式之一。

二、言语链

人们是怎么利用言语进行沟通的呢？人们可以通过言语链来进行非常形象的描述，如图 1-1 所示。

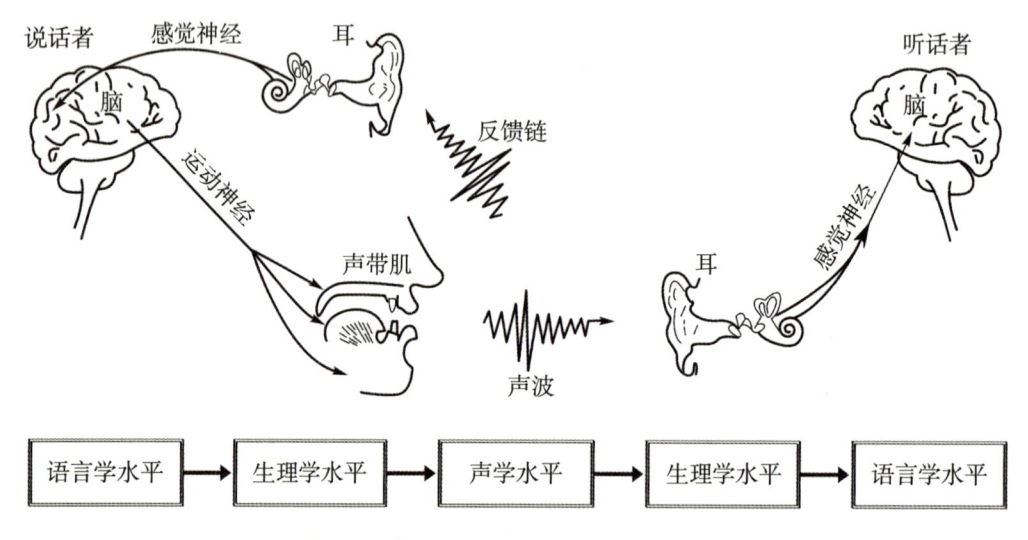

图 1-1 言语链（Denes & Pinson，1963）

言语链把言语交际过程看作一条连接说话者和听话者的各种事件的链环，采用了多学科的描述方法，分别从语言学、生理学和声学等方面揭示了言语的性质。言语链具体指的是在言语产生和理解过程中，我们说和听的时候所发生的一系列过程，可以分为五个阶段。

（1）第一阶段

第一阶段是编码，发生在语言学水平，我们作为说话者想向对方传递语言符号时，会在大脑中进行编码。编码的过程就是人们在大脑中给要表达的意思寻找适当的词汇，组成句子，表达出来的过程。有人想表达一个意思，但词不达意，那就是"编码失误"的现象。另外，我们需要明确的是言语沟通过程开始于人们对某种交际意图的编码，交际意图就是交际的目的，这是一次交际的启动因素。人们将交际意图编码并且发出，才有以后的过程。

（2）第二阶段

第二阶段是发送，我们用组织好的言语发出指令并作用于发音器官，指挥我们的肺部进行呼气运动，声带振动，下颌、唇、舌等发音器官相互配合，发出有意义的言语声。这个过程属于生理学水平。其中发送指令的过程，几乎发生在编码的同时。我们不能把编码和发送理解成先后衔接的两个不同阶段。事实上，人们并非总是在头脑中想好了每一个要说的词，再按预定计划说出来，而是边说变想，想和说相互作用。

（3）第三阶段

第三阶段是传递，我们发出来的言语声以声波的形式传递到听话者的耳朵。这个过程属于声学水平。

（4）第四阶段

第四阶段是接收，听话者的听觉器官接收到振动，并将其转化为生物电通过听神经传递给脑。这个过程属于生理学水平。

（5）第五阶段

第五阶段是译码，听话者把输入的神经冲动转化成语义内容，译码也叫解码开始，译码完成，语义内容被接收，也就是听话者理解对方说的意思。译码如果失误，就会造成译码误差，影响听话者对语义内容的正确理解。

译码的过程不是一成不变的。它可以随着听话者或阅读者的言语能力的发展而趋于简化。一个人如果语言能力较为发达，就可以依靠对所听内容和上文的提示，迅速地把握住话语的大致内容。这说明，理解性言语活动的本质特征是其综合性。这个综合性也可以体现在对阅读语言的理解上，例如，一个人在正常阅读时，并不需要理解书面文字所发出的全部单个信息，他只要抓住关键部分，就可以理解所读的实质内容。人在正常阅读时，常常对错字视而不见，这也是一个有趣的例证。

说话者发出来的声音，一部分通过空气传导到听话者的耳朵里，另一部分又回到自己的耳朵里，这叫作反馈链。简单来说，就是我们说的话不仅听话者能听到，我们作为说话者也能听到，这就是反馈链的作用。我们可以通过反馈链来对自己发出的声音进行监控，包括声音的音量、音色和音质，以及发音错误与否等。如果发音有偏差，我们就会去调整说话的方式。因此，儿童如果在听觉的环节当中出现问题，都有可能出现言语语言障碍。同时，反馈链的存在也提醒我们，在儿童言语语言康复的过程中，要特别注意培养儿童对自己声音的监控能力。

言语链的不同阶段存在问题会导致儿童出现不同情况和程度的言语语言障碍。**言语链第一阶段**存在问题的情况多出现于失语症、语言发育迟缓的儿童，这类儿童的大脑对某事物缺乏概念或提取不了该概念，从而难以形成自己想表达的内容。**言语链第二阶段**存在问题的情况多出现于嗓音障碍、构音障碍的儿童，这类儿童无法很好地产生带有语言信息的声波。**言语链第三阶段、第四阶段**存在问题的情况多出现于听力言语障碍的儿童，声音无法正常传递到这类儿童的大脑。**言语链第五阶段**存在问题的情况同第一阶段存在问题的情况一样，多出现于失语症、语言发育迟缓的儿童，这类儿童的大脑对某事物缺乏概念或提取不了该概念，从而无法理解听到的语言。

言语语言障碍意味着言语链的某个阶段出现了不同程度的问题。评估可以帮助康复师准确把握儿童的言语交际过程究竟是哪里出现了问题，也就是找出言语链的哪个阶段存在问题。在这个基础上，康复师才能准确地制订目标和训练方案，从而开始进行相应的康复训练。准确的评估对之后训练计划和康复方案的制订具有很大的意义。从这个角度上讲，正确理解言语链对于每一位从事言语语言康复的工作者来说非常重要。

三、言语语言障碍

言语语言障碍是指个体的口语和非口语产生及运用出现了异常，包括声音的发出、语音的形成、语流的节律，或者语言在大脑的加工和产生过程出现了问题，涉及语言的理解和表达，从而影响到人们之间的交流和沟通。

（一）构音障碍

构音障碍是指构音器官在构音的过程中发生运动异常或协调运动异常，导致个体出现发音不清。

构音障碍是导致言语清晰度下降的主要原因，在临床上表现为韵母音位异常、声母音位异常、声调异常和鼻功能异常四个方面。构音障碍是最常见的言语语言障碍之一。

（二）听力言语障碍

听力言语障碍是指由听力障碍引起的言语语言障碍。听力障碍是指听觉系统中传音、感音及对声音进行综合分析的各级神经中枢发生器质性或功能性异常，导致听力出现不同程度的减退。听力正常与否对儿童言语语言的学习具有非常重要的意义，听力损失可能会导致儿童出现不同程度的言语语言障碍。尤其是在言语习得之前由中度以上的听力障碍所致言语语言障碍的儿童，不经言语治疗很难自然获得正常言语。

（三）嗓音障碍

嗓音障碍又称发声障碍，指呼吸或喉头调节存在器质性病变或功能性异常，导致个体出现失声、发声困难、声音嘶哑等问题。声带和与声带相关的肌肉组织出现的形态和组织病理结构的改变，以及声带或声道在发声过程中的不当应用常引起嗓音障碍。嗓音障碍的表现主要有不同程度的声音嘶哑、声音紧张、气息声、音调异常等。嗓音障碍可以分为器质性嗓音障碍和功能性嗓音障碍。

（四）口吃

口吃属于言语的流畅性障碍，是言语节奏的紊乱。口吃者不由自主地出现声音重复、延长或中断，无法清楚表达自己想表达的内容，并可能伴有不必要的面部、肢体及情绪的改变。口吃的病因尚不明确，可能与遗传因素和精神因素有关。

（五）语言发育迟缓

语言发育迟缓是指在生长发育过程中儿童的语言发育落后于其实际年龄相应的水平。主要表现为与正常同龄儿童相比不会说话、说话晚，发展慢或停滞，语言表达或理解力差，以及交流能力不佳等。常见病因有孤独症、精神发育迟缓、脑瘫和发育特异性障碍等。

（六）失语症

失语症是指语言能力获得后，大脑功能损害所引起的语言功能受损或丧失。通常表现为听觉理解、口语表达、阅读或书写障碍。临床上失语症的常见病因有脑血管病、脑外伤、脑肿瘤和感染等，病变部位主要是大脑的语言中枢。

第二节　言语产生的机制

一、言语产生的过程

言语的产生是由多个系统共同参与完成的生理过程。言语产生的过程是：贮存在肺、气管与支气管内的气体有规律地随呼气运动排出，形成气流；当气流到达声门处时，被转变成一系列的脉冲信号（声门波），然后通过声道的共鸣作用，形成具有适当形态的声波，最终由嘴和鼻发出言语信号（声波）。

在发音的全过程中，中枢神经系统起到了调节控制作用。因此，发音生理过程是在神经系统控制下，由呼吸系统、发声系统、构音系统和共鸣系统共同完成的。总之，语音是发音系统中各个组成部分协调运动的结果，不同的发音方法有不同的语音效果。

二、呼吸系统

呼吸系统，作为人体至关重要的生理系统之一，是人体与外界环境进行气体交换的桥梁。吸气时，我们的胸腔扩大，气流沿着呼吸道到肺，呼气时，伴随着气体的排出，胸廓回收。控制胸廓变化的肌肉主要是位于胸腔和腹腔之间的膈肌和控制肋骨运动的肋间外肌。这种由肋间外肌和膈肌的收缩、舒张引起胸廓节律性扩张与缩小的过程就是呼吸运动。呼吸运动产生的气流经过支气管、气管至喉部的声门，形成言语产生的动力来源。

肺是呼吸系统中重要的换气器官，由肺泡构成，肺扩张时会产生弹性阻力，弹性阻力产生的原因一方面是肺组织本身的弹性回缩力，另一方面是肺泡内气液界面的表面张力。肺的扩张与回缩形成肺内气体与外界大气压的气压差，气压差进而产生了夸声门的气流。

气管和支气管是人体的呼吸通道，气管好似"树干"，上接喉腔，向下分为左、右主支气管（一级支气管），再分为肺叶支气管（二级支气管），进入肺叶。肺叶支气管在各肺叶内再分为肺段支气管（三级支气管），通过终末支气管连接肺泡。整个气管、支气管及其分支的形状就像是倒置的大树，故称为"支气管树"。支气管树是空心的，其管腔为气流的通道。

气流流经气道时，气体与管壁间可发生摩擦而产生非弹性阻力。肺的弹性阻力和下呼吸道的非弹性阻力都可以影响声门下的气流量而影响声门下压，进而影响声带张力等特性，使音长、音量产生变化。

胸廓是由骨和软骨组成，其中肋骨头和椎体间有关节，可使胸腔在呼吸活动中容积发生变化。其中膈肌与肋间肌的活动是改变胸廓容积、决定气流量的基础。

膈肌是一个巨大的穹隆状的肌肉，介于胸腔和腹腔之间，收缩时其穹顶向前下方移动，增加了胸腔的上下径，同时通过上提部分肋骨增加了胸腔的周长，增加了胸腔容积，引起气体压力变化，使气体进入肺内。膈肌的收缩和舒张能精准地改变声门下压和控制气流。

肋间肌分为肋间外肌、肋间内肌和肋间最内肌，主要功能是保持胸廓的稳定性。肋间外肌收缩提升肋骨，吸气时使胸腔容积增大；肋间内肌参与用力呼气的过程；肋间最内肌的功能尚不十分清楚。

另外，人体颈部、胸部、腹部及背部肌肉均具有直接和间接辅助呼吸的作用，例如人在使劲唱歌时，胸腔压力增加，颈部肌肉收缩，导致颈部静脉回流受阻，静脉血管突出皮肤表面，也就是有些歌手唱高音时脖子上爆出的青筋。

呼吸系统重要的功能是呼吸运动，呼吸运动分为吸气相和呼气相两个时相，有胸式、腹式、胸腹联合呼吸三种运动形式。吸气是一种主动的生理过程，膈肌是呼吸道气流的主要动力来源，膈肌的收缩使膈肌变得平坦并相应使得胸腔扩大，同时提升较低的肋骨并稳定胸腔。在正常呼吸状态下，其他相关的肌肉（如肋间肌）处于安静状态，然而在某些情况下，例如，用力呼吸时，这些肌肉活动以保持胸腔及腹壁的稳定，从而提高膈肌的工作效率。呼气总体来说是一种被动过程，肺扩张时会产生弹性回缩力，胸廓本身也有重力作用，在吸气末，当这种收缩导致肺内压力大于大气压时，呼气过程开始。然而，当讲话尤其是唱歌、演讲时，肋间肌等辅助肌肉参与，呼气成了主动过程。

当我们在讲话的时候，首先是吸气肌肉群提高肋骨和胸骨，固定锁骨和胸椎肌肉收缩，膈肌下降（7～10厘米）；当呼气发声的时候，吸气肌肉群放松，呼气肌肉群收缩，腹部内收，膈肌上升压缩肺内气息到达支气管、气管，声门闭合，气流转化成声波。

三、发声系统

喉既是人体的呼吸器官，亦是发音的振动器官，其中声带的活动是发声系统中的关键。喉的生理功能包括呼吸功能、发声功能、保护功能、吞咽功能、反射功能。

喉是由胚胎的鳃弓发育而成。喉是以软骨为支架，以韧带、关节、肌肉和黏膜连接成的一个锥形管状器官，上接咽部，下接气管。新生儿喉的位置高，安静时接近于第三或第四颈椎，吞咽时可达第一或第二颈椎，甚至口咽检查时可看到部分会厌。成人喉的位置则相当于第三至第六颈椎平面。

喉的软骨支架由单个的自上向下排列的会厌软骨、甲状软骨、环状软骨及成对的杓状软骨、小角软骨、麦粒软骨组成。其中甲状软骨是最大的一块，由左右对称的四方形甲状软骨板在颈前中线融合而成。环状软骨是喉部唯一完整环形的软骨，前部细窄称为弓，后部高呈方形称为板，板的上缘两侧各有一个长圆形关节面，与杓状软骨形成环杓关节板，两侧的关节面与甲状软骨下角形成环甲关节。杓状软骨，亦称"披裂软骨"，形如三棱锥体形，其基底呈三角形，前角称"声带突"，是声带肌和声韧带附着处，外侧角称"肌突"，环杓侧肌及甲杓肌外侧部分附着其侧部，环杓后肌止于其后部，杓肌附着于其底部的内角，杓状软骨内侧面光滑，构成声带的软骨部分，占声带全长的1/3。喉的各软骨之间连接的韧带和膜性组织有甲状舌骨膜、喉弹性膜、甲状会厌韧带、舌会厌正中襞、环甲膜、杓状会厌襞和环气管韧带等。

喉的肌肉分为喉内肌和喉外肌。喉外肌的共同作用使喉体完成上升或下降动作，以辅助完成吞咽、保护、发音、呼吸等功能。喉内肌主要分为4组：声门开大肌包括环杓后肌；声门关闭肌包括环杓侧肌和杓肌（杓横肌、杓斜肌）；声带张力调整肌包括环甲肌（收缩使声带紧张）和甲杓肌（不同部分可使声带紧张或松弛）；会厌活动肌包括杓会厌肌和甲状会厌肌。喉外肌以舌骨为界，可分为舌骨上肌群和舌骨下肌群。舌骨上肌群主要包括二腹肌、下颌舌骨肌、茎突舌骨肌和颏舌骨肌；舌骨下肌群主要包括胸骨舌骨肌、胸骨甲状肌、甲状舌骨肌和肩胛舌骨肌。喉的发声功能主要靠喉内肌来完成，表1-2列出了直接影响发声功能的喉内肌和喉外肌。说话发音，即发真声的状态，声带肌收缩声带的力度比环甲肌的大，声带的本体部变厚并且弹性增加，膜部松弛并且弹性变小，黏膜波动明显。

表1-2 直接影响发声功能的喉内肌和喉外肌

名称		功能
喉内肌	环甲肌	使声带紧张、伸长
	环杓侧肌	使声带内收，缩小声门裂隙
	环杓后肌	使声带外展，扩大声门裂隙
	杓肌（杓横肌、杓斜肌）	使声带内收，特别是后部区域
	甲杓肌 声带肌部分	使声带缩短，增加张力
	甲杓肌 其他部分	使声带内收，减小张力
喉外肌	胸骨甲状肌	降低甲状软骨，喉头下降
	甲状舌骨肌	抬高甲状软骨，喉头上升，舌骨下降

喉的黏膜由上皮层和固有层组成，喉弹性膜是固有层的一部分。**喉腔**内两侧自上而下有两对隆起结构，上面一对为室带，下面一对为声带，两者之间的侧方凹陷为喉室。以声带为界，喉腔分为声门上区、声门区、声门下区三区。声门上区是指声带以上的部分，包括喉前庭、室带和喉室。喉前庭是位于喉口和室带之间的区域，室带又称假声带，位于声带上方，与声带平行，由黏膜、室韧带和肌纤维组成。喉室位于室带和声带之间，呈椭圆形腔隙，有黏液腺分泌黏液润滑声带。声门区是指两侧声带之间的区域，包括两侧声带、前联合和后联合。声门裂的前端为前联合，后端为后联合。声门下区是指声带以下的部分，其下界相当于环状软骨下缘，与气管相连。

喉的血液供给来源有两个，一个为甲状腺上动脉，另一个为甲状腺下动脉。甲状腺上动脉起自颈外动脉，发出后又分两支，喉上动脉穿舌甲膜进入喉内，环甲动脉下行穿环甲膜进入喉内。甲状腺下动脉是锁骨下动脉甲状颈干的分支，发出后分出喉下动脉，经环甲关节后进入喉内。

喉的神经主要有两对，喉上神经和喉返神经。喉上神经是迷走神经经颈静脉孔出颅后分出直接进入喉腔的，喉上神经行至舌骨大角平面再分出喉上神经内支和外支，内支分布在声带以上区域的黏膜，为感觉神经，外支支配环甲肌，调节声带张力，为运动神经。喉返神经是迷走神经进入胸腔后分出的。右侧喉返神经绕锁骨下动脉，左侧绕主动脉弓，向后沿气管、食管沟上行，到环甲关节后方入喉。喉返神经支配除环甲肌之外的所有喉内肌，为运动神经。左侧喉返神经较右侧长，且左侧易受累；右侧较左侧表浅。

在喉的组成成分中，**声带**是发声系统中最重要的结构，声带本身可调节松紧，也可改变厚度，在气流动力的带动下声带振动产生了基音。声带如图 1-2 和 1-3 所示，位于喉腔内室带下方，左右各一，由喉黏膜、声韧带和声带肌组成，前端附着于甲状软骨板交角内侧，后端止于杓状软骨的声带突。成年男性的声带长度为 20～25mm，成年女性的声带长度为 15～20mm，平均厚度为 2mm，新生儿声带全长为 2.5～3mm。声带随着声带突的运动张开、闭合。声带张开时，声带间出现一个三角形裂隙，该裂隙为声门裂，简称"声门"。声带前 2/3 为膜部，膜部黏膜下为声韧带，后 1/3 为软骨部，软骨部黏膜下为杓状软骨的一部分。声带的振动主要发生在膜部。

图 1-2　吸气时的声带　　　　图 1-3　发声时的声带

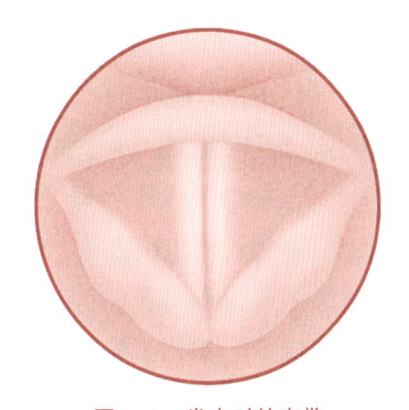

关于声带的超微组织结构，Hirano 的研究表明，正常声带是层状结构，分为上皮层、黏膜下层（即固有层）和肌肉层。表层是由非角化上皮组成的上皮层。其下是黏

膜下层，黏膜下层分为浅、中、深三层，主要由细胞成分及细胞外基质组成。黏膜下层的浅层为疏松结缔组织，是可分离层；中层由弹性纤维组成；深层主要由胶原纤维组成。中层和深层加在一起的厚度约为 1～2mm，构成了声韧带。声韧带的强度对声带长度及厚度的变化起着重要的作用。声带最深部为肌肉层，甲杓肌构成声带的肌体。甲杓肌收缩使杓状软骨向前移动，缩短了声带的长度，同时也增加了甲杓肌的紧张度。

声带是与发音功能直接相关的组织结构，声带的细胞外基质成分是声带振动机械性的重要影响因素。声带黏膜血管的超微结构很有特点，电镜下可见声带黏膜血管周围存在大量血管外膜细胞，这些细胞胞体和突起紧密围绕毛细血管，支撑保护毛细血管壁，这种超微结构的破坏常导致声带良性病变。

儿童的喉和成人的喉相比有不成熟的地方。一方面，从组织学上声带是由婴儿时期的单细胞层不断发育成熟，上皮层细胞数量逐渐接近成人，这种渐变的发育过程贯穿整个儿童期，大约 7 岁时，声带黏膜出现了分层结构，而黏膜下层在深度和广度上继续发育到青春期。另一方面，喉在生化方面的差别虽然尚未有明确的研究结果，但关于声带的上皮层细胞分子生物学研究及细胞外环境的稳定性研究已经有相关报道。另外，儿童喉的本身特点也对发音不利，如喉软骨支架硬度不够、声带膜部占全长比例小（新生儿声带长约 6～8mm，软骨部和膜部各占一半）、声门闭合能力弱（后部裂隙），这些问题随着年龄增长会逐渐改善。儿童的声门下压相对要比成人大，这是因为儿童期胸腔比例相对较大，到青春期压力会相对降低。一个人的声音特点和变化与随着年龄增长而增强的声带能力和声门闭合情况有关。

声带振动的模式目前被广泛认可的是肌弹力-气流动力学说（Myoelastic-aerodynamic Theory），即发音时双侧声带并拢接触，产生黏膜波动，并阻断了来自声门下的气流，声门下压增加冲开闭合的声门形成裂隙，此时杓状软骨仍处于闭合状态，随着压力变小甚至为负压时，声带膜部再次并拢，规律性重复此运动，就形成了规律振动，这种声带自持续振动时，就产生了一定音调的声音。在声带层状结构中，位于上皮层和黏膜下层浅层的组织密度、黏滞度与黏膜下层中层、深层有明显不同，形成所谓的包膜层。在气流作用下，声带上下缘组织运动不一致，是自下而上依次交替运动，类似波浪的运动，被称为黏膜波动。这种波动呈现十分复杂的形式，有水平相、纵相、垂直相三种不同运动相位，其中垂直相上的波形变化对于声带的整体振动波形、音调和音质的影响是极为重要的。

发声系统产生声音的机制和过程如下。在呼吸的时候，声门呈等腰三角形开放状，空气经过声门不产生声音。发音前，大脑皮质通过大脑脊髓束，把发声指令这一神经冲动传递到参与发声的相关肌肉，如膈肌和肋间肌，首先完成发音前的吸气动作。此时环杓后肌的电位减弱，甲杓肌电位被激活，声带进入发声的准备状态，声带先是前端，继而是中部，最后是喉部相继向中线靠拢。与此同时，呼气肌肉群也开始活动，储存在肺内的空气被排出，到达声门致使声门下压升高，当声门下压力超过声带闭合的张力时，空气迫使声带向两侧打开，在气流冲开声门的瞬间，可见声带黏膜波动。之后借声带自身的弹力及闭合声门肌肉的收缩和伯努利效应（Bernoulli effect），在气体经过声门时，使声门区形成负压，声带被吸向内，又恢复闭合的状态。接着气压又升高，声带被气流冲开，随之声带有节律的一开一闭，气流转换成为声波，成为我们听到的声音。

四、构音系统

构音指的是构音器官通过运动发出组成语言单词的言语声音（即语音）的过程。构音器官包括口腔、舌、腭、唇、齿、颊等，个体通过活动改变口腔形态并影响气流特征，通过唇、齿、舌、颊等的调节，发出元音和辅音，并影响语音清晰度。舌是最重要的，也是活动性最强的构音器官。

（一）舌

舌分上、下两面及两面间的肌层。

1. 舌的上面

舌的上面拱起称舌背，舌背黏膜粗糙与舌肌紧密相联，如图1-4所示。舌背上有一向前开放的"V"型沟叫界沟，将舌分为前2/3的舌体和后1/3的舌根，舌体最前缘靠近上切牙的部位为舌尖。

舌体遍布乳头，乳头有以下4种：丝状乳头，数量多，分布于舌体上面，司一般感觉；菌状乳头，数量少，分布于丝状乳头之间，司味觉；轮廓乳头，一般为7～9个，排列于界沟前方，司味觉；叶状乳头，为5～8条并列皱襞，位于舌侧缘后部，司味觉。

舌后1/3黏膜无乳头，有许多结节状淋巴组织，这些结节状淋巴组织被称为舌扁桃体。

2. 舌的下面

舌的下面称舌腹，黏膜薄而平滑，与舌下区黏膜相延续，并在中线形成舌系带，如图 1-5 所示。舌系带两侧各有一黏膜皱襞，该黏膜皱襞被称为伞襞，向前延伸至舌尖。舌神经和血管在左、右伞襞与舌腹中线间的三角区内穿行，从外向内排列为：舌深静脉、舌神经、舌深动脉。它们距舌腹近，而距舌背较远，其中舌深静脉靠近伞襞，位置比较浅。

图 1-4 舌上面

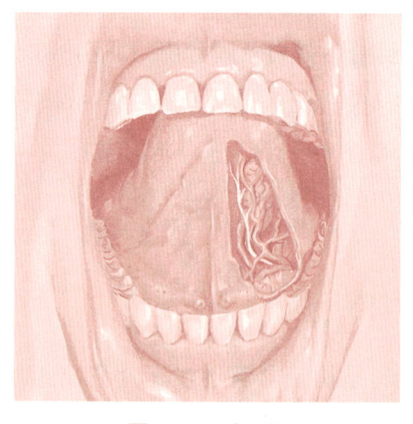

图 1-5 舌下面

舌系带过短或附着过前常造成言语、吮吸和咀嚼障碍，须进行手术治疗。舌系带过短或附着过前的临床表现为舌不能伸展超过切牙区，舌不能接触上腭，舌前伸时出现 V 形槽口或双裂片结构。舌系带附着过前，如图 1-6 所示。

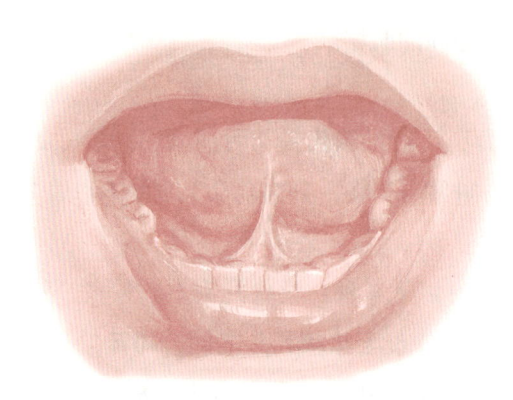

图 1-6 舌系带附着过前

吐舌是儿童比较常见的一种舌的异常表现，即舌在休息状态时其前端和侧面与上下切牙、尖牙或前磨牙有超过一半面积的接触，或者突出到上下牙之间，吞咽时舌头向前突出，类似婴儿的挺舌反射。正常的挺舌反射大约在婴儿 4～7 个月时消失。儿童如果超过 4 岁仍然有吐舌的习惯，就可能会日益严重。造成吐舌的原因很多，包括巨大舌、过大的扁桃体、舌系带过短、吮手指和鼻腔堵塞等。吐舌不仅会对儿童的牙齿和面容造成影响，还会对儿童说话的清晰度造成影响，特别是 /s/ 音。因此，我们需要及时发现儿童的吐舌现象，并进行干预和治疗。

3. 舌肌

舌肌分为舌内肌和舌外肌，如图 1-7 所示。舌内肌包括舌上纵肌、舌下纵肌、舌横肌和舌垂直肌，这些肌肉收缩时会改变舌的形态，对于辅音的产生很重要。舌外肌起于舌外，止于舌内，包括 4 对肌肉，颏舌肌、舌骨舌肌、腭舌肌和茎突舌肌，这些肌肉收缩时会改变舌的位置，对于元音的产生很重要。表 1-3 列出了参与发音的舌肌，这些肌肉协调运动、参与发音。儿童在刚刚学习说话或说话太快时，会放不对或省略舌的有些位置，导致发音不清楚。

表 1-3 参与发音的舌肌

	肌肉名称	起点	止点	神经支配	功能
舌内肌	舌上纵肌	舌根	舌尖	舌下神经	改变舌的形态；卷曲舌尖和舌周围；缩短舌
	舌下纵肌	舌根	舌尖	舌下神经	改变舌的形态；摊开舌尖，使舌尖朝下；缩短舌
	舌横肌	舌中隔	舌背和舌两侧缘	舌下神经	改变舌的形态；缩窄舌，伸长舌
	舌垂直肌	舌背腱膜	舌两侧缘和舌根	舌下神经	改变舌的形态；摊平、扩展舌
舌外肌	颏舌肌	颏棘	舌骨和舌侧面	舌下神经	伸舌；舌下凹
	舌骨舌肌	舌骨体和舌骨大角	舌两侧缘	舌下神经	舌下凹
	腭舌肌	软腭后面	舌两侧缘	副神经	抬舌；收缩前腭弓
	茎突舌肌	茎突	舌两侧缘	舌下神经	抬舌

(a) 口腔及舌表面

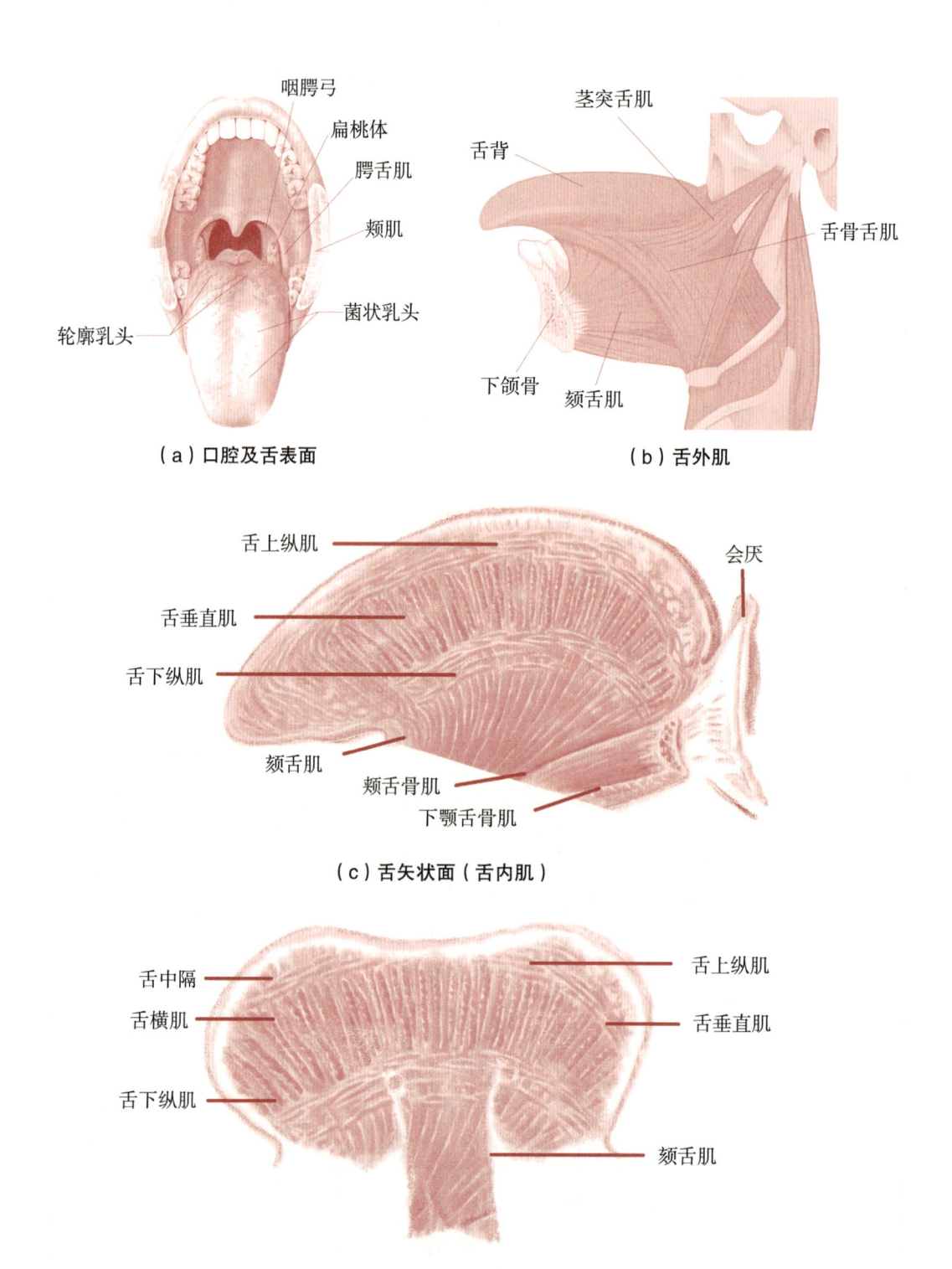

咽腭弓
扁桃体
腭舌肌
颊肌
菌状乳头
轮廓乳头

(b) 舌外肌

茎突舌肌
舌背
舌骨舌肌
下颌骨
颏舌肌

(c) 舌矢状面（舌内肌）

舌上纵肌
舌垂直肌
舌下纵肌
颏舌肌
颏舌骨肌
下颚舌骨肌
会厌

(d) 舌冠状面

舌中隔
舌横肌
舌下纵肌
舌上纵肌
舌垂直肌
颏舌肌

图 1-7　口腔和舌的解剖示意图

4. 舌的血管、淋巴管和神经

（1）血管

动脉：主要来自舌动脉，舌后 1/3 尚有咽升动脉的分支。

静脉：舌背静脉，收集舌背和舌两侧的静脉血注入舌静脉；舌深静脉，起自舌尖，后行于舌腹黏膜深处，与舌下静脉汇合成舌下神经伴行静脉，后注入面总静脉或舌静脉。

（2）淋巴管

舌尖淋巴管：大部分至颏下淋巴结，小部分至颈内静脉肩胛舌骨肌淋巴结。

舌体前 2/3 或外侧淋巴管：部分至下颌下淋巴结，另一部分至颈深上淋巴结。

舌中央淋巴管：部分汇入颈深上淋巴结，部分汇入下颌下淋巴结。

舌根淋巴管：汇入两侧颈深上淋巴结。

（3）神经

舌是最重要的构音器官，因此支配舌的神经损伤可导致严重的发音异常。一般来说，舌下神经（第十二对脑神经）对语言功能起重要作用，这一神经从舌前 2/3 向脑提供本体感受和肌肉运动知觉反馈。三叉神经（第五对脑神经）向脑提供舌前 2/3 的触觉反馈。舌咽神经（第九对脑神经）支配舌后 1/3 的运动和感觉。

（二）其他构音器官

1. 唇

唇，运动灵活，可调节口腔的开放程度，是构音和共鸣的重要器官。唇的解剖结构由外向内分 5 层：皮肤、浅筋膜、肌层、黏膜下层和黏膜。主要支配唇的肌肉为口轮匝肌，还有一部分由面中部和下部肌肉（如切牙肌、尖牙肌、笑肌、提上唇肌等）支配。唇的感觉由上、下颌神经的分支支配，运动由面神经支配。

唇的主要功能是，主要参与双唇音 p、b、m 的发音，部分参与唇齿音 f 的发音。唇也通过变圆、外展、突出、回缩的运动不同程度地参与其他辅音和元音的发音，并参与言语时的面部表情。

2. 颊

颊虽然不直接参与发声，但通过颊肌增加口腔两侧壁的稳定性，并且影响言语时的表情，颊对共鸣也有一定程度的影响。颊由外向内分 6 层：皮肤、皮下组织、颊筋膜、颊肌、黏膜下层和黏膜。颊肌的感觉由三叉神经（第五对脑神经）上颌支、下颌支支配，运动由面神经（第七对脑神经）支配。

3. 腭

腭分为硬腭和软腭。硬腭在上齿后方，从牙槽突延伸到软腭，由上颌骨腭突和腭骨水平板构成支架，表面覆以黏膜。硬腭前端弯曲的部分为齿龈，由鳞状上皮及其覆盖的纤维组织组成，舌尖中音 d、t、n、l 往往在这个部位形成。硬腭还参与舌尖后音 zh、ch、sh、r 和舌面音 j、q、x 等辅音的发声。硬腭黏膜和骨组织的神经来自三叉神经。软腭是一种能动的肌肉膜性样隔，厚约 1 厘米，附着于硬腭后缘并向后延伸，止于悬雍垂，由黏膜、黏膜下层、腭腱膜和腭肌等组成。腭肌共 5 对，包括腭帆张肌、腭帆提肌、腭舌肌、腭咽肌和腭垂肌。软腭主要参与舌根音 k、g、h 及鼻辅音韵尾的发声。此外，腭肌与咽肌协调运动，控制腭咽闭合，对呼吸、吞咽、语言起到重要作用。腭咽闭合是指鼻咽部的咽腔缩小，与上提的软腭形成广泛而密切的接触，从而分隔鼻咽腔和口咽腔，腭咽闭合是获得清晰语音的前提。除了三个鼻音 m、n、ng，腭咽闭合还是其他所有音素产生的必要条件。软腭的神经来自三叉神经、舌咽神经、迷走神经和副神经。

4. 咽门

软腭后部向两侧形成前后两条弓形皱襞，前者下行移行于舌为腭舌弓，后者移行于咽侧壁为腭咽弓。两弓间的凹陷为扁桃体窝，容纳扁桃体。腭帆、腭舌弓和舌根共同围成咽门。咽门的肌肉与软腭、咽和舌的肌肉彼此交联位于口腔后部各壁。这些肌肉的主要作用是共鸣，但也可能通过对腭咽运动的控制参与后元音和舌根音的发音。发音时它们产生的侧方运动可能表明咽壁侧方运动的幅度，这种幅度对产生腭咽闭合非常重要。咽门的感觉和运动由舌咽神经支配。

5. 牙齿

牙齿参与发音并影响发音时的美观。儿童的牙齿在 6 岁前为乳牙列期，有 20 颗乳牙；6～12 岁为混合牙列期，这期间 20 颗乳牙相继脱落，由继生恒牙替代，并有新的恒牙萌出，牙齿数目为 20～28 颗；12 岁以后为恒牙列期，牙齿数目为 28～32 颗。与发音有关的牙主要为上、下前牙。牙齿对 f、z、c、s 等发音很重要。另外，舌抵触齿龈和牙齿的部位和面积反映了舌位情况，是舌尖辅音发音的生理基础。由于发音时气流通过前牙的切缘，牙齿还参与塞音、擦音和摩擦音的发音。牙列缺失时，有些人由于代偿能力很好，发音不受影响，而有些人代偿能力不够，发音会受到影响。牙齿的神经来自三叉神经。

6. 下颌骨

下颌骨参与发音和共鸣。除了舌骨，下颌骨作为唯一可以活动的骨性发音器官，既可以改变口腔的大小，也可以促进舌的提升。当发音位置在口腔后部时，下颌骨改变舌位置的能力会减弱。咬肌、颞肌、翼状肌、二腹肌、颏舌肌、下颌舌骨肌等肌肉参与支配下颌骨。下颌骨的神经来自三叉神经。

7. 舌骨

舌骨，成水平"U"型，位于甲状软骨上方，下颌骨后下方。舌骨不与其他任何骨形成关节，上部有颏舌肌附着，下部有下颌舌骨肌、胸骨舌骨肌、肩胛舌骨肌附着。舌骨司舌的运动，具有吞咽和发音功能。

五、共鸣系统

咽腔、口腔、鼻腔、胸腔等腔体充当了共鸣器和过滤器，图1-8显示共鸣腔侧位像。共鸣腔体将声带振动产生的基音进行修饰，使声波某些频率的能量增强（增强能量的频率即为共振峰），某些频率的能量减弱，形成由共鸣腔形态和腔体弹性等决定的音色特点。其中咽腔、口腔因形态可变化，对声音的调控起主要作用，被称为"可调共鸣腔"，也被称为"可调制气道"。

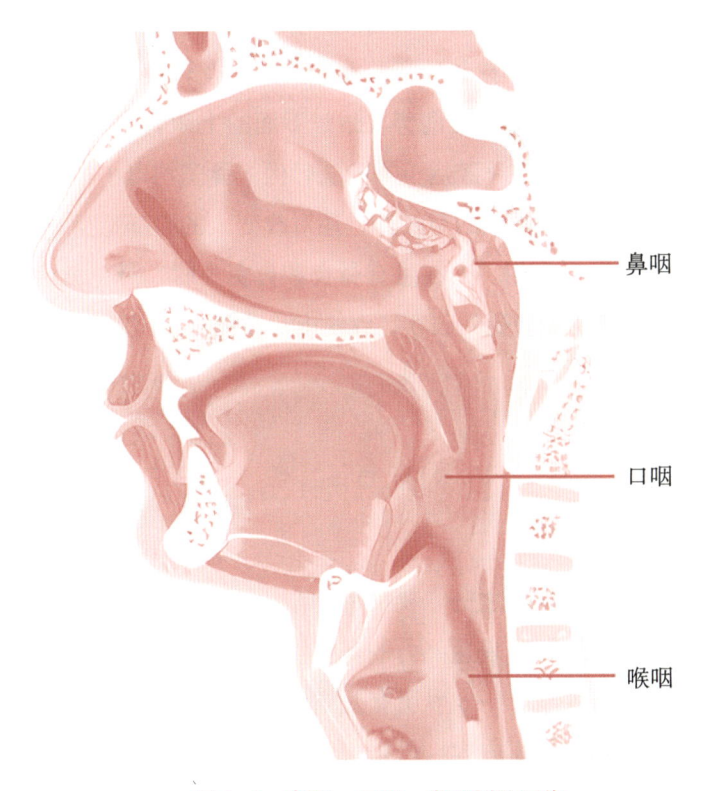

图 1-8 鼻咽、口咽、喉咽侧位图像

（一）咽腔

咽腔是肌性管道，可变形，中咽缩肌和下咽缩肌收缩可改变咽腔形态，茎突咽肌及咽腭肌抬升咽。另外舌、软腭也参与咽腔形态的改变和维持。

咽位于喉腔、口腔、鼻腔的中间部位，这三个腔体互通必须要经过咽腔，因此，咽腔对共鸣起着重要的作用。咽腔类似于长号伸缩管部，不仅可以扩大或缩小，还可以拉长或缩短，由于咽壁的软硬度是可以随着肌肉的收缩有所调节的，因此，咽腔对喉原音或基音可以起到不同的共鸣作用，而且对音色的改变也有明显作用。

（二）口腔

舌是口腔内的重要结构，舌的位置和运动极大影响了口腔的形态，舌是重要的共鸣和构音器官。口腔共鸣时，口腔自然上下打开，下腭自然放下，上腭有上提的感觉，这种共鸣使声音明亮、靠前。发中音（中声区的音）时，口腔和咽腔为主要共鸣器官。

（三）鼻腔和鼻窦

鼻腔是一个形状、大小相对固定的共鸣腔，鼻腔及鼻咽腔的开放、封闭依靠软腭和悬雍垂的作用，使声音在非鼻音和鼻音两种形式间相互转换。鼻窦是指鼻腔周围多个含气的骨质空腔。上颌窦位于鼻腔两旁、眼眶下面的上颌骨内；额窦在额骨内；筛窦位于鼻腔上部的两侧；蝶窦在鼻腔后上方的蝶骨内。鼻窦均以小的开口与鼻腔相通。鼻腔和鼻窦除参与湿润和温暖吸入的空气外，还对改变人的脸部造型、减轻头颅重量、获得鼻腔共鸣等方面起重要作用。人在患有鼻炎和鼻窦炎时，鼻甲就会肿胀，鼻腔内分泌物增多，鼻腔的共鸣功能会受到破坏，致使声音发闷，有闭塞感。

第三节　儿童语言发展

儿童语言发展有狭义与广义之分。狭义的儿童语言发展是指0～6岁普通儿童对母语，尤其是母语口语的理解与表达能力的获得性发展，也叫作"母语获得性发展"。广义的儿童语言发展是指处在0～6岁所有儿童对所有语言的理解与表达能力的获得性或学习性发展，至少涵盖如下内容：母语（即第一语言）口语学习；儿童书面语学习；儿童的非第一语言学习；障碍儿童语言培建与康复。本节主要陈述的是狭义的儿童语言发展，具体是指 0～6 岁普通儿童对母语口语的理解和表达能力的获得性发展。

一、0～3 岁儿童语言的发展

0～3 岁儿童在语言、运动、心理等方面的发展极为迅速。在这一时期儿童语言发展大致可以分为三个阶段：0～1 岁为前语言发展阶段，此阶段是儿童口语发生的准备阶段；1～2 岁为口语发生阶段，此阶段是儿童开始进入正式的学说话阶段；2～3 岁为基本掌握口语阶段，此阶段的儿童能用基本的口语与人交往。

（一）前言语发展阶段（0～1 岁）

前语言发展阶段是儿童获得语言的基础阶段。在这一阶段儿童的前语言感知能力、前语言发音能力和前语言交际能力会得到发展。这一阶段具体可以分为四个阶段，简单发音阶段、连续音节阶段、小儿语阶段和学话萌芽阶段。

1. 简单发音阶段（0～3 个月）

此阶段儿童的主要特点如下。

- 听觉较敏锐，对语音较敏感，能分辨语音和其他声音的区别。
- 能发出一些简单的音节，主要以单音节为主。
- 能用不同的哭声表达他们的需要，并对成人的逗弄和语言刺激做出相应动作反应，并产生交际倾向。

2. 连续音节阶段（4～6 个月）

此阶段儿童的主要特点如下。

- 经常发出连续的音节，发音多为元音和辅音相结合的连续音节，而且有从单音节过渡到重叠音节的过程。6 个月后，开始出现近似词的发音。
- 能辨别一些语调、语气和音色的变化，能感知说话者的表情、态度，表明语言理解能力有所提高。
- 与成人交往中出现了学习交际"规则"的雏形，具体表现在：以语音应答成人的话语逗弄；出现轮流"说"的倾向，能主动引起另外一段"对话"；逐渐学会用不同的语调来表达自己的态度。

3. 小儿语阶段（7～9个月）

此阶段儿童的主要特点如下。

- 能辨别更多的语调、语气和音色的变化。
- 懂得简单的词、手势和命令，能辨别家人的称呼，会指认一些日常物体（情境性理解）。
- 出现"小儿语"，即听起来似有提出问题、发出指令和表达欲望等含义，但实际上是成人难以听懂的婴儿发音。
- 会用语音吸引成人的注意。

4. 学话萌芽阶段（10～12个月）

此阶段儿童的主要特点如下。

- 开始真正理解成人的语言，对语言刺激能做出恰当的反应，具体表现在两个方面：能执行成人简单的指令，并建立相应的动作联系；能将一定的语音与实体相联系，但缺少概括性，例如，大人说"灯"，婴儿会用手指卧室的灯，其他的灯则不用手去指。
- 语言交际能力开始发展，即能通过语音、动作、表情的结合进行交流（情境性表达）。
- 约12个月时，能说出第一个有意义的单词，这是语言发生的标志。

（二）口语发生阶段（1～2岁）

经历了近一年的言语准备，幼儿开始进入学习口语的全盛时期，即口语发生阶段，又称为"正式学说话阶段"。这一阶段具体可以分为两个阶段，单词句阶段和双词句阶段。

1. 单词句阶段（13～18个月）

在这一阶段，幼儿往往用一个词表示一个句子，我们称之为"单词句"。此阶段儿童的主要特点如下。

- 以词代句，语言的情境性强，大人需要结合语言、手势、表情、体态确定儿童说话的含义。
- 语言理解能力迅速发展，胜于语言表达能力，能理解较多的名词和动词，能理解呼应句。在13～15个月时儿童出现短暂沉默期，甚至出现发音紧缩的现象，只用手势和行动示意。

- 会给常见物体命名，但常出现用词不准现象，即词义"错误"阶段。儿童在述说或命名时常出现以下几个现象：以声代物，如"汪汪"指狗；词义泛化，一词多义，如"毛毛"指所有带毛的东西；词义窄化，词义缩小，如"车车"仅指自己的婴儿车；词义特化，如因尿裤子时妈妈着急地说了"糟糕"，孩子在想小便时就会说"糟糕"。

有些儿童在这一阶段继续讲"小儿语"，而且常使用一些特殊的发音策略，如省略、替代和重叠音等。此阶段的幼儿使用重叠音较多，2岁是叠音词使用的高峰。

2. 双词句阶段（19~24个月）

随着幼儿词汇理解能力的不断提高，在这一阶段幼儿的词汇量和类型不断扩大，19~21个月时幼儿出现词汇爆炸现象，平均每个月掌握25个新词。幼儿在18个月时能说出20个词，19个月时能说出约50个词，21个月时能说出约100个词，到24个月时基本可以说出300个词。当词汇量达到200个左右的时候，幼儿能说出第一批有一定声调的双词句，这就结束了单词句阶段，进入词的联合和语法生成时期。此阶段儿童的主要特点如下。

- 以双词句为主，会说3~5个字的简单句，也可能会说最多不超过6个字的句子。
- 喜欢开口说话，词汇量大增，主要增加的是表达具体物品名称的词汇，以名词、动词、代词居多。
- 喜欢提问，开始学会使用疑问句和否定句，疑问句表现在提问上，否定句表现在"语言反抗"上。

（三）基本掌握口语阶段（2~3岁）

在儿童2岁到进入幼儿园前，是基本掌握口语阶段。在这一阶段儿童在掌握语音、词汇、语法和表达等方面都有明显的进步。此阶段儿童的主要特点如下。

- 基本上能理解成人的语言，语音逐渐规范，但发舌尖后音zh、ch、sh、r和舌根音g、k、h等音有一定困难。
- 常使用接尾策略，即不管在什么情况下，都只选用问句末尾的一些词语回答问题。
- 逐渐从以简单句为主过渡到以复合句为主，疑问句逐渐增多，24个月左右开始掌握6W[①]疑问句，28个月之后进入疑问句快速发展阶段，能够使用疑问句向他人提问，并回答他人提出的问题。

- 31个月是幼儿掌握语法的关键期，是语法爆炸阶段。
- 幼儿语言系统基本形成，基本语法规则已经掌握，能够表达完整单句，表达的句法复杂程度不断提高。
- 语感已经开始形成，并能运用语言进行一般的日常交流。部分幼儿还会表现出口语表达流畅性的暂时性问题。

二、3～6岁儿童语言的发展

3～6岁是儿童语言能力提升和发展的关键期。在这个阶段，儿童因接触的事物有限，头脑中所储存的词汇量并不多，但却拥有较强的学习和接受能力，尤其是语言方面，能够快速掌握语言并在生活中表达。在此期间，儿童的语言能力随着年龄的增长逐步提高。

参照教育部2012年发布的《3～6岁儿童学习与发展指南》，这一时期儿童的语言发展主要目标设定在倾听与表达、阅读与书写准备两个方面。在倾听与表达上，儿童应该达到三个子目标：认真听并能听懂常用语言；愿意讲话并能清楚的表达；具有文明的语言习惯。在阅读与书写准备上，儿童应该达到三个子目标：喜欢听故事、看图书；具有初步的阅读理解能力；具有书面表达的愿望和初步技能。3～6岁各年龄阶段儿童语言发展目标详见表1-4。

表1-4 3～6岁儿童语言发展目标

目标	子目标	3～4岁	4～5岁	5～6岁
倾听与表达	认真听并能听懂常用语言	①别人对自己说话时能注意听并做出回应。②能听懂日常会话。	①在群体中能有意识地听与自己有关的信息。②能结合情境感受到不同语气、语调所表达的不同意思。③方言地区和少数民族幼儿能基本听懂普通话。	①在集体中能注意听老师或其他人讲话。②听不懂或有疑问时能主动提问。③能结合情境理解一些表示因果、假设等相对复杂的句子。

---

① 编注：6W是指6个以W开头、表疑问的英文单词，即when（什么时候）、who（谁）、where（哪里）、why（为什么）、what（什么）、which（哪个）。

续表

目标	子目标	3～4岁	4～5岁	5～6岁
倾听与表达	愿意讲话并能清楚表达	①愿意在熟悉的人面前说话，能大方地与人打招呼。 ②基本会说本民族或本地区的语言。 ③愿意表达自己的需要和想法，必要时能配以手势动作。 ④能口齿清楚地说儿歌、童谣或复述简短的故事。	①愿意与他人交谈，喜欢谈论自己感兴趣的话题。 ②会说本民族或本地区的语言，基本会说普通话。少数民族聚居地区幼儿会用普通话进行日常表达。 ③能基本完整地讲述自己的所见所闻和经历的事情。 ④讲述比较连贯。	①愿意与他人讨论问题，敢在众人面前说话。 ②会说本民族或本地区的语言和普通话，发音正确清晰。少数民族聚居地区幼儿基本会说普通话。 ③能有序、连贯、清楚地讲述一件事情。 ④讲述时能使用常见的形容词、同义词等，语言比较生动。
倾听与表达	具有文明的语言习惯	①与别人讲话时知道要看着对方。 ②说话自然，声音大小适中。 ③能在成人的提醒下使用恰当的礼貌用语。	①别人对自己讲话时能回应。 ②能根据场合调节自己说话声音的大小。 ③能主动使用礼貌用语，不说脏话、粗话。	①别人讲话时能积极主动地回应。 ②能根据谈话对象和需要，调整说话的语气。 ③懂得按次序轮流讲话，不随意打断别人。 ④能依据所处情境使用恰当的语言，如在别人难过时会用恰当的语言表示安慰。
阅读与书写准备	喜欢听故事、看图书	①主动要求成人讲故事、读图书。 ②喜欢跟读韵律感强的儿歌、童谣。 ③爱护图书，不乱撕、乱扔。	①反复看自己喜欢的图书。 ②喜欢把听过的故事或看过的图书讲给别人听。 ③对生活中常见的标识、符号感兴趣，知道它们表示一定的意义。	①专注地阅读图书。 ②喜欢与他人一起谈论图书和故事的有关内容。 ③对图书和生活情境中的文字符号感兴趣，知道文字表示一定的意义。

续表

目标	子目标	3～4岁	4～5岁	5～6岁
阅读与书写准备	具有初步的阅读理解能力	①能听懂短小的儿歌或故事。②会看画面，能根据画面说出图中有什么，发生了什么事等。③能理解图书上的文字是和画面对应的，是用来表达画面意义的。	①能大体讲出所听故事的主要内容。②能根据连续画面提供的信息，大致说出故事的情节。③能随着作品的展开产生喜悦、担忧等相应的情绪反应，体会作品所表达的情绪情感。	①能说出所阅读幼儿文学作品的主要内容。②能根据故事的部分情节或图书画面的线索猜想故事情节的发展或续编、创编故事。③对看过的图书、听过的故事能说出自己的看法。④能初步感受文学语言的美。
	具有书面表达的愿望和初步技能	喜欢用涂涂画画表达一定的意思。	①愿意用图画和符号表达自己的愿望和想法。②在成人提醒下，写写画画时姿势正确。	①愿意用图画和符号表现事物或故事。②会正确书写自己的名字。③写、画时姿势正确。

（资料来源：《3～6岁儿童学习与发展指南》，教育部，2012）

第二章 构音障碍

第一节 基本概念

一、构音障碍的定义

构音障碍是指在构音的过程中，构音器官由于运动异常或协调运动障碍，在发出有意义言语的过程中出现构音不清和声韵调异常等现象，从而影响言语的可懂度。构音障碍在临床上主要表现为韵母异常、声母异常、声调异常和鼻音功能异常四个方面。

构音障碍的表现形式主要有替代、歪曲和遗漏，见表 2-1。

表 2-1 构音障碍表现形式

错误类型	目标音	实际音
替代	火车（huo che）	果车（guo che）
歪曲	石头（shi tou）	sh 不能确定出置换的音
遗漏	红花（hong hua）	红蛙（hong ua）

（1）替代

替代是以另一语音代替目标语音，或者以其他类似声带振动的声音取代目标语音的发声过程，通常表现为以简单容易的语音取代较难发的语音，如将"公公"说成"东东"。这种现象常发生于幼儿学习语言的早期阶段，但是如果这种错误模式一直延续下去就会发展为构音异常或构音障碍。

（2）歪曲

歪曲是语音歪曲变化，听起来与目标音存在不同程度的差异，歪曲音的发音方式常表现出一定的恒定性，语音歪曲者可能都是用同一错误方式发某些音，其发出的语音常常在语音系统中没有相对应的音。

（3）遗漏

遗漏既可表现为韵母省略，又可表现为声母省略。例如，听障儿童常常将"爸"发成"阿"，将"鼻"发成"姨"。

二、韵母的相关概念

（一）韵母的定义

汉语音节中跟在声母后面的音节部分为韵母，韵母是汉语音节中最为重要且不可缺少的一部分。汉语普通话韵母共有 39 个，其中 23 个韵母由 1 个、2 个或 3 个元音组成，其余 16 个韵母由元音加辅音组成。

韵母有的可分为韵头、韵腹和韵尾。韵腹是一个韵母发音的重点，又称为"主要元音"，是韵母发音过程中发音最响亮的部分；韵头是韵腹前起引导作用的元音，又称为"介音"，发音比较模糊，往往被迅速带过；韵尾是韵腹后起收尾作用的元音或辅音，发音也比较模糊，但务必动作到位。例如，"关"（guan）的韵母是"uan"，韵头为 u，韵腹为 a，韵尾为 n。但不是每个韵母都有这三部分，如 ia、üe 只有韵头和韵腹，ai、en 只有韵腹和韵尾，单韵母只有韵腹。可见，韵母中韵腹是不可缺少的部分。

（二）韵母的分类

根据韵母内部的组成和韵母开头元音的发音口形，韵母有 2 种分类方法，见表 2-2。

表 2-2　韵母表

分类		四呼			
		开口呼	齐齿呼	合口呼	撮口呼
单韵母		a、o、e、-i（前）、-i（后）、ê、er	i	u	ü
复韵母	前响	ai、ei、ao、ou			
	中响		iao、iou	uai、uei	
	后响		ia、ie	ua、uo	üe
鼻韵母	前鼻音	an、en	ian、in	uan、uen	üan
	后鼻音	ang、eng、ong	iang、ing、iong	uang、ueng	ün

1. 按韵母内部的组成分类

（1）单韵母

单韵母由1个元音构成，普通话中单韵母共有10个：a、o、e、i、u、ü、-i（前）、-i（后）、ê、er。单元音韵母发音的特点是口形始终不变，舌位不移动。

（2）复韵母

复韵母由2个或3个元音构成，普通话中复韵母共有13个，其中二合韵母9个，为ai、ei、ao、ou、ia、ie、ua、uo、üe；三合韵母4个，为iao、iou、uai、uei。复韵母的发音特点是在整个发音过程中各元音没有明显界限，从一个元音滑向另一个元音。

（3）鼻韵母

鼻韵母由元音和鼻辅音韵尾构成，普通话中有鼻辅音韵尾2个，为-n、-ng。普通话中鼻韵母共有16个，其中前鼻音尾韵母8个，为an、en、ian、uan、üan、in、uen、ün；后鼻音尾韵母8个，为ang、iang、uang、eng、ing、ueng、ong、iong。鼻韵母的发音特点是发音时，以元音为主，而不以鼻辅音为主，元音清晰响亮逐渐向鼻辅音过渡。

2. 按韵母开头元音的发音口形分类

（1）开口呼

发音时，嘴要张开。开口呼的韵母包括韵头或韵腹是i、u、ü以外的其他韵母，有a、o、e、-i（前）、-i（后）、ê、er、ai、ei、ao、ou、an、en、ang、eng、ong。

（2）齐齿呼

发音时，舌尖平齐牙齿。齐齿呼的韵母包括韵头或韵腹是i的韵母，有i、ie、ia、iao、iou、ian、in、iang、ing、iong。

（3）合口呼

发音时，嘴要合拢。合口呼的韵母包括韵头或韵腹是u的韵母，有u、ua、uo、uai、uei、uan、uen、uang、ueng。

（4）撮口呼

发音时，嘴要噘起。撮口呼的韵母包括韵头或韵腹是ü的韵母，有ü、üe、üan、ün。

（三）韵母的发音方法

1. 单韵母的发音

单韵母是单纯由1个元音构成的。元音的发音主要是靠舌位和唇形的变化进行调节。舌位是指发音时舌面隆起的最高点在口腔中的位置。唇形是指发音时嘴唇形状的圆或展。元音可以根据舌位的前后、高低和唇形的圆展进行分类，见表2-3。

表2-3　元音表

类别 舌位高低 （口腔开度）	舌尖元音		舌面元音			
舌位前后 唇形	前	后	前		央	后
	不圆	不圆	不圆	圆	不圆	圆
高（闭）			i	ü		u
半高（半闭）	-i（前）	-i（后）			e	
中					er（卷舌音）	o
半低（半开）			ê			
低（开）					a	

根据发音时舌位的前后，元音可分为前元音、央元音、后元音。前元音发音时舌前部隆起，与硬腭前部相对，舌尖接触下齿，如i、ü、ê。央元音发音时舌中部隆起，与硬腭后部相对，气流从口腔流出，如a。后元音发音时舌根部隆起，贴近软腭，如o、e、u。

根据发音时舌位的高低，元音可分为高元音、半高元音、半低元音、低元音等。高元音发音时舌位高，开口度小，发音不响亮。低元音发音时舌位低，开口度大，发音响亮。汉语普通话里高元音单韵母有i、u、ü，半高元音单韵母有o、e，半低元音单韵母有ê，低元音单韵母有a。

根据发音时唇形的圆展，元音可分为圆唇元音和不圆唇元音。圆唇元音发音时嘴唇前凸呈圆形。典型的圆唇音有u、o、ü。不圆唇元音发音时，嘴唇形状自然，呈扁平状。典型的不圆唇音有a、i、e、ê等。

以上提到的普通话元音a、o、e、i、u、ü、ê都是舌面元音，发音时舌面紧张。er是卷舌元音。-i（前）、-i（后）是舌尖元音，发音时舌尖紧张，-i（前）是汉语拼音

zi、ci、si 的韵母，-i（后）则是汉语拼音 zhi、chi、shi、ri 的韵母。

下面具体介绍普通话单韵母 10 个元音的发音方法。

a：舌面、央、低、不圆唇元音。发音时，口自然张开，舌放松，位于口腔最低处居中央，舌面中部略隆起，舌尖微离或微触下齿龈，声带振动。软腭抬起，鼻腔通路关闭。

o：舌面、后、半高、圆唇元音。发音时，口半闭，上下唇保持拢圆，舌后缩，舌面后部略隆起，舌尖位于下齿龈后，声带振动。软腭抬起，鼻腔通路关闭。

e：舌面、后、半高、不圆唇元音。发音时，口半闭，嘴角向两边微展，舌后缩，舌面后部略隆起，舌尖位于下齿龈后，声带振动。软腭抬起，鼻腔通路关闭。

ê：舌面、前、半低、不圆唇元音。发音时，口自然打开，嘴角向两边微展，舌前伸，舌面前部隆起，舌尖触下齿背，声带振动。软腭抬起，鼻腔通路关闭。在汉语普通话中，ê 只在语气词"欸"中单用，只构成复韵母 ie、üe。

i：舌面、前、高、不圆唇元音。发音时，口微开，嘴角展开，双唇呈扁平形，上下齿相对，舌前伸，舌面前部隆起，舌尖触下齿背，声带振动。软腭抬起，鼻腔通路关闭。

u：舌面、后、高、圆唇元音。发音时，口微开，双唇收缩呈圆形，舌后缩，舌面后部高度隆起，舌尖位于下齿龈后，声带振动。软腭抬起，鼻腔通路关闭。

ü：舌面、前、高、圆唇元音。发音时，口微开，双唇收缩呈圆形略向前突，舌前伸，舌面前部隆起，舌尖触下齿背，声带振动。软腭抬起，鼻腔通路关闭。

er：卷舌、央、中、不圆唇元音。发音时，口自然打开，嘴角向两边微展，舌居中央，舌前部上抬，舌尖上卷，和硬腭前段相对，声带振动。软腭抬起，鼻腔通路关闭。

-i（前）：舌尖、前、高、不圆唇元音。发音时，口微开，嘴角展开，双唇呈扁平形，舌平伸，舌尖靠近上齿背，不接触，声带振动。软腭抬起，鼻腔通路关闭。在汉语普通话中，-i（前）只出现于 z、c、s 的后面，z、c、s 发音拉长，拉长的部分即是 -i（前）的读音。

-i（后）：舌尖、后、高、不圆唇元音。发音时，口微开，嘴角展开，双唇呈扁平形，舌尖抬起，靠近硬腭前部，声带振动。软腭抬起，鼻腔通路关闭。在汉语普通话中，-i（后）只出现于 zh、ch、sh、r 的后面，zh、ch、sh、r 发音拉长，拉长的部分即是 -i（后）的读音。

2. 复韵母的发音

复韵母由 2 个或 3 个元音组成，在发音过程中舌位和唇形连续移动变化，各个元音之间没有明显界限。复韵母各元音的发音响度不同，韵腹发音的口腔开口大，声音清晰响亮，持续时间长，其他元音发音则轻短模糊。二合韵母中，开头的元音响度大的韵母叫作"前响复韵母"，收尾的元音响度大的韵母叫作"后响复韵母"；三合韵母中，中间的元音响度大的叫作"中响复韵母"。

（1）前响复韵母

普通话中前响复韵母有 4 个，为 ai、ao、ei、ou。它们发音的特点是舌位由低向高滑动。发音时，开头的元音清晰响亮，收尾的元音轻短模糊，而且只表示舌位移动的方向，音值不太固定。

ai：实际发音时，起点元音 a 是比单元音 a 舌位靠前的前低不圆唇元音。发音时，口自然张开，舌尖抵下齿背，舌面前部隆起与硬腭相对，舌位向 i 的方向滑动抬高，双唇由半开至半关。

ao：实际发音时，起点元音 a 是比单元音 a 舌位靠后的后低不圆唇元音。发音时，口自然张开，舌后缩，舌尖离开下齿背，舌面后部略隆起，舌位向 o 的方向滑动抬高，双唇收拢至圆形。

ei：实际发音时，起点元音 e 舌位比单元音 e 略靠后、靠下。发音时，双唇向两侧略展，舌尖抵住下齿背，舌面前部隆起，舌位向 i 的方向滑动抬高，双唇开口变小。

ou：实际发音时，起点元音 o 舌位比单元音 o 略高、略前，唇形略圆。发音时，双唇拢成圆形，舌后缩，舌位向 u 的方向滑动抬高，双唇收拢成小圆。

（2）后响复韵母

普通话中后响复韵母有 5 个，为 ia、ie、ua、uo、üe。它们发音的特点是舌位由高向低滑动。发音时，开头的元音发音轻短模糊，只表示舌位滑动的方向；收尾的元音响亮清晰，舌位确定。

ia：发音时，起点为前高不圆唇元音 i，舌位滑向央低元音 a 结束。i 的发音紧而短，a 发音响亮且时间较长。

ie：发音时，起点为前高不圆唇元音 i，舌位滑向前半低元音 ê 结束。i 的发音紧而短，ê 发音响亮且时间较长，整个发音过程中舌尖不离开下齿背。

ua：发音时，起点为后高圆唇元音 u，舌位滑向央低元音 a 结束。唇形由最圆展开至不圆。u 发音紧而短，a 发音响亮且时间较长。

uo：发音时，起点为后高圆唇元音 u，舌位向下滑到后半高圆唇元音 o 结束。u 发音紧而短，o 发音响亮且时间较长。发音过程中，唇形始终保持圆唇，开头最圆，结尾唇形开度加大，圆唇度略减。

üe：发音时，起点为前高圆唇元音 ü，舌位向下滑到前半低元音 ê，唇形由圆至不圆。ü 发音紧而短，ê 发音响亮且时间较长。

（3）中响复韵母

普通话中响复韵母都是三合复韵母，共有 4 个，为 iao、iou、uai、uei。它们发音的特点是舌位由高向低滑动，再从低向高滑动。开头的元音发音不响亮且短促，只表示舌位滑动的开始；中间的元音清晰响亮且时间较长；收尾的元音则轻短模糊，音值不太固定，只表示舌位滑动的方向。

iao：发音时，起点为前高不圆唇元音 i，舌位降至后低元音 a，再向后高圆唇元音 u 滑升。发音过程中，舌位先降后升，由前到后；唇形从中间的元音 a 开始由不圆唇变为圆唇。

iou：发音时，起点为前高不圆唇元音 i，舌位降至后半高圆唇元音 o，再向后高圆唇元音 u 滑升。发音过程中，舌位先降后升，由前到后；唇形从中间的元音 o 开始逐渐圆唇。

uai：发音时，起点为后高圆唇元音 u，舌位向前滑降至前低不圆唇元音 a，再向前高不圆唇元音 i 滑升。舌位先降后升，由后到前；唇形开始最圆，逐渐开口加大，接近前元音 a 后渐变为不圆唇。

uei：发音时，起点为后高圆唇元音 u，舌位向前向下滑至前半高不圆唇元音 e，再向前不圆唇元音 i 滑升。舌位先降后升，由后到前；唇形开始最圆，随着舌位的前移逐渐开口加大，接近前半高元音 e 后逐渐变为不圆唇。

3. 鼻韵母的发音

鼻韵母是元音再加上一个鼻辅音韵尾构成的韵母。普通话中有 2 个辅音韵尾 –n、–ng，都是鼻音。

–n：韵尾 –n 可看成舌尖中鼻音，发音同声母 n 基本相同，比声母 n 的发音部位略微靠后，一般是舌面前部向硬腭接触。发音时，舌面前部与硬腭前部闭合，阻塞气流从口腔通过，同时软腭下降，鼻腔通路打开，声带振动，气流从鼻腔流出。

　　-ng：韵尾 -ng 是舌面后鼻音，与声母 g、k、h 是同一个发音部位。发音时，舌面后部隆起与软腭接触，阻塞气流通过，同时软腭下降，鼻腔通路打开，声带振动，气流从鼻腔流出。

普通话中共有 16 个鼻音尾韵母，通常 –n 为前鼻音尾韵母，简称为"前鼻音"，–ng 为后鼻音尾韵母，简称为"后鼻音"。

（1）前鼻音尾韵母

普通话中的前鼻音尾韵母有 8 个，为 an、en、in、un、ian、uan、üan、uen。

　　an：起点元音是前低不圆唇元音 a，口自然打开，舌位降到最低，舌尖抵下齿背。发音时，舌面逐渐升高，舌前部贴近上齿龈，直到舌面前部与硬腭前部贴合形成鼻音 -n。

　　en：起点元音是央元音 e，口微张，舌位居中，舌尖接触下齿背，舌面隆起部位受韵尾影响略靠前。发音时，舌面逐渐升高，舌前部贴近上齿龈，直到舌面前部与硬腭前部贴合形成鼻音 –n。

　　in：起点元音是前高不圆唇元音 i，口微张，双唇略展，舌尖抵下齿背。发音时，舌面略升高，舌前部贴近上齿龈，直到舌面前部与硬腭前部贴合形成鼻音 –n。

　　ün：起点元音是前高圆唇元音 ü。双唇撮起，舌尖抵下齿背。发音时，舌面略升高，舌前部贴近上齿龈，直到舌面前部与硬腭前部贴合形成鼻音 –n。ün 与 in 的发音相比，只是唇形变化不同，ün 的唇形从圆唇逐渐展开，而 in 的唇形始终是展唇。

　　ian：起点元音是前高不圆唇元音 i，口微张，双唇略展，舌尖抵下齿背。发音时，舌位向前低元音 a 的方向滑降，但只降到半低前元音 ê 的位置就开始升高，直到舌面前部与硬腭前部贴合形成鼻音 –n。

　　uan：起点元音是后高圆唇元音 u，双唇撮圆，舌后缩。发音时，口形迅速由合口变为开口，舌位向前迅速落到前低不圆唇元音 a 的位置，接着舌尖再向前上方抬起，贴近上齿龈，直到舌面前部与硬腭前部贴合形成鼻音 –n。

　　üan：起点元音是前高圆唇元音 ü，双唇撮起，舌尖抵下齿背。发音时，舌位向前低元音 a 的方向落下，只降到半低前元音 ê 的位置就开始升高，直到舌面前部与硬腭前部贴合形成鼻音 –n。

uen：起点元音是后高圆唇元音 u，双唇撮圆，舌后缩。发音时，舌位向前方央元音 e 的位置移动，发 e 后，舌前部迅速抬起，贴近上齿龈，直到舌面前部与硬腭前部贴合形成鼻音 –n。

（2）后鼻音尾韵母

普通话中的后鼻音尾韵母有 8 个，为 ang、eng、ing、ong、iang、uang、ueng、iong。

ang：起点元音是后低不圆唇元音 a，口大开，舌后缩，舌尖离开下齿背。发音时，舌面后部抬起，贴向软腭，直到舌根与软腭接触，形成鼻音 –ng。

eng：起点元音是央元音 e，口微张，舌位居中，舌尖接触下齿背。发音时，舌面后部抬起，贴向软腭，直到舌根与软腭接触，形成鼻音 –ng。

ing：起点元音是前高不圆唇元音 i，口微张，双唇略展，舌尖抵下齿背。发音时，舌后缩，舌面后部抬起，贴向软腭，直到舌根与软腭接触，形成鼻音 –ng。

ong：起点元音是后高圆唇元音 u，但比 u 的舌位略低，双唇拢圆，舌后缩，舌尖离开下齿背。发音时，舌面后部抬起，贴向软腭，直到舌根与软腭接触，形成鼻音 –ng。

iang：起点元音是前高不圆唇元音 i，口微张，双唇略展，舌尖抵下齿背。发音时，舌位向后移动至后低元音 a，然后舌面后部抬起，贴向软腭，直到舌根与软腭接触，形成鼻音 –ng。

uang：起点元音是后高圆唇元音 u，双唇撮圆，舌后缩。发音时，舌位移动至后低元音 a，然后舌面后部抬起，贴向软腭，直到舌根与软腭接触，形成鼻音 –ng。

ueng：起点元音是后高圆唇元音 u，双唇撮圆，舌后缩。发音时，舌位移动至央元音 e，然后舌面后部抬起，贴向软腭，直到舌根与软腭接触，形成鼻音 –ng。

iong：此韵母的韵头虽然是展唇韵母 i，但是由于韵腹 o 的影响，展唇幅度变小，接近于 ü，因此发音时起点元音接近于舌面前高圆唇元音 ü，舌前伸，舌面前部隆起，舌尖触下齿背。发音时，舌位向后略移动至 ong 中起点元音 u 的舌位，然后舌面后部抬起，贴向软腭，直到舌根与软腭接触，形成鼻音 –ng。

（四）韵母的习得顺序

李嵬等（2000）研究发现，元音在普通话儿童的音系中出现得很早[1]。一岁半的正常儿童就已经基本正确地发出普通话中所有的单元音。小儿"四呼"掌握的顺序依次为：开口呼、齐齿呼、合口呼、撮口呼。

不同内部组成的韵母，按儿童发音的正确率，由高到低排序为：单韵母—前响复韵母—后响复韵母—中响复韵母—舌尖鼻韵母—舌根鼻韵母。

三、声母的相关概念

（一）声母的定义

声母指一个汉语音节起头的辅音。辅音指气流在口腔中受到一定阻碍所发出的音。有的辅音发音时声带振动、声音较响亮，如 m、n、r、l。有的辅音发音时声带不振动、声音不太响亮，如 b、t、h、zh、c、x 等。在普通话中，辅音共有 22 个，分别是 b、p、m、f、d、t、n、l、g、k、h、j、q、x、zh、ch、sh、r、z、c、s 和 ng。

普通话中声母共有 21 个。因为辅音 ng 不能在一个音节的开头充当声母，通常做韵尾，如 zhuang，因此，我们说所有的声母都是辅音，但并不是所有的辅音都是声母。

另外，如果一个音节开头的是元音，不是辅音，那么这样的音节就为"零声母"音节，如"因为（yin wei）"的两个音节。我们须注意以"i""u"开头的音节，书写时将"i"改为"y"，将"u"改为"w"。

（二）声母的分类

声母可以按照发音部位和发音方法两个维度进行分类，见表 2-4。发音部位指发音时气流受到阻碍的部位。发音方法指发音时气流克服阻碍发出声音的方法，包括阻碍方式、气流的强弱和声带是否振动三种情况。

声母的发音过程可以分为成阻、持阻、除阻三个阶段。成阻阶段是发音过程的开始阶段，即发音过程中阻碍开始形成。持阻阶段是发音过程的中间阶段，即发音过程中阻碍的持续。除阻阶段是发音过程的最后阶段，即发音过程中阻碍的解除。

---

[1] 李嵬，祝华，BARBARADODD，等.说普通话儿童的语言习得 [J]. 心理学报，2000，32（2）：170-176.

表 2-4 声母表

发音方式			发音部位						
			唇音		舌尖音			舌面音	舌根音
			双唇音	唇齿音	舌尖前音	舌尖中音	舌尖后音		
鼻音	清音								
	浊音		m			n			
塞音	清音	不送气	b			d			g
		送气	p			t			k
	浊音								
塞擦音	清音	不送气			z		zh	j	
		送气			c		ch	q	
	浊音								
擦音	清音			f	s		sh	x	h
	浊音						r		
边音	清音								
	浊音					l			

1. 按发音部位分类

按照发音部位，如图 2-1 所示，声母可以分为双唇音、唇齿音、舌尖前音、舌尖中音、舌尖后音、舌面音和舌根音。

双唇音，由上唇和下唇中部形成阻碍所发出的音，包括 b、p、m。

唇齿音，由上齿和下唇内则形成阻碍所发出的音，包括 f。

舌尖前音，由舌尖与上齿背形成阻碍所发出的音，包括 z、c、s。

舌尖中音，由舌尖与上齿龈形成阻碍所发出的音，包括 d、t、n、l。

舌尖后音，由舌尖与硬腭前部形成阻碍所发出的音，包括 zh、ch、sh、r。

舌面音，由舌面中前部与硬腭形成阻碍所发出的音，包括 j、q、x。

舌根音，由舌面后部与软腭形成阻碍所发出的音，包括 g、k、h。

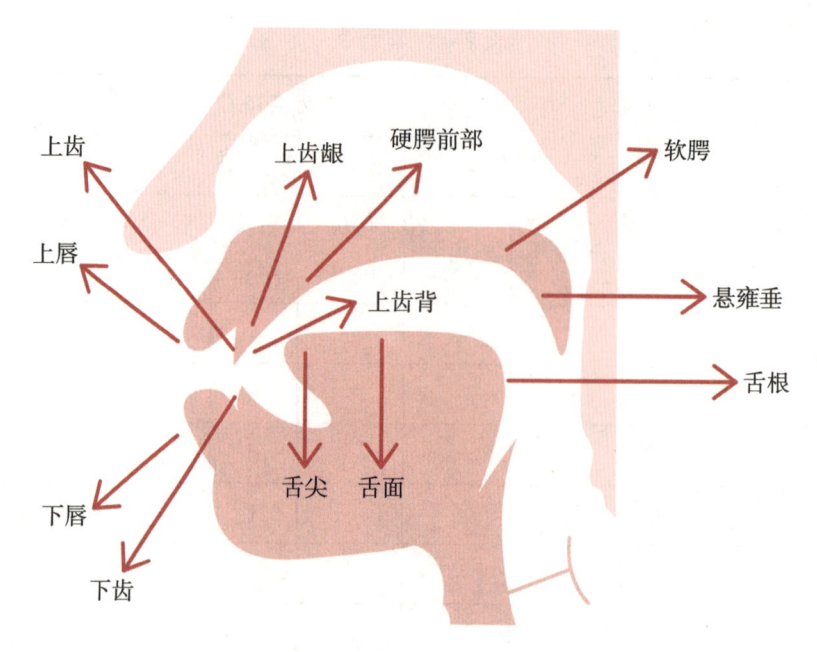

图 2-1　声母的发音部位

2. 按发音方法分类

（1）按阻碍方式分类

按照阻碍方式，声母可以分为塞音、擦音、塞擦音、鼻音和边音。

塞音，成阻部位完全阻塞，气流先蓄积在阻塞部位，发音时突然打开，气流迸发而出，形成的有爆发色彩的音，包括 b、p、d、t、g、k。

擦音，成阻部位靠近成一缝隙，气流从缝隙中挤出，形成的摩擦声，包括 f、s、sh、r、x、h。

塞擦音，成阻部位完全阻塞，气流先把阻塞部位冲开一条窄缝，从缝隙中挤出，形成的摩擦声，包括 j、q、z、c、zh、ch。

鼻音，发音时，成阻部位完全闭合，堵住气流，软腭与悬雍垂下垂，气流向上从鼻腔通过，形成的声音，包括 m、n。

边音，舌尖抬起与上齿龈接触形成阻碍，发音时，气流沿舌的两边出来，同时舌自然落下，形成的声音，包括 l。

（2）按气流强弱分类

按照发音时呼出气流的强弱，声母可以分为不送气音和送气音。

不送气音，发音时，呼出的气流较弱，包括 b、d、g、j、zh、z。

送气音，发音时，呼出的气流较强，包括 p、t、k、q、ch、c。

(3) 按声带是否振动分类

按照发音时声带是否振动,声母可以分为清音和浊音。

清音,气流呼出时,声门打开,声带不振动,发出的音不响亮。清音有 17 个,为 b、p、f、d、t、g、k、h、j、q、x、zh、ch、sh、z、c、s。

浊音,气流呼出时,声带振动,发出的音比较响亮。浊音有 4 个,为 m、n、l、r。

(三)声母的习得顺序

由于声母构音运动的复杂程度不同,儿童在获得声母时的难度也就不同。黄昭鸣等(2006)对说普通话儿童的声母习得顺序进行了系统研究,得出的顺序[1]见表 2-5。一般来说,发音时,舌尖部位靠前的声母早于发音部位靠后的声母,塞音早于摩擦音,鼻音早于非鼻音。大量的研究结果表明,儿童最先掌握双唇音 b、m、p,其次为舌尖中音 d、t、n,然后为舌根音 g、k、h,儿童较难掌握的是舌尖前音 z、c、s 和舌尖后音 zh、ch、sh。

表 2-5 说普通话儿童的声母习得顺序

年龄	习得声母音位
2;7—2;12	b、m、d、h
3;1—3;6	p、t、g、k、n
3;7—3;12	f、j、q、x
4;1—4;6	l
4;7—4;12	z、s
5;1—5;6	
5;7—5;12	r
6;1—6;6	c、zh、ch、sh

注:";"为岁,";"前为几岁,";"后为几月龄。例如,"2;7"为 2 岁 7 月龄。

---

[1] 黄昭鸣,朱群怡,卢红云. 言语治疗学 [M]. 华东师范大学出版社,2016,4:359.

四、声调的相关概念

（一）声调的定义

声调是发音时贯穿整个音节的高低、升降、曲直变化，具有区别词义的作用。声调的定义为某些语言音节中能够区别意义的音高特征。从物理的角度来看，每个音节都有音高，但是很多语言中音节的音高特征不能区别意义，这样的语言就没有声调。汉语音节的音高能区别意义，因此汉语是声调语言的一种。例如，"妈（mā）、麻（má）、马（mǎ）、骂（mà）"的声母和韵母都相同，只有声调不同，所组成的四个音节就有了不同的意义。又如，某些声韵组合相同的音节，用不同的声调说出来，表达的意义也不同。举例如下。

  li xiang：理想、立项、离乡、里巷
  qi chuang：起床、凄怆、气窗、气床
  zheng zhi：争执、蒸制、整只、整治、正直、政治
  zhi xing：执行、知性、直行、至性、知行、质性、纸型

汉语中不同的声调表示不同的意思，因此学好声调具有特别重要的意义，说话者的声调如果不准，就很容易导致别人听不懂或者误解说话者的意思。

（二）声调的生理基础

声带是声调产生和变化的重要生理结构。声调主要是由声带振动的不同频率产生的，声带每秒钟振动次数等于基频。

声带位于喉腔中部，起自甲状软骨角，向后延伸至杓状软骨，左右各一，连接在咽壁和喉软骨上，被喉肌包围。声带的表面很均匀，盖着一层黏膜。在喉肌的牵动下，声带的形态发生不同的变化，改变着长、短、厚、薄等不同的振动方式。当人们不说话的时候，声带是张开的，中间的空隙被称为声门裂；当人们说话时，声带会拉紧，声门裂缩小，甚至关闭。

1. 声带的运动

声带的活动方式主要有两种，横向活动和前后活动。

（1）横向活动

声带横向的开合活动共有四种运动方式：声带分开时杓状软骨间的距离最大，声门大开，气流自由出入；声门微关时杓状软骨向中间靠拢，两条声带之间形成窄缝，

气流从窄缝中挤出时激起声带的振动；声带紧闭时两个构状软骨靠得很近，声带全闭合，不能振动；声带半开半闭，即发耳语和气嗓音时，声门下部打开较大，其余部分参与振动。

（2）前后活动

声带除了横向的开合活动，还有前后拉紧、放松的活动，这对声调的高低变化有重要影响。

2. 喉肌对声调的影响

声带的长短、松紧都能影响声调高低，而声带的这些运动变化要受喉肌的影响，因此，声调变化实际上是喉肌运动的反应。

随着声调的提高，喉肌有不同程度的增强，其中声带肌、环甲肌对声调高低变化的作用尤为明显。声带肌是声带的主要构成，声带肌紧张会拉直声带，并使声带紧张。环甲肌的主要作用是增加声带的长度和紧张度，从而控制声调。在人类的自然发声过程中，决定音高的主要因素是环甲肌，声带被环甲肌拉得越长，发的音越高，而越到高音，声带就会被拉得越长。

（三）声调的声学基础

1. 声调与音高、时长、音强

声调的变化表现为音高、时长和音强的变化，而起主要作用的是音高的变化。声调的性质主要决定于音高。

（1）声调与音高

音高指的是人类心理对基频的主观感受。音高代表声带的振动频率，即基频的快慢。一般来说，人的听觉感到音调升高时，物理上基频也在升高；音调降低时，基频也在降低。因此，音高主要决定于发音体在一定时间内振动次数的多少，次数越多，声音越高，反之声音越低。

在人们发音的时候，声带越紧，在一定时间内振动的次数越多，声音越高；声带越松，在一定时间内振动的次数越少，声音越低。在发音过程中，声带的松紧是可以随时调整的，这样就会产生不同的音高变化，形成不同的声调。

例如，成年人说"爸"，是从最高音降到最低音，从 5 度降到 1 度，儿童说"不"，也是从最高音降到最低音，尽管儿童和成人的高音和低音并不相同，但是都是从高音降到低音，变化的形式、下降的幅度是一样的，而这个形式和幅度就构成了声调的相对音高。

声调的音高是相对的，因此音高频率的绝对值对音高没有区分意义的作用。每个人的嗓音基频高低各不相同，声调高低也不都一样。例如，成年女性和儿童的声带比成年男性的短一些、窄一些、薄一些，因此她们的声调音高要比成年男性高一些；当人们的情绪紧张、激动时，声带会更紧张一些，因此这时的声调音高也会比情绪平静时高。虽然不同人说话时的绝对音高差别很大，但只要他们说的是同一个词，那么这个词的高低、升降变化的形式和幅度一定是相同的。听话人正是凭着相对音高辨别调类、区别词义、理解话语的。因此，尽管绝对音高不同，人们还是可以互相交流，不会误解对方的意思。

（2）声调与时长

不同的声调不仅在音高上有所区别，时长也各有不同，每个声调都有一定的时长。声调在时长上的差异主要体现在单字调上，双字调的时长差异则不明显。一般来说，普通话的声调中上声最长，阴平次长，阳平次短，去声最短。

（3）声调与音强

吴宗济（1989）将汉语声调的音强曲线形状分为前强（强度最大点在前部）、中强（强度最大点在中部）、后强（强度最大点在后部）、平台（前后强度基本相同）、双峰（音强曲线中部凹陷成马鞍形）五种类型[1]。其中，阴平音强曲线有平台型、前强型、中强型和后强型，前强型出现得最多，其次为中强型；阳平音强曲线的出现情况跟阴平音强曲线相似，也是前强型和中强型占大多数；上声的音强曲线多为双峰型；去声音强曲线则多为前强型和中强型两种。

整体来说，关于普通话四声的音强大小，去声音强最强，阴平、阳平次之，上声最弱。

2. 调值和调类

声调的实际读法，即音节高低、升降、曲直、长短的变化形式，为调值。把调值相同的字归纳在一起所建立的类别为调类。一般来说，有几个基本调值就可归纳为几个调类。调值主要由音高构成，与音长和音强有关。这里的音高是相对音高，不是绝对音高，因为不同人之间的调域是不同的。

五度标记法（图2-2）是赵元任先生发明的用来标记调值相对音高的一种方法[2]。五度标记法把言语中的音高变化分为五度：最高音是5度，半高音是4度，中音是3

---

[1] 吴宗济，林茂灿. 实验语音学概要[M]. 北京：高等教育出版社，1989：153-164.
[2] 张群显. 赵元任五度标记法制标调法[J]. 学术研究，2012，5：152-156.

度，半低音是 2 度，最低音是 1 度。

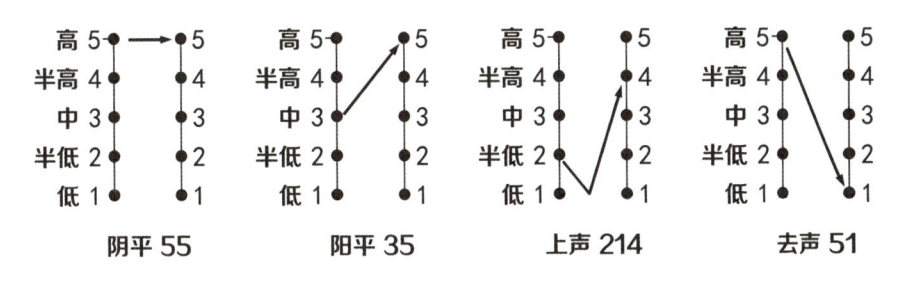

图 2-2　五度标记法

阴平的调值是 55，调型是高平调。发音时，声带相对来说比较紧张。

阳平的调值是 35，调型是中升调。发音时，声带由不太紧张到比较紧张。一般来说，在四声中，阳平调是难度比较大的声调，是听障儿童声调错误的主要声调之一。

上声的调值是 214，上声也是一个不太容易正确发出的声调，因为它的调型是降升调（曲折调）。发音时，声带由紧而松再变紧。

去声的调值是 51，调型是全降调（高降调）。发音时，声带由紧变松。

各调类的调值如表 2-6 所示。

表 2-6　调类与调值

调类	调型	调值
阴平	高平调	55
阳平	中升调	35
上声	降升调	214
去声	全降调	51

3. 普通话四声

普通话的全部字音分属四种基本调值。调型可以简单归结为一平、二升、三曲、四降。

阴平（第一声），如"高、飞、天、空"，用调号"－"表示。

阳平（第二声），如"来、回、繁、忙"，用调号"ˊ"表示。

上声（第三声），如"勇、敢、友、好"，用调号"ˇ"表示。

去声（第四声），如"建、设、世、界"，用调号"ˋ"表示。

4. 连续变调

汉语每个音节都有一个固定的声调,一般称为"本调"。汉语的音节单独出现时读它的本调,即前面提到的固定调值,但是在多音节字调,如双字调中,有的音节与某个特定声调的音节连在一起读的时候,受到其他音节声调的影响,它的调值就发生了变化,这种现象就是连读变调。例如,上声与上声相连,前面的上声变为阳平;上声与其他声调相连,上声变为半上声;去声与去声相连,前面的去声变为半去声。

张芳(2014)对听障儿童的单字调和双字调发音情况进行了研究[1],结果表明,听障儿童的双字调发音能力明显低于健听儿童,而且单字调和双字调之间存在显著的相关和差异,这说明单字调和双字调之间既有联系,又不能互相替代,它们对孩子的能力有不同的要求。因此,对于声调的训练,康复师可以先让孩子从单字调发音开始模仿,然后再进行双字调发音训练,即16组不同声调组合的双音节词的训练。

五、鼻音功能的相关概念

(一)鼻音的定义

鼻音指鼻腔在发声时起共鸣作用的声音。鼻音为语音形成的一部分,鼻音程度的高低直接关系到语音质量的好坏。辅音 m、n、ng 须经鼻腔发出。

(二)鼻音功能异常的定义

鼻音功能异常指由于器质性或功能性的鼻咽功能障碍,使得鼻音功能出现紊乱,出现鼻音功能亢进(非鼻音发成鼻音),或者鼻音功能低下(鼻音发成非鼻音)的现象。腭咽闭合功能不全是造成鼻音功能亢进的主要原因。

腭咽闭合是指在发音过程中软腭与咽后壁(图 2-3)协调运动,在发某些音时,软腭后 1/3 与咽壁形成广泛而紧密地接触,瞬间使口腔与鼻腔完全隔开,以维持语音的共鸣平衡,同时在口腔内形成一定的呼吸气流压力(如发 /i/ 音时,对腭咽闭合的要求最严)。在汉语系统中,发鼻音时软腭要下垂以迅速开放鼻咽部,使气流通过鼻腔;发非鼻音时软腭向上运动以关闭鼻腔通道。腭咽机制可影响通过口鼻腔的气流及声音质量。腭咽闭合是人类要获得正常发音必需的生理条件。腭咽闭合不全是由软腭或咽部病变

---

[1] 张芳,晁欣,史洪,等. 3~5岁听障与健听儿童双字调发音的比较研究[J]. 中国康复理论与实践,2014,20(5):401-403.

所致的腭咽不能正常闭合，会引起发音和吞咽障碍，以先天性腭裂者最为常见。腭咽闭合不全也是造成腭裂术后儿童语言障碍或异常语音的最常见原因。这些儿童即使进行了腭裂手术，术后仍有 5%～78% 的儿童伴有不同程度的腭咽闭合不全。

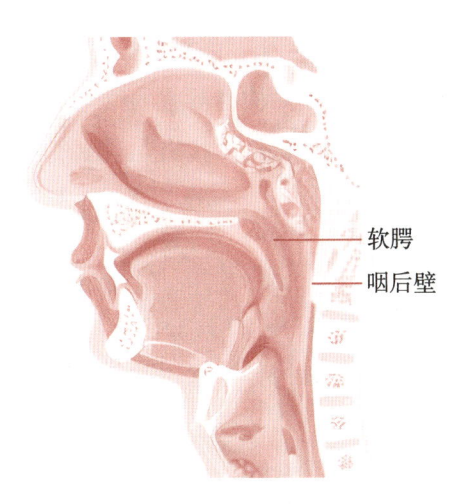

图 2-3　软腭和咽后壁

（三）鼻音功能异常的分类

鼻音功能异常是鼻腔共鸣障碍的表现，主要有两大类，鼻音功能亢进和鼻音功能低下。

鼻音功能亢进主要是鼻咽部开放异常所致。儿童说话时大量气流从鼻腔流出，就会造成鼻音化构音。鼻音功能亢进表现为鼻音重，这严重降低了儿童的言语清晰度，影响其语言交流。鼻音功能亢进在医学上称为"病理性鼻音"，分为闭塞性鼻音和开放性鼻音。闭塞性鼻音是由于慢性肥厚性鼻炎，或者鼻腔或鼻咽腔肿瘤等阻塞鼻呼吸道，发声时气流不能进入鼻腔，使鼻腔、鼻窦起不到共鸣作用而出现的。开放性鼻音多见于患腭裂、腭咽闭合功能不全、软腭瘫痪或软腭瘢痕挛缩的儿童，是由于发声时软腭不能关闭鼻咽部，气流进入鼻腔，发生不正常的鼻腔共鸣形成的。

鼻音功能低下的儿童无法将鼻音 m、n、ng 的气流传入鼻腔产生共鸣，而且在发一些元音甚至辅音时也会出现不同程度的扭曲。多数鼻音功能低下是由器质性病因引起的，如腺样体增生或扁桃体肥大，即在咽壁的后上方及两侧存在一些增生组织。这样即使软腭可以松弛下垂，但在软腭与咽壁之间存在的增生组织也会阻碍气流传递至鼻腔。

第二节 构音障碍的评估

在进行构音训练之前，康复师须对构音器官的结构、功能，以及儿童的构音语音能力及影响构音的相关能力进行评估，从而找出儿童出现构音障碍的原因，制订合适的治疗方案。

一、构音器官检查

构音器官检查的目的是通过观察构音器官的形态和运动确定构音器官是否存在结构异常和/或运动障碍。

评估时康复师与儿童相对而坐，观察儿童在自然放松下构音器官的外观形态，以及通过指示和模仿完成目标动作时构音器官的功能情况（附录 2）。检查维度包含 7 个方面，如图 2-4 所示。检查结果分为正常、稍有异常和异常。异常情况需要在备注中填写。

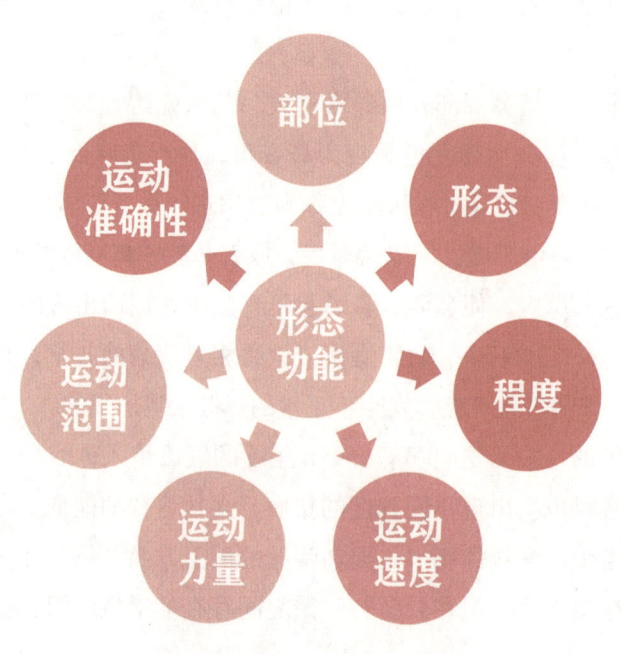

图 2-4 构音器官的检查维度

头面部的形态评估包括头部的大小与形状、面部的对称性，以及双眼睁开时有没有眼睑下垂、流涎和其他面部显著特征。头面部的功能评估是针对脸部、眼睛、嘴唇和下颌关节的评估，包括能否正常微笑，能否对称抬起眉毛，能否完全闭合双眼，能否闭着嘴唇或微张开嘴唇噘嘴，能否左右噘嘴，能否噘嘴发 /u/ 音或咧嘴发 /i/ 音，能否快速发"pa–pa–pa"的音，能否张大嘴巴，以及能否左右移动下颌。

呼吸的形态评估包括平静时和说话时的呼吸，观察是否用鼻子呼吸及有没有呼吸费力的情况。对呼吸功能的评估是观察儿童能否通过鼻子快速呼吸、是否有胸腹联合式呼吸，以及能否做到持续、稳定地发 /a/ 音 5 秒钟。

口咽部的形态评估指对牙齿、舌、软硬腭和扁桃体的观察，包括前牙有无缺失、牙间距是否过大、上下牙咬合是否正常，舌的大小、颜色、休息时的位置、舌系带长短是否正常及有无裂隙病变和抽搐，软硬腭的颜色、拱顶宽度是否正常及有无裂隙（如果有，是否修复），悬雍垂的形状和长度是否正常，以及扁桃体的大小是否正常。口咽部的功能评估则主要是对舌、腭和咽进行观察，包括舌能否伸出、能否上下左右运动、能否做快速左右运动和旋转运动、能否在上下牙的内外左右移动、能否快速平稳地说"pa–pa–pa""ta–ta–ta""ka–ka–ka"、能否快速平稳地交替说"pa–ta–ka"，重复发 /a/ 音时软腭运动是否明显、提升是否对称，以及能否鼓颊、鼓颊时轻压面颊能否保留口内气体、是否有鼻漏气。

康复师在进行构音器官功能评估时，须特别注意下颌、唇、舌、软腭的结构和运动，它们是影响构音最主要的因素。下颌的开合直接影响唇和舌的运动及舌与上腭的位置关系。唇的圆展、开合功能的正常与否则直接影响元音和部分辅音的发出。舌是最重要的构音器官，它的前后、高低位置、力量和灵活性直接影响元音和辅音的构音准确性。软腭的完整性及运动正常与否则直接影响到鼻音与非鼻音的发出。

评估完成后，康复师根据结果制订治疗方案。儿童的构音器官如果有结构异常，如唇腭裂等，则先通过手术进行结构修复，再进行运动功能的康复；如果是单纯的功能异常，则直接针对异常的部位进行专门的运动功能康复。

二、构音语音能力评估

构音语音能力评估是为了帮助康复师全面地评估儿童的构音语音能力，找到儿童的发音错误，明确构音异常的问题所在及构音异常的类型，从而为后续的康复训练提供依据。

构音语音能力评估由 50 个单音节词和匹配的图片组成。50 个单音节词包含了 21 个声母、38 个韵母（除外ê）和 4 个声调。其中声母出现至少各 2 次，韵母出现至少各 1 次，声调出现各 10～15 次。

评估的目的是了解儿童对 21 个声母、38 个韵母和 4 个声调的掌握情况，明确儿童发生构音错误的问题所在，制订合理的治疗方案，并通过比较康复训练前后的构音语音能力，考察康复方案的有效性，监控康复效果。

评估要求康复师具有一级普通话水平。康复师采用提问或提示的方法诱导被试者发出目标音，如果被试者不能诱导出自发语音，那么康复师可采用模仿发音的方法。评估时被试者每个词发音 3 遍，康复师可使用专业录音设备记录语音材料。例如，康复师呈现图片"云"，提问："这是什么？"提示："天空中一团团白的是什么？"康复师说"云"，让被试者模仿。

康复师获得儿童的语音材料之后，在《构音语音能力评估记录表》（附录 3）上记录每个目标声母、韵母和声调的发音情况。发音正确记"√"，歪曲记"⊗"，遗漏记"⊖"，替代记录实发音；遇到零声母时，声母栏记"—"。

三、双字调评估

汉语的语言组合有多种形式，双音节词是普通话语言组合最小的单位，也是最基本的单位。在现代汉语词汇中，双音节的复合词语所占的比例也是最高的，三音节、四音节的复合词很多是双音节的复合词再加上一个或两个音节复合而成的。

双音节词的声调则称为双字调。汉语普通话语句中的一切声调变化，都是以单字调和双字连续变调为基础的。因此，双字调发音能力训练在儿童的声调训练中有重要意义。

汉语单字调有 4 个，双字调组合共计 16 个组合（见表 2-7）。专家在编制测试词表时，考虑到儿童的认知水平，按照 16 种声调组合设计双音节词，每一个声调组合包含 2 个词语，共包含 32 个词语，64 个单字。例如，3-4 组合，测试词声调分别为三声和四声，两个测试词分别为扫地和跑步。每一个测试词均配有对应的彩色图片，最后形成的双字调发音测试词表全部以图画、拼音、文字为一体的表达形式，适合 3 岁以上的儿童使用。通过评估，测试人员可以分别获得每个声调和总体声调的发音情况，并且通过单字调和双字调发音情况的比较，进一步分析儿童双字调发音错误的原因。

表 2-7 双字调的 16 种组合

第一声开头	第二声开头	第三声开头	第四声开头
1-1	2-1	3-1	4-1
1-2	2-2	3-2	4-2
1-3	2-3	3-3	4-3
1-4	2-4	3-4	4-4

评估时，康复师采用模仿发音的方法对儿童进行测试，按顺序先测试单字调，再测试双字调。获得儿童的语音材料之后，在《双字调评估记录表》(附录 4) 上逐个记录声调的发音情况，注意不记声母、韵母的情况，只记声调正误。发音正确记"√"，歪曲记"⊗"，替代记录实发音。计算结果：得分 (%) = (目标调正确个数 / 目标调总个数) ×100%。

四、鼻音功能异常评估

鼻音功能异常评估主要是考察腭咽闭合的情况。评估腭咽闭合的方法有口腔内视诊、听觉感知评估、镜面检查、鼻流量检测、鼻内窥镜检查等，这些方法可以从不同的角度对腭咽闭合情况进行检查。

1. 口腔内视诊

口腔内视诊的检查方法比较直观。首先康复师要观察儿童软腭静止状态下的长度，一般情况下以软腭长度 > 硬腭长度的 1/2 为正常参考值。软腭的长度会影响个体的发音，如果软腭过短，无法接触咽后壁，腭咽闭合不全，那么儿童在发音过程中会充满鼻音，出现鼻音功能亢进。其次康复师要观察儿童是否存在腭裂，先天性腭裂也会导致儿童鼻音功能异常。除此之外，康复师还应观察儿童重复发 /ɑ/ 音时，软腭、悬雍垂、咽侧壁、咽后壁的活动程度及腭咽间距。

2. 听觉感知评估

康复师如果通过普通的谈话无法判断儿童的鼻音功能，就需要借助不同材料的短文进行评估。听觉感知评估通常有两种类型的材料，一种是没有鼻辅音的短文，用于判断鼻音功能是否亢进，另一种是有较多鼻辅音的短文，用于判断鼻音功能是否低下。评估时，康复师应用准备好的录音设备进行录制，以便后续进行对比。

(1) 鼻音功能亢进评估

[评估要求] 请儿童阅读下面短文，康复师做好录音工作。第一遍要求儿童正常朗读短文，第二遍要求儿童朗读完第一个句子后，开始捏着鼻子朗读后面两句。

[阅读材料] 一大早，六个月大的宝宝起来了，开始左顾右瞧。这时候爸爸走了过来，抱起宝宝说："乖宝宝。"宝宝瞧着爸爸笑了笑，嘴里还发出咿呀呀的音，特别可爱。

[检查结果] 这段短文材料没有鼻辅音，所以儿童在正常朗读过程中没有鼻音成分。如果儿童捏鼻朗读，声音没有明显变化，说明该儿童不存在鼻音功能亢进的问题；如果儿童捏鼻朗读，声音出现了明显变化，说明该儿童存在鼻音功能亢进的问题。

(2) 鼻音功能低下评估

[评估要求] 请儿童阅读下面短文，康复师做好录音工作。第一遍要求儿童正常朗读短文，第二遍要求儿童朗读完第一个句子后，开始捏着鼻子朗读后面几句。

[阅读材料] 小朋友妮妮喜欢将米饭含在嘴里，妈妈看到后骂了妮妮，妮妮非常生气。米米向妮妮借橡皮泥玩，妮妮拿着橡皮泥就跑了。妈妈接妮妮放学晚了，妮妮生气地往前跑，妈妈跟不上，很难过。

[检查结果] 这段短文包含了大量的鼻辅音，儿童在正常朗读过程中有鼻音成分，捏着鼻子朗读会影响儿童的发音，因此，捏鼻发音和不捏鼻发音会存在明显的差别。如果儿童捏鼻朗读，声音发生了巨大的变化，说明该儿童的鼻音功能正常。如果儿童捏着鼻子和不捏着鼻子发音没有明显差别，说明该儿童存在鼻音功能低下的问题。

3. 镜面检查

康复师可以采用鼻息镜进行检查，首先将鼻息镜水平放置在儿童的鼻孔正下方 0.5 厘米的位置上，然后让儿童分别发 /a/、/i/、/u/ 三个音。康复师观察鼻息镜上是否有雾气凝结，如果在镜面上有雾气凝结，说明儿童存在鼻漏气，有过度鼻音的问题。镜面检查采用的鼻息镜如图 2-5 所示。

4. 鼻流量检测

鼻流量是评估个体鼻腔共鸣功能的重要数据。鼻流量检测可以对通过鼻腔的言语信息进行全面的评估，对鼻腔没有损伤，是检查鼻腔功能较为简单、方便的方法，如图 2-6 所示。

测试时，儿童戴上头套，康复师将声音分隔板放在儿童上唇上部，将口和鼻的声音分开。分隔板上双通道麦克风分别收集口和鼻的能量，然后输入仪器中分析鼻流量。仪器除提供鼻流量数据外，还能在屏幕上实时显示儿童鼻口的能量比率。儿童只需发几个音节和句子就能从显示屏上实时了解到鼻流量的平均值、标准差、最大值、最小值等情况。

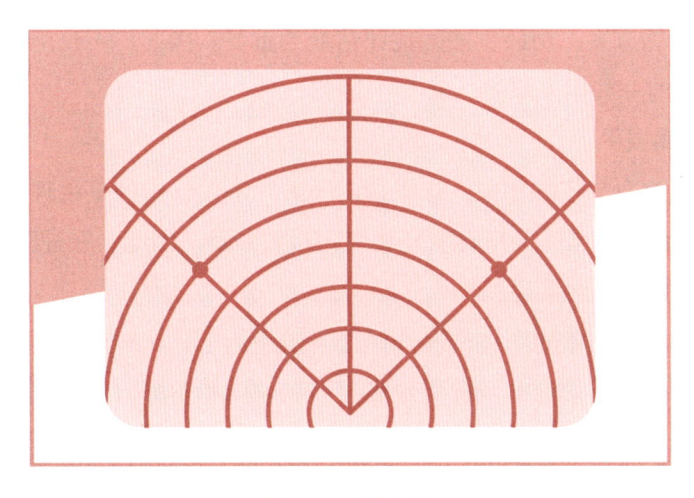

图 2-5 鼻息镜

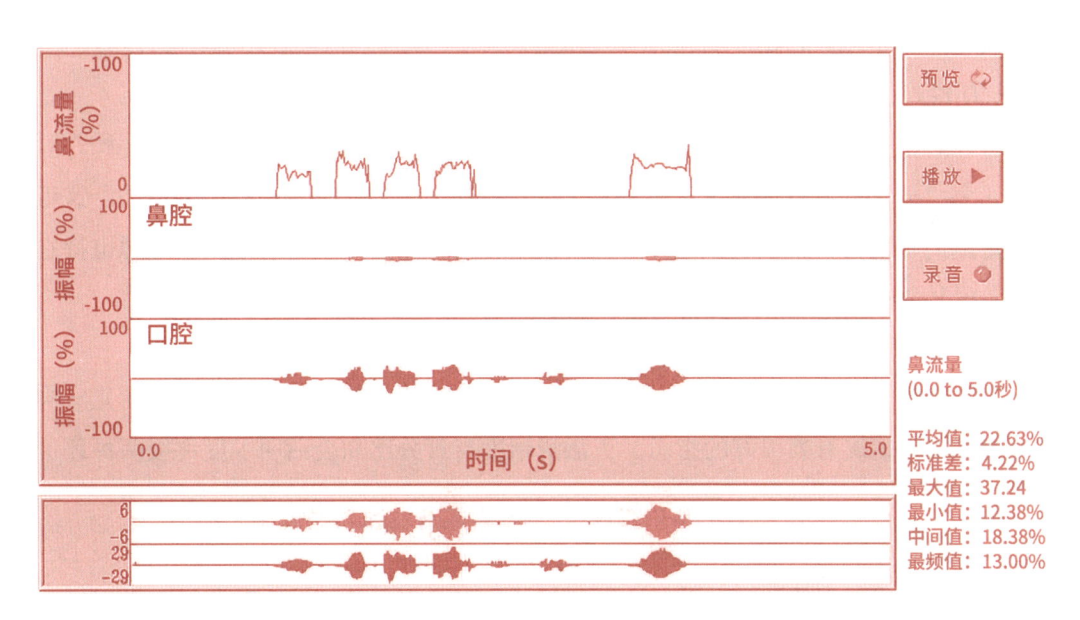

图 2-6 鼻流量检测示例

5. 鼻内窥镜检查

鼻内窥镜是一种能对鼻腔进行详细检查的光学设备，可以很方便地通过狭窄的鼻腔和鼻道内的结构，对鼻腔和鼻咽部甚至鼻窦内部结构进行检查。

五、其他相关评估

构音训练的最终目的是为了改善言语清晰度，减少儿童在交流中的障碍。要想制订出最有效的训练方案，全面、准确地评估最为重要。因此，不仅是针对构音障碍本身的评估，其他的一些相关评估，也十分重要。

1. 智力及发育发平

儿童的构音能力与年龄相关，这里说的年龄，不仅仅指的是生理年龄，更准确地说是实际发育年龄，如果是听障儿童还要考虑听觉年龄。因此，在进行构音训练之前，了解儿童的发育情况非常重要。

康复师需要根据儿童的个体情况选择适当的评估工具。常用的评估工具包括格塞尔发育量表、韦克勒斯学前儿童智力量表、韦克勒斯儿童智力量表、皮博迪图片词汇测验等。

2. 听力检测

听不清必然会引起说不清，如果儿童出现构音异常问题，康复师必须要通过听力测验积极排除听力的影响。

3. 听说对比检查

听说对比检查的目的是判断儿童能否区分出正确音和错发音。有一些存在构音异常的儿童，虽然听力检测是正常的，但是对一些精细语音的听辨是存在困难的，这可能就是他们出现构音错误的原因。因此，在进行构音能力评估的时候，康复师也特别需要考虑儿童实际的听觉识别能力。

4. 言语清晰度

言语清晰度指的是听话人对说话人的言语可分辨的程度。该指标对于判断儿童构音能力的提高情况有着很好的指示。言语清晰度有百分比和会话明了度评级两种评价方式。

5. 听觉记忆

从简单的音节训练到单词训练，再到句子和文章水平的训练，对儿童听觉记忆能力的支持不容忽视。在某种程度上，儿童如果没有一定的听觉记忆能力，就不能进行更高水平的句子或文章水平层面的练习。

6. 一惯性检查

一惯性检查的目的是排查儿童发音不稳定的问题。一惯性异常表现为儿童在不同声韵组合或不同难度水平的发音中存在问题。例如，有的小朋友发 /ba/、/bao/ 音很好，

但发 /bi/、/bu/ 音出现错误；发单音节词很好，但发连续语音错误率极高等。儿童如果存在发音一惯性的问题，就势必会影响其整体的言语清晰度。

第三节 构音障碍的训练

一、构音训练的原则

1. 听觉优先

在语言表达之前要先有输入，才会有输出，也就是儿童的小耳朵要有足够的输入，才会有大量的输出，听在前，说在后。这是我们进行康复训练首先要考虑的，也是最重要的一个方面。这里面所谓的听的问题，不仅仅针对听障儿童，对于其他存在构音异常的儿童，仍然要保证其有较好的听觉辨识能力。

2. 定期评估，制订全面、合理、明确的训练目标

儿童言语语言康复是一个以"评估"开始，以"评估"结束，周而复始地螺旋式动态支持与干预的过程。评估是实现专业化、高质量康复服务的首要环节，直接影响着康复服务展开的方向、时序、节奏、质量与效果。康复师要根据每个儿童的听觉、言语、语言和认知等领域的发展水平，分别选择恰当的训练目标及内容，相互结合进行。

3. 遵循言语语言发展的一般年龄规律和儿童心理特点

康复师在制订训练目标时要综合考虑儿童的年龄和语言水平。治疗的氛围、方法、内容应该与儿童的年龄相吻合，康复师要充分调动孩子的兴趣并及时给予鼓励。训练目标的选择要由易到难，如韵母的发展先于声母的发展，韵母的发展从单韵母到复韵母再到鼻韵母；由听到说、理解先于表达。

4. 小龄儿童以发音诱导为主

儿童年龄满 1 岁我们即可对其开展构音训练，但重点在于引导和维持构音运动。康复师可以加入一些言语的基础训练，如呼吸训练、口舌操等，但非常重要的内容还是引出语言的训练。

5. 泛化原则

康复师要为儿童提供更多的练习机会，让儿童尝试将学到的发音带到日常生活的情境中，或者设计一些自然情景进行目标音的泛化训练以稳定目标。对于不同能力的

儿童来说，只凭在机构干预的时长是远远不够的，那么家长在家里也要结合康复师的目标进行监督，增强训练的频次，达到家校共育。

6. 促进沟通和交流能力

构音训练的最终目的是提高儿童沟通交流能力。如果儿童没有语言基础，那么清晰度再好也没有意义，因此，构音训练一定要和语言训练相结合。小龄儿童在前期康复中主要进行语言交流能力训练，并增加部分构音运动训练，大龄儿童则重点进行构音运动和发音训练，但仍需要有一定时间进行语言交流能力训练。

二、构音训练的步骤

构音训练的步骤基本上应该与言语发展的自然过程一致：听觉辨识训练—单个音位训练—词的训练—短句训练—自然对话训练。康复师可以根据儿童的实际情况和家长的要求，适当调整训练步骤。

注意在正式进行训练之前，康复师首先应该在构音评估检查的基础上，认真分析儿童哪些音能够正确发出，哪些音不能正确发出，然后分析错误发音的类型和特征，再根据音位习得的难易顺序和儿童本身的学习兴趣来确定构音训练的目标音顺序。

（一）听觉辨识训练

听觉辨识训练的目的是帮助儿童在发出错误的音时，他自己能够立刻意识到自己的错误，使他具有自我监控的能力。在进行听觉辨识训练的时候，康复师需要考虑两个基本的影响因素，一个是年龄，另一个是听觉能力。

具体的训练步骤如下。首先，描述目标音的发声方法和主观感受，如康复师在描述 /s/ 音时，对小龄儿童可以描述为一条蛇的移动，而对大龄儿童可以描述得更加抽象。其次，分辨目标音，康复师通过超音段信息，如重音、延长、快、慢、大声或小声的变化，让儿童对该音有较强的感受，并逐渐能够在词和句中分辨。最后，识别目标音，让儿童能够区分正确和错误的发音。区分相似音对于构音障碍中的替代错误和歪曲错误非常重要。区分可以从差异较大的两个音开始，如 /s/ 和 /g/，逐渐过渡到非常相似的两个音，如 /s/ 和 /c/，/s/ 和 /sh/。

（二）单个音位训练

单个音位训练的目的是让儿童能够正确发出目标音位。康复师应该注意观察儿童的理解能力，如果儿童的理解能力较强，康复师就可以充分利用该儿童的视觉能力，如通过画图、看视频等方法让儿童了解发音的部位和相关机制，先指出儿童主要的发音部位问题，再告诉他准确的发音部位。康复师还可以给儿童录音、录像，让儿童对自己的构音错误进行分析，以便进行自我纠正。

具体训练的步骤如下。

首先是**模仿**，模仿是言语语言训练的基础，是最常用，也是最先尝试的方法。训练要在光线明亮的房间进行，这样可以使儿童清晰地看到康复师的口型及舌的位置与运动。儿童可以借助镜子进行模仿和纠正动作。在训练发音之前，康复师一定要认真分析儿童在构音检查中的口部运动特点，引导儿童掌握目标音的构音运动后，尝试进行发音练习。

其次是**诱导**，康复师通过游戏的方法诱导儿童感受目标音。例如，在儿童发送气音 /t/ 或 /p/ 时，如果儿童对送气不理解，康复师则可以在桌面摆放一个小纸球，让儿童对着纸球说目标音，同时给儿童示范，发送气音时纸球可以被吹走；也可以将儿童的手背对着嘴唇，发送气音时让儿童感受到手背上有明显的气流感。又如，如果儿童用 /g/ 音替代 /h/ 音，主要问题是舌根上抬阻拦气流造成的，那么康复师可以诱导儿童练习打哈欠的动作，放松舌根使其下降，逐渐过渡到发 /hɑ/，慢慢地儿童就掌握了发 /h/ 音的正确方法。还有一种诱导方法是类似音过渡，该方法是基于儿童已经掌握的类似音，让儿童经过适当构音方法的调整而发出目标音。类似音是指发音方法上有共同点和共同特性的音。例如，由 /sh/ 过渡到 /s/ 音有三个步骤，第一步是去除圆唇，微笑着说 /sh/，第二步是舌尖向前移，同时发声时塞擦成阻的位置前移，第三步是增加舌面凹陷，同时舌两侧抬起接近上磨牙，这时发出的音就非常接近 /s/ 音了。

最后是**手法及器具辅助**，由于唇、舌、下颌等构音器官的运动或协调运动异常会使儿童发出的音出现歪曲、替代或难以理解的问题，康复师应该根据儿童构音运动的能力训练儿童口部的基本运动，如下颌的打开、闭合，唇的圆展，以及舌的前伸、后缩、上抬和左右两侧运动等。对口部运动能力差的儿童，康复师可以采用压舌板等训练器具及相关的手法来辅助完成。例如，发舌根音 /g/ 时，康复师可以将手指放置在儿童的下颌与颈部的交角处，并向上按压，同时给儿童一个提示，让他舌后缩以促进舌根音的发音。康复师也可以用按摩棒摩擦儿童的面部、唇及舌的四周来增强构音器官的感知觉。在儿童能够正确完成上述的口部运动之后，康复师应进一步增强这些运动的持续能力，鼓励儿童尽量长时间地保持这些动作，如闭合双唇、伸舌等，随后儿童以耳语式发声法做构音运动，最后轻声地引出目标音。

（三）词的训练

词的训练可以从单音节词、双音节词和三音节词三个方面展开。关于单音节词的训练，康复师要将声母与不同的韵母进行组合，让儿童练习发音，从而保证儿童可以在任何声韵调组合下都能正确发音。关于双音节词和三音节词的训练，康复师要将目标音放在音节的不同位置进行发音训练，比如双音节前、双音节后、三音节前、三音节中和三音节后。在训练过程中，在涉及所有声韵调组合和目标音在音节不同位置的前提下，康复师应尽可能选择儿童比较熟悉的材料进行训练，避免机械模仿。

（四）短句训练

短句训练是儿童能够在不同音节中正确发出目标音以后进行的扩展训练。康复师需要将目标音嵌在不同的句子中，让儿童在连续语音中练习正确发出目标音。

（五）自然对话训练

自然对话训练是构音训练的高级阶段，主要在日常生活中完成。康复师指导家长在日常生活中注意儿童所学目标音的发音和使用，及时纠正，并帮助儿童进行巩固练习。同时，康复师也可以设计一些包含目标音的儿歌、绕口令等，让儿童进行练习。

三、韵母的训练

由于汉语普通话中，韵母主要由元音组成。发元音时，气流经过声门处，无阻塞地进入声道，根据声道形状、大小的改变而发出不同的元音。声道形状、大小的改变主要是由舌位的高低、舌位的前后、唇的圆展和下颌关节的开合来决定，因此，韵母的训练主要包括对舌位、唇形、下颌开合度，以及送气强度与时间的准确性与协调性的训练。

（一）单韵母的训练

这里的单韵母训练主要围绕六个元音 a、o、e、i、u、ü 进行介绍，其他四个元音运用得较少，故不做重点讲解。

1. 听觉辨识训练

康复师发出目标音，并模仿儿童的错误音，让儿童进行对比练习。例如，儿童发 /a/ 音错误，发出的是下颌半闭位的 /e/ 音，这时康复师就需要发出正确的 /a/ 音，并模

仿儿童发出的 /e/ 音，让儿童练习区分正确与错误的发音。

2. 单个音位训练

a：康复师先示范发 /a/ 音；如果儿童不能模仿，康复师则诱导儿童发音：下颌完全打开，舌居中，嘴唇形状自然，从口腔通道发音。

o：康复师先示范发 /o/ 音；如果儿童不能模仿，康复师则诱导儿童发音：下颌微微打开，双唇略成圆形，舌后部隆起，舌位稍高。

e：康复师先示范发 /e/ 音；如果儿童不能模仿，康复师则诱导儿童发音：下颌半开，双唇微展，舌位稍高，舌尖抵住下齿背。

i：康复师先示范发 /i/ 音；如果儿童不能模仿，康复师则诱导儿童发音：口闭合，展唇，嘴角尽量向两侧展开，舌位高，上下门齿接近，舌尖抵住下齿背。

u：康复师先示范发 /u/ 音；如果儿童不能模仿，康复师则诱导儿童发音：口闭合，舌位高，舌后部隆起，嘴拢圆，并留一个圆孔。

ü：康复师先示范发 /ü/ 音；如果儿童不能模仿，康复师则诱导儿童发音：口闭合，双唇紧拢，唇中间留一个扁平的小孔，舌位高，舌尖抵住下齿背。

如果儿童不能被诱导发音，康复师则需要根据发音方法和儿童的具体情况选择以下若干方法进行训练。

（1）提高下颌的感知觉训练

①自我感受法　儿童将食指和中指的指腹放于自己的颞颌关节处，同时做上颌打开和闭合的运动，体会上颌运动时颞颌关节打开和关闭的感觉，以此提高下颌的感知，增强对下颌的控制力。

②咬肌的刺激　康复师对儿童进行咬肌的刺激，目的是提高儿童咬肌的感知觉，促进儿童对下颌的控制和运动能力。儿童可采取坐位或仰卧位，康复师叮嘱儿童咬紧牙关，具体方法如下。

- 按压：康复师将食指、中指和无名指的指腹置于儿童咬肌上，慢慢地深压咬肌。
- 按揉：康复师将食指、中指和无名指的指腹置于儿童咬肌上，慢慢地按揉咬肌。
- 敲打：康复师将食指、中指和无名指的指腹置于儿童咬肌上，反复敲打咬肌。

（2）下颌打开训练

此训练适用于下颌打开不完全的儿童。

①咬肌拉伸　儿童可采取坐位或仰卧位，康复师叮嘱儿童咬紧牙关。康复师将食指、中指和无名指的指腹置于儿童咬肌上，反复快速上下拉伸咬肌。

②下颌咀嚼运动　康复师运用咀嚼法提高儿童下颌的灵活性和协调性。康复师让

儿童面对一面镜子张大嘴巴，假装大幅度咀嚼。如果儿童不能做到，康复师就让儿童嚼4~5块饼干或使用咀嚼器，并让儿童观察康复师的咀嚼动作，再进行模仿。儿童能够按要求咀嚼后，康复师可让儿童在咀嚼时发 /a/ 音。

③下颌被动打开　康复师与儿童面对面坐着，叮嘱儿童放松。康复师将右手拇指指腹放在下颌缘上侧，食指弯曲放在下颌缘下侧，左手放在儿童头部固定。拇指稍用力向下压下颌，逐步使下颌打开，保持5秒，重复10次。

④下颌主动抵抗　康复师与儿童面对面坐着。康复师将右手拇指指腹放在下颌缘上侧，食指弯曲放在下颌缘下侧，左手放在儿童头部固定。食指用力向上提下颌，并让儿童用力打开下颌，抵抗向上的力量，保持5秒，重复5次。

（3）下颌的闭合训练

此训练适用于下颌闭合困难的儿童。

①下颌被动闭合　康复师与儿童面对面坐着，叮嘱儿童放松。康复师将右手拇指指腹放在下颌缘上侧，食指弯曲放在下颌缘下侧，左手放在儿童头部固定。食指稍用力向上提下颌，慢慢使下颌闭合，保持5秒，重复10次。

②下颌主动抵抗　康复师与儿童面对面坐着。康复师将右手拇指指腹放在下颌缘上侧，食指弯曲放在下颌缘下侧，左手放在儿童头部固定。拇指用力向下压下颌，并让儿童用力向上抵抗，保持5秒，重复5次。

（4）下颌控制训练

此训练适用于下颌稳定性差的儿童。

①开位发音控制训练　康复师让儿童用磨牙咬住一个大的结实物体，如竖立的婴儿咀嚼器、大木块等，同时发 /a/ 音，保持10秒。

②半开位发音控制训练　康复师让儿童用磨牙咬住一个稍小的结实物体，如竖立的压舌板、小木块等，同时发 /o/ 音，保持10秒。

③半闭位发音控制训练　康复师让儿童用磨牙咬住一个更小的结实物体，如小吸管、更小的木块等，同时发 /e/ 音，保持10秒。

④闭合位发音控制训练　康复师让儿童用磨牙咬住一个薄片状的结实物体，如平放的压舌板、薄纸片等，同时发 /i/ 音，保持10秒。

（5）唇的刺激

此法适用于唇运动困难的儿童。进行唇的刺激的目的是提高双唇的感知觉和力量，促进唇的运动。唇的刺激主要针对的肌群为参与唇运动的肌群，如图2-7所示。这些肌群的主要作用为保持上下唇及面部的正常形态，闭唇或使唇突出等。主要手法为按压法、按揉法、敲打法、拉伸法、振动法和冷刺激法。

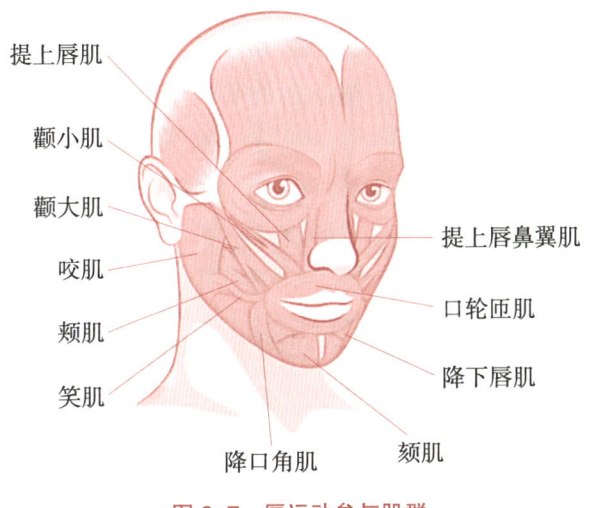

图 2-7 唇运动参与肌群

①按压法　康复师用一手拇指指腹按压口轮匝肌，1秒后放松，再沿着口周方向顺时针按压数次。

康复师用双手拇指指腹从口周唇部肌肉近端开始按压，向唇部肌肉远端方向顺序按压数次。

②按揉法　康复师用一手拇指指端按压口轮匝肌并旋转活动，旋转一周后放松，再沿着口周方向顺时针揉按数次。

康复师用双手拇指指端从口周唇部肌肉近端开始按压并旋转活动，向唇部肌肉远端方向顺序按揉数次。

③敲打法　康复师用食指指端敲击口轮匝肌，再沿着口周方向顺时针敲击数次。

康复师用双手食指、中指和无名指的指端从口周唇部肌肉近端开始敲击，向唇部肌肉远端方向顺序敲击数次。

④拉伸法　康复师双手拇指相对，将双手拇指指腹分别放在口轮匝肌中线两侧，分别向左右方向拉伸数次。

康复师将双手拇指分别放在口腔内两侧唇部肌肉远端，其余四指放于面部唇部肌肉远端，共同向口周方向拉伸数次。

⑤振动法　康复师使用电动按摩刷，沿着口周方向顺时针振动口轮匝肌数次。

康复师使用电动按摩刷，从口周唇部肌肉近端开始，向唇部肌肉远端方向顺序振动数次。

⑥冷刺激法　康复师用冰棒或冰棉签棒等，沿着口周方向顺时针刺激口轮匝肌数次。

（6）舌的刺激

此法适用于舌运动困难的儿童。进行舌的刺激的目的是提高舌的感知觉和力量，促进舌的运动。

①向前刷舌　康复师先让儿童将舌尽量伸出口外，然后将压舌板或乳胶牙刷放在舌中部，沿着舌面从后向前刷至舌尖，按照左侧缘、舌体、右侧缘的顺序刷舌，重复数次。

②向后刷舌　康复师先让儿童将舌尽量伸出口外，然后将压舌板或乳胶牙刷放在舌尖，沿着舌面从前向后刷至舌中部，按照左侧缘、舌体、右侧缘的顺序刷舌，重复数次。

③向前刷舌尖　康复师先让儿童将舌尽量伸出口外，然后将压舌板或乳胶牙刷放在舌尖后端，沿着舌尖方向从后向前刷至舌尖前端，重复数次。

④舌的拍打　康复师先让儿童将舌尽量伸出口外，然后用压舌板拍打舌尖、舌的两侧和舌面，重复数次。

（7）针对性圆唇练习

o、u、ü是圆唇元音，需要上下唇保持拢圆，如果圆唇不到位，发出的音也会歪曲或错误。

①做亲吻动作　康复师可做示范，让儿童想象平时亲妈妈时嘴唇的动作，并练习亲吻的动作。

②使用吸管　康复师选择不同口径的吸管，让儿童用双唇使劲裹住吸管，做吸食动作，可以吸食一些较黏稠的食物，如酸奶、稠粥等。

③吹小球　康复师做示范，让儿童圆起嘴唇，用力吹小球。

④拉纽扣　康复师将系着细绳的纽扣置于儿童的齿与唇之间的空隙，让儿童闭合双唇，将纽扣包住，然后康复师向外拉纽扣，儿童用力用双唇包住纽扣，抵抗向外的拉力，反复数次。

⑤吸面条　康复师将煮熟的面条的一端放入儿童的双唇间，让儿童用力将面条裹住，并吸食进嘴里。

⑥裹竖起的压舌板　康复师将压舌板竖起，让儿童用双唇将压舌板裹住，松手后儿童坚持5秒使压舌板不掉下来。

（8）针对性发音练习

a：康复师可让儿童咬住竖放的婴儿咀嚼器发音，也可设计简单活动帮助儿童打开下颌发音，如让儿童张大嘴巴咀嚼或双臂上举的同时发音。

o：康复师可让儿童咬住竖放的压舌板，并做圆唇动作发音，也可让儿童双唇裹住大口径吸管的同时发音。

e：康复师可用蜂蜜在儿童下齿背抹上蜂蜜，让儿童用舌尖抵住，并咬住咀嚼器，展唇发音。

i：康复师可让儿童用舌尖抵住下齿背，并咬住平放的压舌板，做微笑状发音。

u：康复师可让儿童咬住竖放的压舌板，双唇拢圆并尽量向前噘起发音，也可与儿童玩开火车的游戏，让儿童发出"呜—呜—"的声音。

ü：康复师可让儿童用舌尖抵住下齿背，咬住平放的压舌板，并向前噘嘴发音，也可让儿童先发 /i/ 音，再逐渐由展唇转换为圆唇发音。

3. 词的训练

词的训练需要韵母和声母结合起来，康复师须了解儿童可以发出哪些声母，然后再与目标韵母结合发音。训练材料尽量选择简单的声母与目标韵母组合，如表 2-8 所示。

表 2-8 单韵母训练材料示例

目标音	训练材料
a	单音节词：啊、八、拔、把、爸、趴、爬、怕、妈、麻、马、骂、发、罚、法、发、搭、达、打、大、他、塔、踏、拿、哪、那、拉、旯、喇、辣、旮、嘎、尬、咖、卡、哈、呷、砸、咋、擦、撒、洒、萨、楂、闸、眨、炸、插、查、衩、差、沙、啥、傻、煞 双音节词：八哥、拔河、把手、罢工、趴着、爬坡、怕黑、抹布、麻烦、马桶、发烧、罚款、法国、发廊、搭讪、达到、打车、大河、他们、塔楼、踏步、拿捏、哪里、那边、拉手、辣椒、咖啡、卡片、呷嘴、砸门、咋了、擦地、撒谎、洒水、扎针、闸门、眨眼、炸弹、插画、查岗、差点①、沙滩、傻瓜、霎时；嘴巴、挺拔、车把、老爸、攀爬、害怕、干妈、蓖麻、骑马、挨骂、出发、惩罚、办法、理发、嘀嗒、回答、敲打、倒塌、宝塔、床榻、去哪、唢呐、推拉、热辣、尴尬、门卡、俩仨、喷洒、比萨、山楂、水闸、爆炸、刀叉、检查、惊诧、细沙

---

① 编注：由于儿化音会增加发音的难度，而本书所列词句仅作为训练素材，因此未标注儿化音音节。

续表

目标音	训练材料
a	干啥、装傻、广厦；妈妈、爸爸、哈哈、嘎嘎；大马、喇叭、哈达、拉萨、蛤蟆、打发、打杂、沙发、大厦、打岔、大坝、马达、打蜡、发达、大巴、蚂蚱 三音节词：马桶套、洒水车；红辣椒；丢手帕、骑木马；啦啦队、爬大坡、大巴车、马阿姨；大宝塔；好爸爸、笑哈哈；马大哈、巴拿马、大喇叭
o	单音节词：噢、哦、喽、哦、波、伯、跛、檗、泼、婆、叵、破、摸、魔、抹、末、佛、窝、我、握 双音节词：菠菜、搏击、跛脚、薄荷、泼水、婆婆、叵测、破瓦、摸索、魔方、抹茶、茉莉、佛像、窝头、我们、握手；海波、老伯、颠簸、黄檗、撒泼、老婆、打破、偷摸、打磨、粉末、大佛、狗窝、你我、肥沃；喔喔、默默、伯伯、婆婆；泼墨、磨破、磨墨、卧佛 三音节词：泼水节；吃菠菜、大菠萝、玩魔方、你我他；胡萝卜、搭狗窝、弥勒佛；握握手；老婆婆
e	单音节词：婀、鹅、恶、鳄、嗯、德、特、哪、讷、嘞、乐、鸽、格、葛、个、科、咳、渴、客、喝、和、贺、遮、折、者、这、车、扯、撤、奢、蛇、舍、射、惹、热、则、仄、册、色 双音节词：鹅蛋、恶心、鳄鱼、德国、特点、哪吒、乐趣、鸽子、革命、各自、蝌蚪、咳嗽、渴望、克服、喝水、河流、贺卡、遮阳、折叠、褶皱、这里、车轮、扯面、撤退、奢侈、舌头、舍弃、射箭、惹祸、热闹、责怪、仄声、厕所、色彩；天鹅、饥饿、道德、志忑、木讷、快乐、大哥、皮革、诸葛、一个、学科、蛋壳、口渴、请客、好喝、大河、祝贺、规则、画册、颜色、打折、忍者、甘蔗、江浙、汽车、拉扯、清澈、小蛇、取舍、发射、招惹、炎热；呵呵、哥哥、可可；可乐、合格、隔阂、苛刻、特色、这个、车辙、客车、舍得、割舍、折合、折射、各个、嘚瑟 三音节词：哥弟俩；巧克力、一棵树、大鳄鱼；大白鹅、肚子饿、过小河；呵呵笑；喝可乐

续表

目标音	训练材料
i	单音节词：衣、姨、以、易、逼、鼻、笔、币、批、皮、匹、辟、咪、迷、米、密、滴、迪、底、弟、踢、提、体、替、妮、尼、你、腻、哩、梨、里、力、鸡、极、几、季、期、其、起、气、西、习、洗、系 双音节词：衣服、姨妈、以后、艺术、逼迫、鼻子、笔筒、毕业、批发、皮包、匹夫、僻静、眯眼、谜语、米袋、密封、滴水、笛子、抵达、地板、踢球、提桶、体育、替代、泥土、你好、溺爱、梨花、礼貌、荔枝、鸡蛋、急忙、几个、季节、期望、骑车、起床、气球、西瓜、习惯、洗澡、戏水；大衣、阿姨、可以、容易、威逼、口鼻、毛笔、投币、雨披、调皮、布匹、开辟、猫咪、猜谜、大米、保密、雨滴、竖笛、箱底、兄弟、楼梯、问题、身体、抽屉、彩泥、草拟、甜腻、鸭梨、敬礼、美丽、日期、下棋、开启、生气、小溪、学习、擦洗、粗细；弟弟、咪咪、秘密、意义、嬉戏；鼻涕、霹雳、米粒、体力、密闭、脾气、提起、匹敌、笔记、力气、谜底、记忆、洗衣、一起、激励、基地、气体、礼仪、旖旎 三音节词：你们好；大椅子、捏鼻子；大鸭梨；踢皮球、洗衣服；小弟弟；一支笔、一二一
u	单音节词：乌、无、五、误、补、布、扑、葡、普、铺、模、母、木、夫、幅、腐、付、嘟、独、堵、肚、凸、图、土、兔、奴、努、怒、噜、芦、鲁、路、姑、古、顾、哭、苦、酷、呼、胡、虎、户、朱、竹、煮、住、出、厨、楚、处、书、熟、属、树、如、乳、入、租、足、组、粗、醋、苏、俗、素 双音节词：乌鸦、无用、舞蹈、雾霾、补丁、布匹、扑通、葡萄、普通、曝晒、模板、母亲、木头、麸皮、辐射、抚摸、复习、都城、独自、堵车、肚皮、突然、图钉、土地、兔子、驽马、努力、怒气、芦苇、鲁莽、路灯、姑妈、古老、故意、哭泣、苦瓜、裤子、胡子、户口、珠海、竹子、煮面、住宅、出发、厨房、楚国、处所、书房、熟悉、曙光、树木、如果、租房、足球、祖国、粗糙、醋缸、酥饼、俗话、素材；房屋、有无、跳舞、错误、弥补、抹布、相扑、胸脯、吉普、商铺、保姆、放牧、皮肤、搀扶、安抚、答复、牛犊、拥堵、大度、凹凸、

目标音	训练材料
u	画图、泥土、白兔、匈奴、弓弩、发怒、火炉、齐鲁、马路、蘑菇、敲鼓、照顾、大哭、辛苦、仓库、打呼、二胡、老虎、保护、珍珠、毛竹、烹煮、建筑、外出、大厨、清楚、远处、看书、私塾、下属、大树、比如、进入、合租、民族、小组、气粗、米醋、江苏、民俗、倾诉；叔叔、姑姑、瀑布、五谷、葫芦、呜呼、图书、糊涂、补助、孤独、目录、入伍、树木、出路、出入、督促、露珠、速度、祝福、突出、鼓舞、卤煮、舒服、输入
	三音节词：乌鸦叫；跳舞蹈、吉普车、踢足球；梅花鹿、小火炉、大白兔；图书馆；肚皮舞、图画书
ü	单音节词：淤、鱼、雨、玉、女、衄、驴、吕、绿、居、菊、举、句、区、渠、取、去、需、徐、许、旭
	双音节词：淤泥、渔网、雨伞、玉米、女孩、驴车、旅行、绿色、居住、菊花、举手、句子、曲线、渠道、取暖、去年、需要、徐州、许多、旭日；清淤、钓鱼、下雨、碧玉、男女、毛驴、差旅、过滤、安居、苦菊、推举、家具、城区、沟渠、歌曲、来去、必须、些许、继续；缕缕、区区、徐徐、栩栩、玉宇、聚居；渔具、雨具、区域、豫剧、曲剧、序曲
	三音节词：绿皮球、去郊游、许多花；下雨天；骑毛驴、唱歌曲、小金鱼、雷阵雨、听豫剧
er	单音节词：儿、耳、二
	双音节词：儿歌、耳朵、二手；然而、鱼饵、一二；尔尔
	三音节词：儿童节；一二一、小儿科；大耳朵、华尔兹、放诱饵
-i 前	单音节词：兹、子、字、呲、词、此、次、撕、死、寺
	双音节词：姿势、紫色、自习、呲牙、词语、此后、刺猬、撕开、死结、寺庙；坐姿、孔子、写字、告辞、从此、鱼刺、粉丝、装死、后嗣；吱吱；自私、子嗣、四次、次子、字词、自此、刺字、此次、私自、四字
	三音节词：撕开纸；好滋味；学写字、又一次；四十四

续表

目标音	训练材料
-i 后	单音节词：之、值、纸、志、吃、池、尺、翅、师、时、史、是、日 双音节词：知道、值班、指导、治疗、吃面、迟到、尺寸、翅膀、师范、石头、史记、世界、日历；编织、一直、白纸、励志、好吃、水池、牙齿、鸡翅、红日；痴痴、纸质、制止、实施、实时、史诗、事实；支持、知识、芝士、吃食、失职、直尺、直视、指示、迟滞、实质、咫尺、指使、智齿、市值、试纸、试吃、值日、时日、日食、日志 三音节词：湿毛巾；一支笔；红宝石、真好吃、过生日；值日生

（二）复韵母的训练

13个复韵母的训练需要在儿童掌握6个核心韵母发音的基础上，按照"拼读法"进行。例如，ao 的训练：康复师首先示范发 /ao/ 音；如果儿童不能模仿，康复师则诱导儿童发音（下颌从完全打开过渡到微微打开，舌从居中过渡到舌后部隆起，舌位稍高，且双唇拢成圆形）；如果儿童不能被诱导发音，康复师则让儿童将 /a/ 和 /o/ 组合拼读，练习下颌、唇和舌的位置转换，并逐渐加快速度，直到发出 /ao/ 音。

表 2-9 例举了各复韵母词的训练材料。

表 2-9　复韵母训练材料示例

目标音	训练材料
ai	单音节词：埃、癌、矮、爱、掰、白、百、拜、拍、牌、派、埋、买、卖、呆、歹、带、胎、台、太、奶、耐、来、赖、该、改、盖、开、凯、忾、嗨、孩、海、害、灾、载、在、猜、才、彩、菜、塞、赛、摘、宅、窄、债、拆、柴、瘥、筛、色、晒 双音节词：埃及、癌症、矮小、爱护、掰断、白兔、摆设、拜年、拍照、排队、派遣、埋头、买饭、麦子、呆住、歹徒、代表、胎儿、台灯、太阳、奶瓶、耐心、来回、赖皮、改锥、盖子、开门、凯旋、嗨哟、孩子、海水、害怕、栽花、宰相、再见、猜谜、财宝、彩虹、菜篮、塞车、赛跑、摘桃、宅院、窄路、债务、拆迁、柴火、筛选、色子、晒图；悲哀、患癌、高矮、恋爱、雪白、一百、礼拜、填埋、收买、大麦、

续表

目标音	训练材料
ai	发呆、好歹、皮带、轮胎、舞台、淘汰、过来、耍赖、应该、修改、杯盖、推开、行楷、小孩、大海、除害、盆栽、下载、瞎猜、木材、云彩、青菜、耳塞、比赛、文摘、住宅、宽窄、欠债、出差、火柴、日晒；奶奶、拜拜、拍拍；爱戴、掰开、买卖、海带、拍卖、开采、白菜、买菜、彩排、择菜、拆开、灾害、采摘 三音节词：爱妈妈、买东西、猜灯谜；大白兔、打开门、捉害虫；喝牛奶、大舞台；晒太阳；赛一赛；卖白菜
ao	单音节词：凹、熬、袄、奥、包、雹、宝、报、抛、刨、跑、泡、猫、毛、卯、冒、刀、捯、岛、道、涛、桃、讨、套、孬、挠、脑、闹、捞、劳、老、烙、高、搞、告、尻、考、靠、薅、豪、好、号、招、着、找、赵、抄、朝、吵、秒、烧、勺、少、劭、饶、扰、绕、遭、凿、早、造、操、曹、草、搔、嫂、臊 双音节词：凹凸、熬粥、袄子、奥运、苞米、薄厚、宝贝、报纸、抛球、刨土、跑步、泡茶、猫咪、毛衣、帽子、刀法、岛屿、道路、掏钱、桃花、讨厌、套餐、挠头、脑袋、闹钟、捞鱼、劳动、老虎、烙饼、高矮、稿件、告诉、拷贝、靠垫、毫米、好汉、号角、招聘、着急、找寻、照明、超市、潮湿、炒菜、烧火、勺子、少数、少年、饶命、扰民、绕圈、遭遇、凿洞、早上、造船、糙米、草地、搔头、扫地、扫把；面包、冰雹、温饱、拥抱、长袍、长跑、气泡、小猫、长矛、笔帽、大刀、摔倒、达到、波涛、樱桃、乞讨、圈套、大脑、热闹、捕捞、辛劳、年老、奶酪、蛋糕、文稿、广告、监考、依靠、自豪、站好、小号、酒糟、开凿、起早、干燥、粗糙、水槽、小草、打扫、害臊、今朝、点着、寻找、拍照、小抄、鸟巢、争吵、树梢、汤勺、多少、吹哨、富饶、打扰、围绕；宝宝、泡泡、猫猫、姥姥、嫂嫂；宝刀、报告、跑道、抛锚、号啕、冒泡、冒号、逃跑、唠叨、枣糕、草帽、草稿、曹操、稻草、吵闹、糟糕 三音节词：包饺子、炒米饭；小猫咪、大扫除、戴帽子；水蜜桃、牛吃草；躲猫猫、蚕宝宝、吹泡泡

续表

目标音	训练材料
ei	单音节词：杯、北、被、胚、陪、配、梅、美、妹、飞、肥、匪、费、嘚、得、馁、内、勒、雷、磊、累、给、黑 双音节词：杯子、北方、备课、胚芽、陪伴、佩戴、梅花、美丽、妹夫、飞机、肥猫、翡翠、废纸、内衣、勒紧、雷电、磊落、泪花、给力、黑板；茶杯、南北、棉被、理赔、玉佩、发霉、甜美、姐妹、起飞、减肥、土匪、浪费、入内、气馁、打雷、堡垒、劳累、不给、乌黑；妹妹、狒狒、磊磊；非得、飞贼、肥美、蓓蕾、北美、配备 三音节词：背书包、梅花鹿、垒高高；小黑板、开飞机、一杯茶；大堡垒、流眼泪、盖棉被；小妹妹
ou	单音节词：欧、噢、藕、怄、剖、抔、哞、谋、某、否、兜、斗、豆、偷、头、透、䁖、楼、搂、漏、沟、狗、够、齁、猴、吼、厚、周、轴、肘、皱、抽、愁、丑、臭、收、熟、首、受、揉、肉、邹、走、奏、凑、搜、叟、嗽 双音节词：欧美、藕片、怄气、剖开、谋划、某人、否定、兜子、斗篷、豆花、偷看、头发、透明、楼梯、搂抱、漏雨、沟渠、狗窝、购买、齁声、猴子、吼叫、后背、周一、轴承、肘子、皱纹、抽烟、筹划、丑恶、臭气、收拾、首都、受气、柔软、肉麻、走路、奏响、凑合、搜查；莲藕、解剖、击缶、裤兜、颤抖、黄豆、小偷、剃头、看透、高楼、地漏、水沟、黄狗、不够、喝粥、车轴、诅咒、发愁、小丑、恶臭、丰收、双手、胖瘦、温柔、猪肉、行走、演奏；豆豆、瞅瞅、偷偷；欧洲、口头、后头、手口、口臭、绸缪、兜售、漏斗、收购、手头、佝偻、售后 三音节词：抽风机；黑头发、向后看；往回走、白米粥；走楼梯；够不够、手拉手
ia	单音节词：鸭、牙、雅、亚、家、荚、甲、价、掐、卡、恰、瞎、霞、下 双音节词：鸭子、牙刷、雅间、亚军、家庭、夹衣、假山、价格、掐断、卡壳、恰好、虾皮、峡谷、夏天；乌鸦、拔牙、优雅、欧亚、回家、豆荚、真假、放假、发卡、融洽、大虾、晚霞、放下；牙牙、恰恰；鸭架、假牙、加价、下家、下牙、加压

续表

目标音	训练材料
ia	三音节词：压路机、加减法；上下楼、大峡谷；寒暑假、穿山甲、大门牙、唐老鸭
ie	单音节词：椰、爷、野、叶、憋、别、瘪、别、瞥、撇、咩、灭、跌、碟、贴、铁、饕、捏、涅、咧、咧、裂、接、节、姐、借、切、茄、且、窃、些、鞋、写、谢 双音节词：椰子、爷孙、野花、夜晚、憋气、别针、瘪了、别扭、瞥见、撇嘴、灭火、跌倒、碟子、贴画、铁棒、捏扁、涅槃、咧嘴、裂开、街道、节目、解开、借书、切菜、茄子、窃取、歇息、斜塔、写字、卸货；姥爷、田野、落叶、地鳖、道别、压瘪、消灭、老爹、蝴蝶、粘贴、钢铁、饕餮、拿捏、分裂、拼接、春节、大姐、中介、急切、番茄、况且、盗窃、一些、球鞋、抄写、道谢；爷爷、姐姐、谢谢、爹爹、咩咩、窃窃；结业、贴切、鞋业、趔趄 三音节词：捏泥巴、解放军、咧嘴笑；吸铁石、番茄酱、紫茄子；圣诞节、白球鞋；接飞碟；大姐姐、老爷爷
ua	单音节词：哇、娃、瓦、袜、瓜、寡、挂、夸、垮、跨、花、华、画、抓、爪、唰、耍、刷 双音节词：挖土、瓦片、袜子、刮风、剐蹭、挂钩、夸奖、垮掉、跨步、花朵、划船、画图、抓住、爪子、刷碗、耍闹；青蛙、福娃、砖瓦、棉袜、西瓜、多寡、牵挂、浮夸、压垮、红花、中华、说话、猫爪、鞋刷、玩耍；娃娃、画画；挂画、耍滑 三音节词：滑旱冰、跨步走、抓小偷；南瓜子；不说话、大西瓜；画图画；小娃娃
uo	单音节词：多、夺、躲、跺、拖、驼、妥、拓、挪、糯、啰、罗、裸、落、郭、国、果、过、扩、豁、活、火、货、桌、啄、戳、绰、说、硕、若、作、昨、左、做、搓、嵯、脞、错、缩、锁 双音节词：多少、夺目、躲闪、跺脚、拖鞋、鸵鸟、妥善、拓展、挪动、糯米、箩筐、裸麦、落霞、锅盖、国家、果实、过失、扩大、豁牙、活鱼、火柴、货物、桌子、酌情、戳穿、啜泣、说法、硕士、弱小、作坊、昨天、左右、座位、搓澡、嵯峨、错误、缩小、所以；很多、争夺、

续表

目标音	训练材料
uo	花朵、柴垛、依托、秤砣、稳妥、开拓、腾挪、软糯、敲锣、赤裸、凋落、炒锅、祖国、苹果、难过、开阔、干活、救火、卸货、辅佐、合作、一撮、认错、收缩、开锁、餐桌、手镯、盖戳、传说、闪烁、柔弱；哆嗦、火锅、骆驼、陀螺、罗锅、窝火、硕果、活捉、错过、做作、错落、过火、阔绰、啰唆、懦弱、脱落 三音节词：躲猫猫、拖拉机、啄木鸟；胡萝卜、降落伞、救火车、一撮毛；不认错、青苹果；做作业；吃火锅；抽陀螺
üe	单音节词：约、哕、月、虐、略、撅、绝、倔、缺、瘸、却、靴、学、雪、谑 双音节词：约会、阅读、疟疾、掠夺、撅起、决定、倔强、缺乏、瘸腿、却步、靴子、学校、雪花；婉约、明月、暴虐、侵略、挖掘、短缺、的确、皮靴、放学、下雪、戏谑；雀跃、约略 三音节词：月亮山、噘嘴巴、瘸腿猫；上学校、飘雪花、侵略者、挖掘机；穿皮靴、下大雪
iao	单音节词：腰、摇、咬、药、彪、表、鳔、飘、瓢、漂、票、喵、苗、秒、庙、叼、掉、佻、条、挑、跳、鸟、尿、撩、聊、了、料、教、嚼、脚、叫、敲、桥、巧、翘、萧、淆、晓、校 双音节词：腰果、摇头、咬牙、药片、彪悍、表格、漂浮、瓢虫、漂白、漂亮、瞄准、藐视、庙宇、雕刻、钓鱼、挑选、条码、挑衅、跳跃、鸟巢、尿盆、撩开、聊天、了解、料理、浇花、嚼动、脚丫、较劲、敲门、荞麦、巧合、翘班、消息、晓得、笑脸；山腰、佳肴、啃咬、照耀、手表、鱼漂、饿殍、邮票、树苗、分秒、奇妙、花雕、碰掉、出挑、空调、单挑、远眺、飞鸟、撒尿、无聊、材料、香蕉、水饺、大叫、铁锹、过桥、碰巧、陡峭、推销、大小、微笑；喵喵、袅袅、悄悄；娇小、秒表、渺小、飘摇、巧妙、小鸟、小桥、调料、笑料、苗条、吊桥、疗效、缥缈、窈窕 三音节词：巧克力；一条鱼；哈哈笑；跷跷板；摇哇摇、小树苗；小脚丫
iou	单音节词：优、由、有、又、谬、丢、妞、牛、扭、拗、溜、留、柳、六、究、久、就、秋、球、糗、休、朽、秀

续表

目标音	训练材料
iou	双音节词：优美、鱿鱼、友爱、幼儿、谬论、丢失、牛群、扭腰、溜冰、流泪、柳树、六个、纠纷、酒杯、救火、秋天、球队、休息、朽木、绣花；哎哟、理由、没有、保佑、荒谬、黄牛、别扭、执拗、滑熘、停留、杨柳、十六、研究、喜酒、陈旧、山丘、篮球、出糗、维修、腐朽、生锈；舅舅、妞妞；优秀、悠久、秋游、牛柳、绣球、牛油、久留、求救、丢球 三音节词：幼儿园、丢手绢、救护车；牵牛花、炒鱿鱼；闹别扭、老黄牛、乌溜溜
uai	单音节词：歪、崴、外、乖、拐、怪、快、怀、坏、跩、拽、揣、踹、摔、甩、帅 双音节词：歪脖、崴脚、外头、乖巧、拐弯、怪物、快乐、怀抱、坏蛋、拽住、踹开、摔跤、甩卖、帅气；里外、卖乖、诱拐、奇怪、竹筷、关怀、使坏、拉拽、皮揣、飞踹、草率；乖乖；摔坏、外快、怀揣、外踝 三音节词：乖宝宝、歪脑袋、左拐弯、右拐弯、赶快跑、抓坏蛋；真奇怪
uei	单音节词：威、维、尾、位、堆、对、推、颓、腿、退、归、鬼、贵、亏、葵、跪、愧、灰、回、毁、会、嘴、最、崔、璀、脆、虽、随、髓、碎、追、坠、吹、锤、谁、水、睡、蕊、瑞 双音节词：巍峨、围巾、伟大、卫生、堆积、对错、推拉、颓废、腿部、退后、规则、轨道、桂花、盔甲、葵花、匮乏、灰色、回家、毁灭、会议、嘴巴、最佳、催促、璀璨、萃取、虽然、随意、隧道、追捕、坠崖、吹气、锤子、水花、睡觉、睿智；细微、包围、芦苇、座位、土堆、排队、撤退、乌龟、铁轨、橱柜、吃亏、崩溃、光辉、来回、后悔、开会、咧嘴、麻醉、翡翠、跟随、破碎、改锥、点缀、鼓吹、棒槌、热水、赋税、花蕊、尖锐；回归、归队、回味、追尾、坠毁、尾随、推诿、卫队、垂危、悔罪、水位、荟萃、罪魁、鬼祟 三音节词：葵花子、追风筝；长尾巴、大嘴巴、小推车；向日葵、嘎嘣脆、大衣柜；围围巾

（三）鼻韵母的训练

16个前后鼻韵母的训练需要儿童在掌握6个核心韵母发音和鼻音哼鸣的基础上，按照"拼读法"进行。鼻韵母的发音是由一个音的发音动作滑动变化而形成，收尾时由鼻音完成。

前后鼻韵母的发音要点是，发前鼻音n时，舌前部顶住上齿龈，上下门齿是相对的，口形接近闭合；发后鼻音ng时，舌后部高高隆起，舌后面尽力后缩靠近软腭，上下门齿离得远一点，口形较开，口腔内腭咽尽量上抬。

康复师在训练前鼻音n的发音时，可以参考声母n的发音练习，注意比声母n的发音部位略微靠后。训练后鼻音ng的发音时，康复师可以让儿童先张大嘴发 /ɑ/ 音，然后控制气流从鼻腔流出，练习后鼻音哼鸣。

表2-10例举了各鼻韵母词的训练材料。

表2-10 鼻韵母训练材料示例

目标音	训练材料
an	单音节词：安、俺、暗、班、版、半、潘、盘、盼、馒、满、慢、翻、烦、反、饭、单、胆、蛋、贪、谈、坦、探、囡、男、腩、难、蓝、懒、烂、甘、敢、干、堪、砍、瞰、憨、韩、喊、汉、簪、咱、攒、暂、餐、蚕、惨、灿、沾、展、站、掺、馋、产、颤、山、闪、善、然、染 双音节词：安装、俺们、按钮、斑马、板报、伴侣、攀岩、盘子、叛徒、馒头、满足、漫画、翻译、烦恼、返回、犯错、单独、胆小、蛋壳、贪图、谈话、坦克、叹气、南瓜、难民、蓝色、懒惰、烂泥、甘蔗、赶集、干活、看家、砍柴、看书、酣畅、含义、喊叫、捍卫、簪子、咱们、攒钱、暂时、参加、惭愧、惨烈、粘贴、展出、站台、搀扶、馋猫、产物、颤抖、山水、陕西、扇子、燃烧、染色；保安、黑暗、一般、出版、打扮、高攀、涅槃、期盼、隐瞒、充满、快慢、风帆、平凡、正反、米饭、负担、虎胆、鸡蛋、海滩、天坛、地毯、煤炭、海南、苦难、竹篮、电缆、腐烂、饼干、勇敢、能干、报刊、门槛、俯瞰、打鼾、包含、哭喊、遗憾、发簪、积攒、短暂、午餐、凄惨、璀璨、毛毡、画展、车站、嘴馋、铁铲、打战、大山、躲闪、和善、自然、污染；案板、办案、斑斓、胆寒、泛滥、干饭、感染、栏杆、烂漫、暗淡、惨淡、单干、翻案、反感、肝胆、感叹、勘探、贪婪、谈判、坦然、赞叹、展览、湛蓝、灿烂、橄榄、难缠、寒蝉

续表

目标音	训练材料
an	三音节词：慢吞吞、番茄酱、南瓜灯；开坦克、大懒猫、天安门；白米饭、真能干、花地毯；橄榄球、扇扇子
en	单音节词：恩、摁、奔、本、笨、喷、盆、闷、门、焖、分、焚、粉、愤、嫩、跟、哏、艮、亘、真、枕、振、琛、陈、衬、深、神、沈、甚、人、忍、认、怎、参、岑、森 双音节词：恩惠、摁倒、奔跑、本子、笨蛋、喷泉、盆栽、闷热、门口、焖饭、分开、焚烧、粉色、愤怒、嫩芽、根基、亘古、针线、枕头、振作、抻腿、陈皮、衬衫、身体、神奇、审查、渗透、人物、忍耐、认识、怎么、参差、森严；报恩、飞奔、书本、菜盆、阀门、烦闷、十分、临汾、面粉、气愤、稚嫩、树根、横亘、阴森、打针、候诊、地震、早晨、陪衬、转身、精神、陪审、谨慎、大人、坚韧；涔涔、纷纷、本人、粉尘、沉闷、门诊、人参、深圳、振奋、本分、分身、愤恨、根本、认真、深沉、审慎、恩人 三音节词：粉红色、抻面条、深水池；高跟鞋、大珍珠、花枕头；洗脸盆、大铁门；看门诊
in	单音节词：音、银、尹、印、斌、鬓、拼、频、品、聘、民、闵、您、拎、林、凛、吝、今、紧、进、亲、琴、寝、沁、心、信 双音节词：音乐、吟诗、饮料、印刷、宾客、鬓角、拼图、频率、品德、聘书、民俗、敏捷、您好、拎包、临时、凛冽、吝啬、金鱼、紧密、进门、亲友、勤劳、寝室、沁园、新旧、信息；树荫、白银、蚯蚓、打印、来宾、双鬓、打拼、视频、作品、招聘、人民、器皿、森林、蹂躏、毛巾、赶紧、最近、母亲、钢琴、就寝、爱心、写信；濒临、民心、近邻、辛勤、贫民、信心、近亲、尽心、拼音、亲近、亲信、薪金、音频、殷勤、引进 三音节词：抿嘴笑；喝饮料、听音乐、大信封；长围巾、大提琴、发短信；拼拼图
ün	单音节词：晕、匀、允、运、军、俊、裙、熏、寻、训 双音节词：晕倒、云朵、允许、运河、军队、俊俏、裙摆、勋章、寻找、训练；头晕、白云、应允、幸运、细菌、英俊、牛群、烟熏、咨询、教训；云云、循循；均匀、军训 三音节词：运输队、薰衣草；功勋章、一群牛；解放军、连衣裙、一朵云

续表

目标音	训练材料
ian	单音节词：烟、言、眼、燕、边、扁、变、篇、便、片、棉、免、面、颠、点、店、天、田、舔、掭、蔫、年、碾、念、连、脸、练、间、剪、见、千、前、浅、欠、先、嫌、显、线 双音节词：烟花、盐巴、掩护、燕子、编写、扁担、变化、篇幅、便宜、骗子、棉花、免费、面粉、颠簸、点心、电视、天地、填写、蔫了、年糕、碾压、念头、莲花、脸盆、练习、坚韧、剪刀、箭靶、签字、前期、浅色、欠费、先后、嫌弃、显示、羡慕；油烟、留言、展演、大雁、花边、压扁、改变、一篇、图片、木棉、避免、里面、山巅、晚点、闪电、蓝天、稻田、发蔫、过年、怀念、大连、收敛、排练、笔尖、加减、射箭、秋千、提前、深浅、亏欠、海鲜、悠闲、危险、毛线；渐渐；边沿、变脸、变天、电线、店面、简练、连绵、面点、前年、艰险、检点、检验、见面、渐变、简便、连篇、脸面、棉线、面前、偏见、前边、前线、天线、鲜艳 三音节词：变魔术；油烟机、挑扁担、小燕子、戴眼镜；看表演、织毛线、荡秋千；吃面条；舔一舔、见一面；一片片
uan	单音节词：弯、玩、晚、万、端、短、段、湍、团、暖、恋、卵、乱、关、管、惯、宽、款、钻、篡、攥、氽、攒、窜、酸、蒜、专、转、赚、穿、船、喘、串、栓、涮、软 双音节词：蜿蜒、玩笑、晚饭、万一、端茶、短缺、断桥、湍急、团圆、暖壶、孪生、卵石、乱套、关门、管理、灌溉、宽阔、款式、钻研、钻石、氽汤、攒动、篡改、酸痛、算数、砖瓦、转身、转椅、穿衣、传递、喘气、串通、拴住、涮锅、软弱；拐弯、游玩、夜晚、千万、开端、长短、判断、汤团、取暖、山峦、孵卵、杂乱、开关、水管、习惯、心宽、罚款、编纂、电钻、逃窜、心酸、大蒜、瓷砖、运转、外传、河川、轮船、哮喘、木栓、柔软；弯弯、缓缓、团团、款款；传唤、转弯、婉转、端碗、穿完、贯穿、专断、酸软、转换 三音节词：乱哄哄、穿衣服、钻山洞、涮火锅；鹅卵石、小暖壶、开玩笑；羊肉串、大帆船、修水管

续表

目标音	训练材料
üan	单音节词：冤、圆、远、愿、捐、卷、倦、圈、拳、犬、劝、宣、悬、选、炫 双音节词：冤枉、元素、远离、愿意、捐献、卷尺、倦怠、圈套、拳击、犬牙、劝说、喧哗、悬崖、选择、炫耀；深渊、汤圆、久远、自愿、募捐、花卷、疲倦、绕圈、完全、狂犬、证券、筛选、晕眩；涓涓、全权、渊源；圆圈、源泉、轩辕 三音节词：宣传单、卷毛狗；二选一、团圆饭、小拳头；丢手绢、大喷泉；圆圆的
uen	单音节词：温、文、稳、问、蹲、盾、顿、吞、屯、抡、轮、论、滚、棍、昆、捆、困、昏、浑、混、尊、村、存、忖、寸、孙、笋、谆、准、春、纯、蠢、吮、顺、润 双音节词：温和、文字、稳定、问题、蹲下、盾牌、吞食、屯粮、抡起、轮渡、论坛、滚烫、棍子、昆虫、捆绑、困难、婚礼、浑浊、混乱、尊严、村医、存储、寸步、孙子、损坏、准备、春天、纯粹、蠢事、吮吸、顺路、闰年；体温、作文、平稳、顾问、下蹲、拥趸、矛盾、云吞、海豚、车轮、议论、翻滚、木棍、乾坤、围困、黄昏、灵魂、自尊、农村、库存、尺寸、儿孙、竹笋、瞄准、立春、嘴唇、愚蠢、平顺、湿润；滚滚、谆谆；馄饨、温顺、困顿、春笋、论文、伦敦、昆仑、温存、混沌 三音节词：顺风车；捉昆虫、迎春花、三轮车；写作文、量体温；问问题；包馄饨
ang	单音节词：肮、昂、盎、帮、绑、棒、乓、旁、胖、忙、莽、方、房、仿、放、当、党、荡、汤、糖、躺、烫、嚷、囊、啷、狼、朗、浪、缸、港、杠、康、扛、抗、夯、航、沆、脏、葬、仓、藏、桑、嗓、丧、张、涨、帐、昌、常、厂、唱、商、晌、上、嚷、瓤、壤、让 双音节词：昂头、盎然、帮助、榜样、棒子、旁边、胖瘦、忙碌、莽撞、方向、房间、仿佛、放心、当然、挡板、当铺、汤包、糖果、躺椅、烫手、馕饼、狼狈、朗读、浪花、钢笔、港口、杠杆、康复、扛包、抗日、夯实、航行、脏乱、藏族、仓库、藏品、桑叶、嗓子、丧气、张口、长大、丈夫、昌盛、长短、场地、唱歌、赏花、上下、让座；轩昂、翅膀、棉棒、乒乓、脸庞、肥胖、迷茫、鲁莽、芬芳、消防、模仿

目标音	训练材料
ang	开放、叮当、遮挡、飘荡、热汤、白糖、平躺、滚烫、窝囊、毛囊、牛郎、晴朗、波浪、水缸、香港、单杠、健康、抵抗、银行、好脏、西藏、谷仓、躲藏、推搡、沮丧、开张、飞涨、蚊帐、武昌、品尝、工厂、通畅、协商、奖赏、时尚、瓜瓤、土壤、谦让；刚刚、朗朗、苍苍；肮脏、帮忙、上当、长廊、厂房、方糖、蟑螂、苍茫、当场、盲肠、商场
	三音节词：荡秋千、苍蝇拍、放风筝；小脏手、爬长城；大灰狼、蛋花汤；长方形；大商场；响当当；棒棒糖
eng	单音节词：崩、甭、绷、蹦、砰、鹏、捧、碰、蒙、萌、猛、梦、风、冯、讽、凤、灯、等、瞪、熥、疼、能、棱、冷、愣、耕、梗、更、坑、哼、恒、横、增、赠、噌、层、蹭、僧、争、整、正、撑、成、逞、秤、生、绳、省、剩、扔、仍
	双音节词：绷带、蹦跳、烹饪、澎湃、捧花、碰面、朦胧、猛烈、梦想、蜂蜜、缝纫、讽刺、凤凰、登山、等待、凳子、疼痛、能力、棱镜、冷漠、愣住、耕地、哽咽、更加、铿锵、哼唱、恒星、增加、赠予、曾经、蹭车、僧人、蒸汽、整理、正式、撑伞、城市、逞强、秤砣、生产、绳子、省钱、盛夏、扔掉、仍然；紧绷、水泵、雨棚、吹捧、磕碰、联盟、做梦、大风、相逢、嘲讽、墙缝、开灯、平等、板凳、性能、瓦棱、阴冷、发愣、农耕、火坑、大亨、永恒、蛮横、递增、附赠、楼层、剐蹭、唐僧、力争、规整、保证、支撑、完成、驰骋、杆秤、卫生、长绳、节省、旺盛、乱扔、耿耿、萌萌；逞能、乘风、丰登、风声、省城、风筝、承蒙、丰盛、更生、更正、冷风、声称、征程
	三音节词：更衣室、缝纫机、扔垃圾；三棱镜；体重秤；蹦蹦床、碰碰车
ing	单音节词：英、赢、影、硬、冰、饼、病、乒、凭、明、命、丁、顶、定、听、停、挺、柠、拧、宁、龄、领、另、经、景、静、青、情、请、庆、星、行、醒、兴
	双音节词：樱桃、营养、影片、应聘、冰棒、饼干、病房、乒乓、平凡、明白、命运、叮当、顶层、定金、听见、停车、挺进、柠檬、拧干、宁愿、零食、领带、另外、经过、景色、镜子、轻易、晴天、请假、庆祝、

续表

目标音	训练材料
ing	星球、行程、醒悟、幸福；老鹰、欢迎、电影、坚硬、士兵、烧饼、生病、公平、聪明、革命、鸡丁、屋顶、安定、客厅、法庭、游艇、辽宁、泥泞、门铃、衣领、下令、眼睛、陷阱、干净、冷清、表情、邀请、国庆、恒星、运行、提醒、高兴；亭亭、星星、命名；丁零、叮咛、明镜、零星、宁静、清醒、蜻蜓、冰凌、兵营、秉性、定睛、惊醒、精灵、精明、经营、菱形、明星、命令、平静、平行、姓名、清明 三音节词：乒乓球、静悄悄；红领巾；大头钉、潜水艇、洗涤灵；叮叮当、青苹果；数星星
ong	单音节词：东、懂、冻、通、同、桶、痛、农、弄、隆、龙、拢、弄、工、拱、共、空、孔、控、轰、红、哄、讧、宗、总、纵、聪、从、松、耸、送、中、种、众、充、虫、宠、冲、荣、冗 双音节词：冬天、懂事、动摇、通宵、同学、统一、痛苦、农夫、弄权、笼子、垄断、弄堂、工厂、拱桥、供品、空气、孔雀、控制、轰炸、红色、哄骗、棕色、总数、纵横、聪慧、从此、松树、耸肩、送别、中午、种子、重担、冲刺、重复、宠爱、冲床、融化、冗长、严冬、懵懂、黑洞、扑通、儿童、木桶、疼痛、务农、鸟笼、合拢、成功、一共、天空、反恐、指控、炮轰、口红、内讧、失踪、汇总、肉粽、大葱、自从、宽松、高耸、欢送、闹钟、播种、大众、补充、蝗虫、得宠、包容、匆匆；动容、从容、工农、空洞、恐龙、总统、瞳孔、隆冬、共同、轰隆、红肿、浓重、通红、童工 三音节词：共产党、童话书；小松鼠；毛毛虫、大黑洞、大木桶、称体重；咚咚锵；轰隆隆、红彤彤
iang	单音节词：央、羊、养、样、娘、酿、凉、两、亮、江、讲、降、枪、墙、抢、呛、香、祥、想、像 双音节词：秧苗、阳台、养殖、样品、娘家、酿酒、粮食、两个、谅解、将来、讲话、降解、枪靶、强大、抢劫、炝锅、香气、详细、想法、项链；中央、绵羊、瘙痒、荡漾、新娘、酒酿、桥梁、斤两、明亮、长江、船桨、下降、手枪、高墙、争抢、够呛、车厢、飞翔、联想、方向；

续表

目标音	训练材料
iang	娘娘；想象、江洋、奖项、两样、响亮、亮相、两项、踉跄、洋相、相像、像样 三音节词：晾衣服、量身高、两个人、降落伞；大将军、一辆车；小姑娘、非洲象；挠痒痒
uang	单音节词：汪、王、网、忘、光、广、逛、匡、狂、矿、慌、黄、谎、晃、装、壮、窗、床、闯、创、双、爽 双音节词：王后、网站、忘记、光线、广播、逛街、匡扶、狂风、旷课、慌张、黄色、谎言、晃动、装扮、壮大、窗户、床单、闯祸、创作、双眼、爽快；一汪、死亡、渔网、遗忘、阳光、宽广、闲逛、竹筐、抓狂、煤矿、心慌、辉煌、撒谎、摇晃、化妆、强壮、门窗、起床、误闯、原创、冰霜、凉爽；汪汪、往往、双双；狂妄、状况、装潢、双簧、网状 三音节词：光溜溜、狂犬病、矿泉水；洗床单、擦窗户、一汪水、一双鞋；蜘蛛网、背箩筐；明晃晃
ueng	单音节词：翁、蓊、瓮 双音节词：翁婿、蓊郁、瓮城；渔翁 三音节词：瓮中鳖；老渔翁、不倒翁、白头翁
iong	单音节词：拥、永、用、炯、穷、凶、熊 双音节词：拥有、勇敢、用处、窘迫、穷苦、兄弟、熊猫；蜂拥、游泳、使用、发窘、贫穷、元凶、狗熊；炯炯、汹汹；汹涌 三音节词：凶巴巴；大熊猫、自由泳、大狗熊

四、声母的训练

根据声母的发音特点，声母的训练包括发音部位和发音方法两方面的干预。

（一）按不同发音部位的声母训练

1. 双唇音（b、p、m）

双唇音的发音部位如图2-8所示。

图 2-8　双唇音的发音部位

（1）听觉辨识训练

听觉辨识训练需要康复师为儿童提供丰富的包含双唇音的语音环境，用夸张的发音方法将双唇音的发音特点展现给儿童，加强儿童对双唇音的识别，并进行错误音与目标音的识别训练，如 bā—mā。

（2）单个音位训练

康复师向儿童示范发双唇音。如果儿童不能模仿，康复师则诱导儿童发音。

　　b：双唇紧闭，气流在双唇后积聚，而后双唇突然打开，少量的气流从口中释放。

　　p：双唇紧闭，气流在双唇后积聚，而后双唇突然打开，明显有大量的气流从口中释放。

　　m：双唇紧闭，发音时，软腭和悬雍垂下垂，声音和气息向上送入鼻腔，双唇打开，气流从鼻腔而出，声带振动。

如果儿童不能被诱导发音，康复师则需要从以下几个方面进行训练。

①唇的刺激　同韵母的训练部分。

②唇闭合针对性训练　唇闭合力量训练需要康复师设计一些简单活动，训练儿童主动进行唇闭合。活动举例如下。

• 夹压舌板：根据儿童唇力量的实际情况，夹压舌板训练可以分为横夹和竖夹压舌板两种。使用横夹压舌板方法时，康复师将压舌板横放于儿童双唇之间，让儿童用力夹住，坚持5秒以上，反复数次。当儿童的肌力提高时，康复师可以稍用力向外拉，仍让儿童用力夹住压舌板，抵抗向外的拉力。竖夹压舌板难度较大，可在儿童能横夹压舌板后采用。使用竖夹压舌板方法时，康复师将压舌板竖放于儿童双唇之间，让儿童用力夹住压舌板的一边，不使压舌板掉下来，坚持5秒以上。

• 拉纽扣：康复师首先将纽扣置于儿童的齿与唇之间的空隙，让儿童闭合双唇，将纽扣包住，然后康复师向外拉纽扣，儿童仍然用力用双唇包住纽扣，抵抗向外的拉力，反复数次。

• 开闭唇：康复师让儿童闭双唇，然后迅速打开，口呈半张开状态，再迅速闭合，迅速半张开，最好能发出响声，反复数次。

• 包唇：康复师让儿童将上唇向下滑伸至下唇面并加压，然后下唇向上伸展并从外侧包住上唇，反复数次。

• 勺子吸食：康复师在勺子上放一些酸奶，让儿童用双唇抵住勺子后慢慢将酸奶吸入口中，反复数次。

• 剪口杯啜饮：康复师在剪口杯中放水或酸奶，将剪口杯较高一侧放在儿童唇部，注意不能让儿童用牙齿咬住杯子，提示儿童慢慢闭唇啜饮。随后康复师移出水杯，待儿童吞咽后，重复啜饮步骤，反复数次。

③易混音纠正　如果儿童将唇音b、p发成鼻音m，康复师则可以设计一些简单的活动，如让镜面起雾或捏鼻发音等，让儿童意识到发唇音时气流应该从口腔发出，而不是从鼻腔发出。

（3）词的训练

表2-11例举了双唇音词的训练材料。

表2-11　双唇音词训练材料示例

声母	训练材料
b	单音节词：八、拔、把、爸、波、脖、跛、薄、逼、鼻、比、币、补、不、掰、白、百、拜、包、薄、宝、抱、宾、鬓、搬、板、办、边、扁、便、帮、绑、棒、冰、饼、病 双音节词：八个、拔河、波浪、脖子、簸箕、鼻子、比赛、补偿、布料、宾客、鬓角、冰块、饼干、鞭子、辫子、搬家、办理、帮忙、白色、包子、报纸；胳膊、铅笔、硬币、溜冰、大饼、生病、方便、黑板、翅膀、木棒、一百、书包、拥抱、弥补、迈步；爸爸、宝宝；宝贝、背包、冰棒、八百、薄饼

续表

声母	训练材料
b	三音节词：变魔术、绑起来、保龄球；放鞭炮、扎辫子、溜冰鞋、铅笔盒、看比赛、吃饼干；吹喇叭、非常棒、棒棒糖；笔记本、拔萝卜、背书包；汉堡包、老伯伯、大宝宝
p	单音节词：泼、婆、叵、破、趴、爬、怕、攀、盘、判、拍、排、迫、派、抛、袍、跑、泡、滂、螃、榜、胖、披、皮、匹、屁、拼、贫、品、聘、乒、瓶、漂、瓢、瞟、票、喷、盆、呸、赔、配、砰、朋、捧、碰、扑、仆、朴、瀑 双音节词：泼水、婆媳、叵测、破坏、趴下、爬山、攀登、盘子、盼望、拍球、排球、派出、抛球、袍子、跑步、泡沫、滂沱、螃蟹、榜地、胖子、菩萨、啤酒、屁股、拼音、贫穷、品味、聘请、苹果、漂流、漂亮、喷水、盆子、朋友、捧场、碰掉、配合、仆人、瀑布；山坡、害怕、河畔、马匹、放屁、太平、买票、水盆、帐篷、玉佩、女仆、商铺；婆婆、泡泡；琵琶、拼盘、品牌、拍片、爬坡、批评 三音节词：跑得快、爬楼梯、平衡木、扑克牌；吃螃蟹、一匹马、好朋友、打排球、真漂亮；网球拍、玻璃瓶、很害怕；拍皮球、碰碰车、乒乓球、老婆婆、吐泡泡
m	单音节词：摸、磨、抹、沫、妈、麻、马、骂、蛮、满、慢、埋、买、卖、猫、毛、铆、帽、忙、莽、咪、迷、米、蜜、民、抿、明、命、喵、苗、秒、妙、棉、免、面、没、美、妹、闷、门、焖、模、母、木 双音节词：摸索、魔鬼、抹布、麻花、马车、骂人、蛮横、满足、埋藏、买通、麦子、猫眼、毛发、铆钉、帽子、盲人、蟒蛇、眯眼、迷离、米饭、蜜蜂、民众、抿住、明天、命运、苗圃、秒表、妙计、棉花、面粉、没有、美丽、妹夫、模样、母亲、木头；抚摸、建模、石磨、大妈、胡麻、黑马、辱骂、不买、小猫、抛锚、榫卯、外贸、匆忙、鲁莽、解谜、大米、蜂蜜、农民、过敏、聪明、树苗、飘渺、奇妙、白面、大门；妈妈、妹妹、买卖、秘密；密码、面膜、木门、木马、眉毛、蒙面、美梦 三音节词：卖东西、抿嘴笑、玫瑰花、猫头鹰、猕猴桃；变魔术、大卖场、话梅糖、哈密瓜、戴帽子、白米饭、老母亲；方便面、小花猫、太阳帽、吃草莓、为什么、游泳帽；慢慢地、喵喵叫；骑木马

（4）短句训练

表 2-12 例举了双唇音短句的训练材料。

表 2-12　双唇音短句训练材料示例

声母	训练材料
b	我要吃饼干。小朋友背书包。爸爸抱宝宝。我吃饱了。小兔子蹦蹦跳跳着。我不要生病。
p	小朋友拍球。我要吃螃蟹。宝宝不害怕。我跑得很快。小鱼吐泡泡。爸爸打扑克。
m	我喜欢妈妈。我要吃面包。我喜欢吃哈密瓜。我想戴帽子。小花猫喵喵叫。弟弟骑木马。

（5）自然对话训练

表 2-13 例举了双唇音自然对话（儿歌[①]）的训练材料。

表 2-13　双唇音自然对话训练材料示例

声母	训练材料
b	糖宝宝 红纸包，绿纸包， 剥开糖纸瞧一瞧， 里面藏着糖宝宝。
p	拍皮球 花皮球，真调皮，拍一拍，翻跟头， 娃娃爱拍小皮球，皮球爱翻大跟头。
m	小花猫 小花猫，喵喵叫， 圆圆眼睛胡子翘。 小花猫，真机灵， 捉住老鼠不放掉。

[①] 编注：作为训练材料的儿歌改编自圣野《新编儿歌 365》（浙江少年儿童出版社，2012）、金波《童谣 300 首》（上海人民美术出版社，2009），下同。

2. 唇齿音（f）

唇齿音的发音部位如图2-9所示。

图2-9 唇齿音的发音部位

（1）听觉辨识训练

听觉辨识训练需要康复师为儿童提供丰富的包含唇齿音的语音环境，用夸张的发音方法将唇齿音的发音特点展现给儿童，加强儿童对唇齿音的识别，并进行错误音与目标音的识别训练，如 bā—fā。

（2）单个音位训练

康复师首先示范发唇齿音。

如果儿童不能模仿，康复师则诱导儿童发音。

　　f：上齿轻轻置于下唇上，上齿与下唇保持一条小缝，气流持续呼出。

如果儿童不能被诱导发音，康复师则需要从以下几个方面进行训练。

①唇的刺激　同双唇音部分。

②唇齿模式针对性训练

• 露齿微笑：由于唇齿音需要上下唇均保持一定程度的内收，因此康复师可以让儿童做露齿微笑，帮助唇内收。

• 舔蜂蜜：康复师在儿童下唇抹上蜂蜜，指导儿童用上齿轻轻地够蜂蜜，帮助儿童建立唇齿模式（即上齿与下唇接触的状态）。

• 咬下唇：康复师指导儿童下唇用力内收后，将上齿滑伸至下唇表面并加压（唇齿模式），然后向上收回为自然位。

• 轻音发 fo 或 fa：康复师指导儿童做唇齿模式后，上齿与下唇保持一条小缝，气流持续呼出，声带不振动，用轻音发 /fo/ 或 /fa/。

③易混音纠正　如果儿童将唇齿音 f 发成双唇音 b，说明儿童发音时，上唇没有保持适当内收，导致发音时上唇与下唇接触，便错发成双唇音，那么康复师需要帮助儿童加强唇内收训练，提醒儿童发音时保持微笑，从而使上唇内收，然后在上齿与下唇的缝隙中持续送气，发出唇齿音。

（3）词的训练

表 2-14 例举了唇齿音词的训练材料。

表 2-14　唇齿音词语训练材料示例

声母	训练材料
f	单音节词：佛、发（fā）、罚、法、发（fà）、帆、烦、反、饭、方、房、访、放、飞、肥、匪、费、分、坟、粉、奋、风、缝、讽、凤、敷、服、斧、父、否 双音节词：佛像、发财、罚款、法律、发饰、帆船、凡人、反面、饭桌、方式、房子、访问、放学、飞机、肥肠、匪徒、费用、分开、焚烧、粉色、奋斗、风衣、缝制、讽刺、凤凰、敷衍、服务、斧头、父亲、否定；拜佛、头发、乘法、吃饭、大方、免费、面粉、大风、裂缝、衣服；丰富、方法、夫妇、狒狒、蜂房、付费、防风、风帆 三音节词：发苹果、粉红色、肥皂泡、服务员；开飞机、理发师、吹风机、盖房子、白饭团、正方形、红凤凰、抱佛脚；穿衣服、蝴蝶飞、倒咖啡；放风筝；缝衣服

（4）短句训练

表 2-15 例举了唇齿音短句的训练材料。

表 2-15　唇齿音短句训练材料示例

声母	训练材料
f	妈妈缝衣服。小猪盖房子。小朋友吃饭。 爸爸开飞机。蝴蝶飞来飞去。我是小小理发师。

（5）自然对话训练

表 2-16 例举了唇齿音自然对话（儿歌）的训练材料。

表 2-16　唇齿音自然对话（儿歌）训练材料示例

声母	训练材料
f	小蜜蜂 小蜜蜂，嗡嗡嗡， 飞到花园里来， 又飞进花丛中， 采花粉，做蜜糖， 做好蜜糖好过冬。

3. 舌尖前音（z、c、s）

舌尖前音的发音部位如图 2-10 所示。

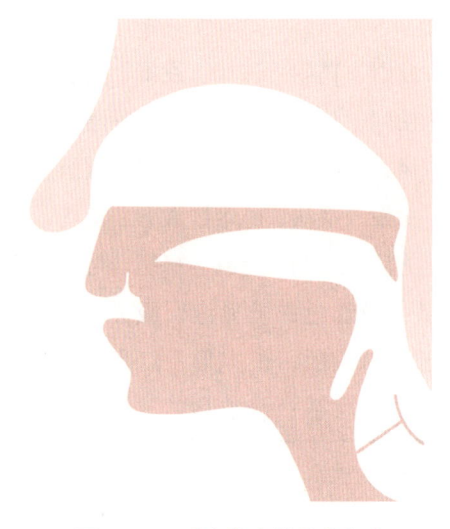

图 2-10　舌尖前音的发音部位

（1）听觉辨识训练

听觉辨识训练需要康复师为儿童提供丰富的包含舌尖前音的语音环境，用夸张的发音方法将舌尖前音的发音特点展现给儿童，加强儿童对舌尖前音的识别，并进行错误音与目标音的识别训练，如 zǎo—dǎo。

（2）单个音位训练

康复师向儿童示范发舌尖前音。

如果儿童不能模仿，康复师则诱导儿童发音。

z：舌尖前端抵在下齿背后，其稍后部位隆起与上齿龈前端接触形成阻塞。发音时，与上齿龈前端闪开一条窄缝，让气流从中摩擦通过。

c：舌尖前端抵在下齿背后，其稍后部位隆起与上齿龈前端接触形成阻塞。发音时，与上齿龈之间闪开一条窄缝，有一股较强气流从中摩擦通过。

s：舌尖前端抵在下齿背后，其稍后部位隆起与上齿龈前端接近形成缝隙。发音时，气流从缝隙中摩擦通过。

如果儿童不能被诱导发音，康复师则需要从以下几个方面进行训练。

①舌的刺激　同韵母训练部分。

②舌尖前音针对性训练

• 舌向前基本运动诱导：康复师让儿童将舌伸出唇外，然后诱导儿童将舌体集中，舌尖向前、向左右、向上下尽力伸展，重复数次。

• 舌平前伸抵抗：康复师让儿童将舌平伸出唇外，尽量保持水平，然后用压舌板向后推舌尖，儿童仍旧保持将舌向前伸，与康复师向后的推力做抵抗，重复数次。

• 舌尖舔下齿背：康复师在儿童的下齿背抹上蜂蜜，让儿童张大嘴并固定，然后用舌尖来回舔蜂蜜，从而帮助掌握舌尖前音的发音部位。

• 舌尖顶下齿背：康复师将葡萄干放在儿童的下齿背，让儿童用舌尖将葡萄干顶在下齿背，并尽量将舌叶部分拱起。

• 刷舌叶：儿童将舌尖顶在下齿背后，康复师用乳胶牙刷或压舌板刷舌叶部分，重复数次。

• 向后推舌叶：儿童将舌尖顶在下齿背后，康复师用压舌板或手指（戴手套）向后推舌叶，重复数次。

③易混音纠正　如果儿童将舌尖前音 z、c 发成舌尖中音 d、t，说明儿童仍不能掌握舌尖前音的发音部位，康复师则需要进一步加强舌尖顶下齿背的训练和对舌叶部分的刺激，帮助儿童体会舌尖前音的发音部位。

（3）词的训练

表 2-17 例举了舌尖前音词的训练材料。

表 2-17 舌尖前音词语训练材料示例

声母	训练材料
z	单音节词：姿、紫、字、砸、咋、泽、租、足、祖、簪、咱、攒、赞、糟、凿、早、造、栽、载、再、脏、藏、最、嘬、左、坐、钻、攥、怎、增、赠、棕、总、粽、邹、走、奏 双音节词：姿势、紫色、咋办、簪花、咱们、攒钱、暂时、糟糕、早安、造船、栽花、再见、脏话、足球、嘴巴、最好、左手、座位、攥住、增加、棕色、总是、走路；鱼子、写字、酒糟、确凿、洗澡、创造、称赞、肮脏、西藏、出租、小组、乘坐、出走、演奏、祖宗、粽子、卒子、藏族、簪子、枣子 三音节词：自行车、怎么办、早上好；踢足球、出租车、金字塔、肥皂泡、耍杂技、喝醉了、写作业；张开嘴、热水澡、穿鞋子、大狮子、华尔兹、红十字；做早餐；走一走
c	单音节词：磁、此、刺、擦、猜、才、采、菜、餐、惨、灿、操、曹、草、仓、藏、粗、醋、凑、搓、矬、错、蹭、攒、窜、测、岑、层、蹭、葱、从、催、璀、脆、村、存、寸 双音节词：磁铁、此处、刺猬、才华、采花、餐车、惨痛、灿烂、操办、草地、仓库、粗心、搓澡、错误、攒集、测试、从来、催眠、翠绿、村庄、存储；刚才、青菜、早餐、鱼刺、陶瓷、木材、早餐、绿草、粮仓、白醋、大葱、公厕、干脆、山村、储存、做操；催促、粗糙、猜测、璀璨、草丛、仓促、彩瓷、苍翠、层次 三音节词：擦窗户、采蘑菇、藏宝图、存钱罐；上厕所、摘草莓、水彩笔、大财主、小村庄；卷心菜、捉迷藏、牛吃草、紫洋葱、吃快餐、看相册
s	单音节词：斯、死、四、撒、洒、飒、三、伞、散、桑、丧、骚、嫂、扫、塞、赛、色、森、僧、酥、俗、速、随、岁、缩、锁、酸、算、松、怂、送、搜 双音节词：四个、三个、散落、桑叶、扫地、扫把、塞子、色拉、森林、僧侣、酥饼、塑料、缩水、锁门、酸枣、算数、松鼠、怂恿、送走、搜查、寿司；比萨、十三、雨伞、打扫、红色、比赛、迅速、开锁、计算、大蒜、一岁、破碎、跟随、赠送、老叟、嫂嫂；三岁、四岁、色素、诉讼、思索、笋丝、撕碎、酸笋、瑟缩 三音节词：三角形、四个人、塑料袋、送礼物、司令员；金丝猴、计算机、小松鼠、一艘船、打雨伞、红颜色、篮球赛、上厕所；酸酸的

（4）短句训练

表 2-18 例举了舌尖前音短句的训练材料。

表 2-18　舌尖前音短句训练材料示例

声母	训练材料
z	老师早上好。老师再见。小朋友做作业。 怎么办呢？我自己穿鞋子。我们走一走。
c	我要吃早餐。我真聪明。小姑娘采蘑菇。 马牛羊吃草。妈妈擦窗户。小朋友玩捉迷藏。
s	这是三角形。我喜欢松鼠。我四岁了。 我会扫地。哥哥在比赛。我帮妈妈打伞。

（5）自然对话训练

表 2-19 例举了舌尖前音自然对话（儿歌）的训练材料。

表 2-19　舌尖前音自然对话（儿歌）训练材料示例

声母	训练材料
z	早 鸭子嘎嘎叫，猴子早早早。 猴子不说话，树下在睡觉。 鸭子轻轻走，不再嘎嘎叫。
c	猜食指 猜食指，猜得着， 猜得着，剥豆豆， 豌豆角，胡豆角， 随你猜来随你剥， 一剥剥个光壳壳。
s	扫地 猫咪，猫咪， 妈妈叫它扫扫地， 扫一下，扫两下， 扫得灰尘满天飞， 扫得妈妈捂着脸， 阿嚏阿嚏打喷嚏。

4. 舌尖中音（d、t、n、l）

舌尖中音的发音部位如图 2-11 所示。

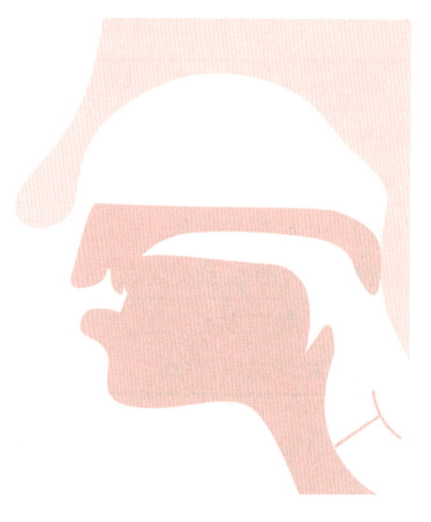

图 2-11　舌尖中音的发音部位

（1）听觉辨识训练

听觉辨识训练需要康复师为儿童提供丰富的包含舌尖中音的语音环境，用夸张的发音方法将舌尖前音的发音特点展现给儿童，加强儿童对舌尖前音的识别，并进行错误音与目标音的识别训练，如 dǎo—bǎo。

（2）单个音位训练

康复师首先示范发舌尖中音。

如果儿童不能模仿，康复师则诱导儿童发音。

d：嘴微张，舌尖抵在上齿龈内侧形成阻塞，气息蓄积在舌与硬腭之间，发音时，舌尖用力从上齿龈处弹开，少量的气流随之而出。

t：嘴微张，舌尖抵在上齿龈内侧形成阻塞，气息蓄积在舌与硬腭之间，发音时，舌尖用力从上齿龈处弹开，一股较为明显的气流随之而出。

n：嘴微张，舌尖抬起抵在上齿龈内侧形成阻塞，软腭和悬雍垂下垂，打开鼻腔通路。发音时，舌尖从上齿龈处弹开，气流和声音随着舌的动作向上从鼻腔而出。

l：嘴微张，舌尖抬起抵在上齿龈内侧形成阻塞，发音时，舌尖从上向前下方落下，声带振动，气息和声音从舌的两边溢出。

如果儿童不能被诱导发音，康复师则需要从以下几个方面进行训练。

①舌的刺激　同舌尖前音部分。

②舌尖前音针对性训练

• 舌尖向前基本运动诱导：康复师让儿童将舌伸出唇外，然后诱导儿童将舌体集中，舌尖向前、向左右、向上下尽力伸展，重复数次。

• 舌前平伸抵抗：康复师让儿童将舌平伸出唇外，尽量保持水平，然后用压舌板向后推舌尖，儿童仍旧保持将舌向前伸，与康复师向后的推力做抵抗，重复数次。

• 舌尖舔上齿龈内侧：康复师在儿童的齿龈抹上蜂蜜，让儿童张大嘴并固定，然后用舌尖来回舔蜂蜜，从而帮助掌握舌尖中音的发音部位。

• 马蹄形模式诱导（针对d、t、n）：发舌尖中音d、t、n时，除舌尖要与上齿龈内侧接触外，还需要舌两侧缘同时上抬与上腭接触，摆出马蹄状，而舌中间下降远离上腭，形成碗状，如图2-12所示。

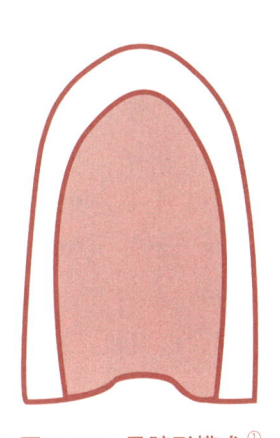

图2-12　马蹄形模式[①]

康复师可以让儿童练习吸吮舌与上齿龈，儿童首先将舌尖抵住上齿龈，然后用力回吸，最好能发出响声，重复数次。康复师也可以采用勺底压舌法，勺子的形状和马蹄形模式相似，因此康复师可以用勺底向下压舌，被动使儿童的舌形形成马蹄形，从而帮助儿童体会马蹄形模式。

• 舌尖独立上抬与下降诱导（针对l）：康复师让儿童张开嘴巴，将舌尖向上抵住上齿龈内侧，接着向下运动抵住下齿龈内侧，上下交替运动，重复数次。康复师也可以让儿童用舌尖从下向上舔棒棒糖、冰激凌等，练习舌尖的上抬能力。

---

① 卢红云，黄昭鸣. 口部运动治疗学[M]. 上海：华东师范大学出版社，2010：76.

③易混音纠正　如果儿童舌尖中音 d、t 发成舌根音 g、k，说明儿童仍不能掌握舌尖中音的发音部位，康复师则需要进一步加强舌尖顶上齿龈内侧的练习，并让儿童对着镜子发音，监控自己的发音部位。

（3）词的训练

表 2-20 例举了舌尖中音词的训练材料。

表 2-20　舌尖中音词语训练材料示例

声母	训练材料
d	单音节词：得、灯、等、凳、搭、答、打、大、单、胆、蛋、当、党、当、刀、捯、捣、到、低、笛、底、弟、丢、跌、碟、钉、顶、订、癫、点、电、叮、钓、都、读、赌、肚、多、夺、躲、剁、蹲、盹、盾、端、短、断、冬、懂、冻、都、斗、逗 双音节词：灯泡、凳子、搭配、答话、打人、单人、大人、当初、党羽、当铺、刀枪、捯饬、到处、低头、笛子、地面、钉子、订货、癫狂、点球、电话、凋零、钓鱼、都城、读书、赌气、肚子、多少、夺取、躲开、蹲下、廴船、顿时、端详、短裤、断层、冬天、懂事、冻层、兜风、斗胆、逗乐；台灯、平等、板凳、回答、鸡蛋、小刀、小岛、蝴蝶、草地、头顶、花朵、矛盾、游动；弟弟；得到、跌倒、订单、大胆、吊顶、帝都、打掉 三音节词：戴帽子、第一名、电视机、荡秋千、独木桥、动画片；一堆草、吹笛子、很多人、小动物、跑得快；小板凳、花骨朵；大肚子、打电话；等一等；一点点、小弟弟、耍大刀
t	单音节词：特、疼、他、塔、踏、贪、谈、毯、探、汤、糖、躺、烫、涛、淘、讨、套、踢、题、体、替、贴、铁、听、停、挺、天、甜、舔、佻、调、佻、跳、凸、涂、土、吐、脱、驼、妥、唾、吞、屯、湍、通、童、桶、痛、偷、头、透 双音节词：特别、疼痛、他们、谈话、躺下、糖果、讨要、淘气、踢球、体育、替换、贴画、听话、停车、挺拔、天空、挑选、调皮、挑战、跳远、凸起、图画、土地、拖鞋、妥当、团结、通话、透明；高塔、毛毯、侦探、喝汤、波涛、手套、答题、空调、泥土、呕吐、骆驼、馄饨、驻屯、儿童、水桶、头痛、小偷、大头；甜筒、天堂、头痛、铁塔、天坛、踢腿、听筒、头条、剃头

续表

声母	训练材料
t	三音节词：踢足球、听音乐、太阳帽；儿童节、小提琴、葡萄酒、穿拖鞋、画图画、小贴画、打台球；抓小偷、红樱桃、戴手套、手电筒、水蜜桃；甜甜的；弹吉他
n	单音节词：拿、哪、那、囡、男、难、奶、耐、挠、脑、闹、囊、妮、泥、你、腻、您、凝、拧、宁、鸟、尿、妞、牛、扭、拗、拈、年、捻、念、娘、酿、女、奴、努、怒、挪、糯、暖、农、弄 双音节词：拿走、那个、男孩、难题、奶瓶、挠头、脑袋、闹钟、泥巴、你好、您好、宁静、柠檬、扭动、酿酒、奴隶、挪走、糯米、农民、女孩；困难、忍耐、热闹、胶囊、油腻、小鸟、老牛、过年、思念、愤怒、温暖、摆弄、老农；奶奶、尿尿、妞妞、囡囡；牛奶、牛腩、泥泞、奶牛 三音节词：男孩子、女孩子、南极光；系纽扣、大脑袋、玩泥巴；按按钮、啄木鸟、过新年、真热闹、老黄牛、豆腐脑；暖暖的、扭扭车；老奶奶、喝牛奶
l	单音节词：了、乐、棱、冷、愣、拉、辣、来、赖、蓝、懒、烂、狼、朗、浪、捞、劳、老、烙、哩、离、里、丽、溜、流、柳、六、拎、林、赁、铃、领、另、帘、脸、练、撩、聊、了、料、凉、两、亮、撸、卢、鲁、露、萝、裸、落、卵、乱、驴、吕、绿、搂、楼、嵝、漏、隆、龙、拢、弄 双音节词：勒索、冷面、拉车、辣椒、来宾、蓝色、懒惰、朗读、浪花、劳动、老人、烙饼、离开、里面、溜走、流浪、柳树、六个、拎着、铃铛、领带、另外、脸盆、练习、聊天、凉皮、两个、亮光、录像、萝卜、落下、绿色、龙年；快乐、寒冷、发愣、过来、耍赖、灿烂、波浪、疲劳、狐狸、美丽、河流、树林、租赁、带领、洗脸、教练、冰凉、月亮、调料、锅炉、降落、混乱、毛驴、高楼、流浪；姥姥；拉链、榴梿、琉璃、料理、理疗、绿萝、六楼 三音节词：两个人、拉小车、垃圾桶、螺丝钉；手拉手、吹蜡烛、打篮球、红辣椒、锅炉房、车轮子、降落伞、拖拉机、橄榄球；梅花鹿、大灰狼、大鸭梨；流眼泪

（4）短句训练

表 2-21 例举了舌尖中音短句的训练材料。

表 2-21　舌尖中音短句训练材料示例

声母	训练材料
d	这里有很多人。弟弟跑得快。哥哥吹笛子。 我给妈妈打电话。我喜欢小动物。我有一个大肚子。
t	我是小淘气。小朋友跳舞。哥哥踢足球。 我喜欢吃桃子。我有一副手套。冰激凌甜甜的。
n	我要喝牛奶。小朋友玩泥巴。小鸟飞来飞去。 我是男孩子。大家新年好。这里真热闹。
l	刘老师早上好。小马拉车。我自己上楼。 哥哥打篮球。我害怕大灰狼。小兔子拔萝卜。

（5）自然对话训练

表 2-22 例举了舌尖中音自然对话（儿歌）的训练材料。

表 2-22　舌尖中音自然对话（儿歌）训练材料示例

声母	训练材料
d	顽皮的小雨 小雨很顽皮，很像小弟弟， 他把树叶当滑梯，咕咚一下滑下地。
t	绿太阳 绿糖纸，亮又亮，贴在眼睛上， 朝天空望一望，看见一个绿太阳。
n	牛奶奶 你吃青草，我吃奶， 谢谢你呀，牛奶奶。
l	溜溜球 溜溜球，翻跟头， 跟头翻了六十六，回到自己手里头。

5. 舌尖后音（zh、ch、sh、r）

舌尖后音的发音部位如图 2-13 所示。

图 2-13 舌尖后音的发音部位

（1）听觉辨识训练

听觉辨识训练需要康复师为儿童提供丰富的包含舌尖后音的语音环境，用夸张的发音方法将舌尖后音的发音特点展现给儿童，加强儿童对舌尖后音的识别，并进行错误音与目标音的识别训练，如 zhǎo—rǎo。

（2）单个音位训练

康复师首先示范发舌尖后音。

如果儿童不能模仿，康复师则诱导儿童发音。

zh：嘴微张，舌两边略向中间卷起，舌尖抬起，抵在硬腭前部形成阻塞。发音时，舌尖微微弹一条小缝，气流从缝隙中摩擦通过。

ch：嘴微张，舌两边略向中间卷起，舌尖抬起，抵在硬腭前部形成阻塞。发音时，舌尖与硬腭之间弹开一条窄缝，一股较强的气流从缝隙中摩擦通过。

sh：嘴微张，舌两边略向中间卷起，舌尖抬起与硬腭前部形成一条窄的缝隙。发音时，气流从缝隙中摩擦通过。

r：嘴微张，舌两边略向中间卷起，舌尖抬起与硬腭前部形成一条窄的缝隙。发音时，声带振动，气流从缝隙中摩擦通过。

如果儿童不能被诱导发音，康复师则需要从以下几个方面进行训练。

①舌的刺激　同韵母训练部分。

②舌尖后音针对性训练

- 舌上抬基本运动诱导：康复师让儿童将舌伸出口外，然后诱导儿童将舌体集中，向上尽力伸展，重复数次。
- 舌上抬抵抗：康复师首先让儿童将舌伸出口外，向上尽力伸展后，康复师用压舌板向下压儿童舌尖，儿童仍旧保持将舌向上伸展，与康复师向下的推力做抵抗，重复数次。
- 舌尖舔硬腭前部：康复师在儿童的硬腭前部抹上蜂蜜，让儿童张大嘴并固定，然后用舌尖来回舔蜂蜜，从而帮助掌握舌尖后音的发音部位，并体会舌尖怎样与硬腭前部接触。
- 卷舌抵抗：康复师让儿童将舌卷起放在硬腭前部，然后用压舌板或手指（戴手套）向后推舌下面，儿童仍旧保持卷舌姿势，与康复师向后的推力做抵抗，从而加强卷舌力量，重复数次。

③易混音纠正　如果儿童将舌尖后音 zh、ch、sh 发成舌尖前音 z、c、s，说明儿童仍不能掌握舌尖后音的发音部位，康复师则需要进一步加强卷舌训练。

（3）词的训练

表 2-23 例举了舌尖后音词的训练材料。

表 2-23　舌尖后音词语训练材料示例

声母	训练材料
zh	单音节词：织、值、纸、智、渣、炸、沾、展、站、摘、宅、窄、寨、招、着、找、罩、张、长、涨、遮、哲、褶、这、针、枕、镇、争、整、正、猪、竹、煮、助、抓、爪、桌、镯、追、坠、准、砖、转、赚、装、壮、中、肿、种、粥、轴、肘、皱 双音节词：知了、值日、指套、治理、炸鸡、站好、摘花、宅子、着火、长大、哲学、这里、针线、枕头、争吵、整齐、珠宝、竹子、煮菜、铸铁、爪子、桌子、镯子、追赶、准备、砖头、转身、转圈、中间、种子、种花、轴承、肘子、皱纹；白纸、油炸、车站、山寨、口罩、海蜇、打针、小猪、帮助、餐桌、手镯、吊坠、旋转、服装、强壮、白粥、车轴；珍珠、郑州、战争、抓住、蜘蛛、折纸、指针、褶皱、追逐

续表

声母	训练材料
zh	三音节词：织毛衣、捉迷藏、站起来、侦查员、照相机、指挥家、直升机；起重机、擦桌子、爆炸物；看报纸、苹果汁、大拇指、戴口罩、太空站、小米粥、戴手镯、拌海蜇；种庄稼、针织衫、蜘蛛侠；一张纸
ch	单音节词：吃、迟、齿、翅、叉、茶、差、掺、缠、铲、颤、拆、柴、抄、潮、吵、昌、尝、敞、唱、车、扯、撤、押、晨、衬、撑、城、逞、秤、出、锄、楚、处、戳、龀、吹、锤、春、唇、蠢、川、船、喘、串、疮、床、闯、创、冲、虫、宠、抽、愁、丑、臭 双音节词：吃饭、迟到、翅膀、叉子、茶叶、搀扶、铲子、颤抖、拆掉、柴火、炒菜、唱歌、车子、撤退、衬托、橙子、城市、出门、厨师、戳子、吹气、春天、船头、喘气、创造、虫子、宠物、抽烟、瞅见；牙齿、刀叉、喝茶、铁铲、火柴、品尝、骑车、早晨、甜橙、嘴唇、愚蠢、四川、小船、上床、发愁、小丑、丝绸；臭虫、长城、乘车、长春、叉车、橱窗、蟾蜍、沉船 三音节词：吹喇叭、穿衣服、长绳子、臭豆腐；擦窗户、吸尘器、烧柴火、饭铲子、小厨师；游泳池、游乐场、小汽车、火腿肠、冰糖橙；出车祸、串串香、出租车
sh	单音节词：狮、十、史、是、沙、啥、傻、煞、山、闪、扇、筛、晒、烧、勺、少、哨、商、赏、上、赊、舌、舍、赦、深、神、审、甚、生、绳、省、剩、书、熟、鼠、竖、刷、耍、说、硕、谁、水、睡、吮、顺、栓、涮、双、爽、收、熟、手、瘦 双音节词：狮子、诗歌、石榴、士兵、沙滩、傻气、山头、闪亮、扇子、筛查、烧烤、勺子、少见、哨子、商人、赏花、上楼、奢侈、舌头、舍得、射击、身体、神话、审问、渗透、生日、绳子、省略、盛开、书本、熟练、薯条、数学、刷牙、说话、硕大、吮吸、顺利、水彩、睡觉、双杠、收摊、手指、瘦肉；除湿、三十、不是、衬衫、一扇、多少、经商、欣赏、和尚、长蛇、健身、长绳、看书、玩耍、小说、海水、冰霜、小手、野兽；数数、叔叔；双手、手术、烧水、受伤、熟食、硕士、伸手

续表

声母	训练材料
sh	三音节词：晒太阳、十个人、刷牙齿、深蓝色、涮羊肉、上楼梯；长绳子；饭勺子、吹哨子、一束花、大舌头、驾驶员、过生日；大丰收、五指山、大力士、大理石、椰子树、西红柿、变魔术、跳长绳；扇扇子、闪闪的；圣诞树；一双手、防晒霜；手术室、寿山石
r	单音节词：日、惹、热、如、乳、入、饶、扰、绕、燃、染、瓤、嚷、让、人、忍、认、扔、仍、润、弱、软、容、柔、肉 双音节词：日历、热狗、入口、扰乱、绕圈、燃烧、染发、人们、忍者、认识、扔掉、仍旧、如果、容易、肉饼；周日、招惹、打扰、叫嚷、谦让、滋润、笑容、烤肉、仍然、柔软、柔弱 三音节词：热水袋、热气球、扔垃圾；烤乳猪、太热了、仙人掌、单人床、牛肉干、向日葵、羽绒服；西瓜瓤、星期日、中国人；软软的、惹人爱；毛茸茸；润肤乳

（4）短句训练

表2-24例举了舌尖后音短句的训练材料。

表2-24 舌尖后音短句训练材料示例

声母	训练材料
zh	小朋友玩捉迷藏。爸爸看报纸。妈妈织毛衣。 请你站起来。小猪盖房子。姐姐擦桌子。
ch	小朋友吹喇叭。我想要吃饭。妈妈在炒菜。 爸爸开汽车。我是小厨师。小鸟有一双翅膀。
sh	我是男孩子。老师早上好。我自己上楼梯。 哥哥看书。不许说话。我有一双小手。
r	天气太热了。这里有很多人。我喜欢吃肉。 棉花软软的。我去扔垃圾。今天是星期日。

（5）自然对话训练

表2-25例举了舌尖后音自然对话（儿歌）的训练材料。

表2-25 舌尖后音自然对话（儿歌）训练材料示例

声母	训练材料
zh	小竹笋 小竹笋，长得快， 像只小火箭，嗖地长出来。
ch	登长城 长城长，长城高，登上长城拍张照。 拍给奶奶瞧一瞧，我比长城站得高。
sh	拾果果 上山坡，拾果果，看谁拾的果果多。 小田鼠，拾两个，小白兔，拾三个， 刺猬地上滚一滚，它拾的果果最多。
r	人人见了都喜欢 不梳头，不洗脸，没人看上眼。 梳一梳，洗一洗，人人见了都喜欢。

6. 舌面音（j、q、x）

舌面音的发音部位如图2-14所示。

图2-14 舌面音的发音部位

（1）听觉辨识训练

听觉辨识训练需要康复师为儿童提供丰富的包含舌面音的语音环境，用夸张的发音方法将舌面音的发音特点展现给儿童，加强儿童对舌面音的识别，并进行错误音与目标音的识别训练，如 jī—dī。

（2）单个音位训练

康复师首先示范发舌面音。

如果儿童不能模仿，康复师则诱导儿童发音。

  j：嘴微张，舌尖抵在下齿背后，舌面前部拱起与硬腭前部接触形成阻塞。发音时，舌面向下闪出一条窄缝，气流从窄缝中摩擦通过。

  q：嘴微张，舌尖抵在下齿背后，舌面前部拱起与硬腭前部接触形成阻塞。发音时，舌面弹开一条窄缝，一股较强的气流从窄缝中摩擦通过。

  x：嘴微张，舌尖抵在下齿背后，舌面两侧边缘与硬腭接触，舌面前部拱起与硬腭前部接近形成一条缝隙。发音时，气流从缝隙中摩擦通过。

如果儿童不能被诱导发音，康复师则需要从以下几个方面进行训练。

①舌的刺激 同韵母训练部分。

②舌面音的针对性训练

- 舌尖顶下齿背：康复师将葡萄干放在儿童的下齿背，让儿童用舌尖将葡萄干顶在下齿背，并尽量将舌面部分拱起。
- 刷舌面：儿童将舌尖顶在下齿背后，康复师用乳胶牙刷或压舌板刷儿童舌面部分，重复数次。
- 舌面舔硬腭：康复师在儿童的硬腭前部抹上蜂蜜，让儿童张大嘴并固定，然后用舌面来回舔蜂蜜，从而帮助掌握舌面音的发音部位。
- 向后推舌面：儿童将舌尖顶在下齿背后，康复师用压舌板或者手指（戴手套）向后推舌面，重复数次。
- 齿龈刮舌面：儿童将舌尖顶在下齿背后，康复师让儿童用上齿龈接触舌面后端，然后沿舌面向舌叶方向滑动，使舌面能逐渐上挺隆起，并与硬腭前部接触。

③易混音纠正 如果儿童舌面音 j、q 发成舌尖中音 d、t，说明儿童仍不能掌握舌面音的发音部位，康复师则需要进一步加强舌面顶硬腭前部的练习，并让儿童对着镜子发音，监控自己的发音部位。

（3）词的训练

表 2-26 例举了舌面音词的训练材料。

表2-26 舌面音词语训练材料示例

声母	训练材料
j	单音节词：鸡、急、挤、系、今、紧、尽、鲸、井、镜、家、假、架、尖、捡、建、江、讲、将、交、嚼、饺、教、接、节、姐、介、揪、酒、舅、囧、居、橘、举、巨、军、俊、娟、卷、倦 双音节词：鸡蛋、今天、紧张、尽力、鲸鱼、井水、镜子、家庭、夹子、假条、剪刀、健康、姜糖、讲话、将士、浇花、饺子、教师、接待、借书、橘子、举重、巨大、卷发；公鸡、着急、黄金、水晶、水井、眼镜、回家、虚假、书架、落脚、长江、逛街、整洁、喝酒、玩具、英俊、疲倦；姐姐、舅舅；将军、尖椒、交警、急救、酒精、尖叫 三音节词：系鞋带、讲故事、金项链、机器人、交朋友；一家人、演节目、五角星、照镜子、小脚丫、搭积木；望远镜、大公鸡、自由基、蝴蝶结、儿童节、哈哈镜；鸡尾酒；亮晶晶、小姐姐
q	单音节词：七、骑、起、汽、亲、琴、沁、清、情、请、庆、掐、卡、恰、签、钱、浅、欠、敲、桥、巧、撬、枪、墙、抢、呛、切、茄、且、窃、秋、球、糗、穷、屈、渠、曲、去、群、圈、全、犬、劝、缺、瘸、雀、逡、裙 双音节词：七个、骑车、起床、汽车、亲人、清洁、晴天、请求、庆祝、卡子、签字、前面、敲门、抢劫、切菜、茄子、秋天、穷人、全部、劝说、瘸子、裙子；油漆、红旗、生气、弹琴、欢庆、赚钱、小桥、手枪、拍球、贫穷、歌曲、孔雀、贫穷；曲奇、亲戚、气球、取钱、氢气、秋千、砌墙、气枪、铅球、欠钱 三音节词：巧克力、七个人、青苹果、取东西、清洁员；小汽车、一群羊、穿裙子；下象棋、游泳圈、小提琴、拍皮球、弹钢琴、金孔雀；跷跷板；荡秋千；氢气球
x	单音节词：西、席、洗、戏、心、信、星、行、醒、幸、虾、霞、下、先、咸、显、线、肖、小、笑、相、想、象、歇、鞋、写、蟹、休、朽、绣、凶、熊、需、徐、许、旭、熏、寻、训、轩、旋、选、炫、靴、学、雪、血 双音节词：西点、洗菜、心脏、信件、星辰、行走、杏干、虾片、霞光、下楼、先生、咸盐、线路、馅饼、小鸟、笑话、鞋子、写字、绣花、胸肌、

续表

声母	训练材料
x	熊掌、需要、许多、旭日、熏鸡、寻找、训练、旋转、选择、靴子、雪人；东西、草席、游戏、爱心、大虾、大侠、欢笑、大象、球鞋、狗熊、放学、白雪、鲜血；星星；想象、休息、学习、熏香、谢谢、学校、小熊、下雪、小溪 三音节词：洗衣服、小白兔、新衣服、橡皮擦、许多人；戴项链、吃馅饼、鸡胸肉、穿鞋子、堆雪人；五角星、做游戏、大狗熊、吃东西、十字绣；献爱心；黑猩猩；小星星、休闲鞋

（4）短句训练

表 2-27 例举了舌面音短句的训练材料。

表 2-27　舌面音短句训练材料示例

声母	训练材料
j	我们是一家人。小朋友搭积木。今天是儿童节。 我自己系鞋带。大公鸡喔喔叫。阿姨戴金项链。
q	小朋友玩跷跷板。这里有一群羊。妈妈穿连衣裙。 爸爸开汽车。我去取东西。小孔雀跳舞。
x	我帮妈妈洗衣服。我和爸爸堆雪人。我喜欢上学。 小鸟喳喳叫。我要休息一下。我们一起做游戏。

（5）自然对话训练

表 2-28 例举了舌面音自然对话（儿歌）的训练材料。

表 2-28　舌面音自然对话（儿歌）训练材料示例

声母	训练材料
j	喂小鸡 李家小弟弟，捉虫喂小鸡， 小鸡叫叽叽，小弟笑嘻嘻。 小鸡爱吃虫，总爱跟着小弟弟。

声母	训练材料
q	氢气球 氢气球，爱生气， 我想亲亲它，"叭——"它气破大肚皮。
x	小蜗牛 小蜗牛，到处跑，它怕妈妈找不到， 想个办法好又好，划条银线做记号。

7. 舌根音（g、k、h）

舌根音的发音部位如图 2-15 所示。

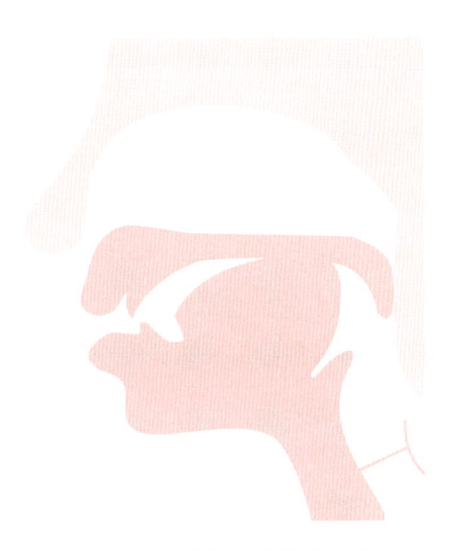

图 2-15 舌根音的发音部位

（1）听觉辨识训练

听觉辨识训练需要康复师为儿童提供丰富的包含舌根音的语音环境，用夸张的发音方法将舌根音的发音特点展现给儿童，加强儿童对舌根音的识别，并进行错误音与目标音的识别训练，如 gǎo—dǎo。

（2）单个音位训练

康复师首先示范发舌根音。

如果儿童不能模仿，康复师则诱导儿童发音。

g：嘴微张，舌面后部隆起，抵在软腭处形成阻塞。发音时，舌面后部用力弹开，气流随之冲破障碍。

k：嘴微张，舌面后部抬起，抵在软腭处形成阻塞。发音时，舌面后部用力弹开，一股较强的气流随之冲破阻碍。

h：嘴微张，舌面后部隆起，与软腭处靠近形成缝隙。发音时，舌基本不动，气流从缝隙中摩擦通过。

如果儿童不能被诱导发音，康复师则需要从以下几个方面进行训练。

①舌的刺激　同韵母训练部分。

②舌根音针对性训练

• 舌根刺激：康复师用食指（戴手套）、棒棒糖等刺激或拍打儿童舌面后部及对应的软腭部分，帮助儿童体会舌根音的发音部位。

• 深压舌面后部：康复师将食指放在儿童舌面后部，稍用力下压，指导儿童用力向上做抵抗，重复数次。

• 向后推舌：康复师让儿童张开嘴，用食指抵住儿童舌前部向后推，帮助儿童将舌面后部拱起。

• 漱口法：康复师给儿童一杯水，让儿童含住一口水，然后头上仰进行漱口，体会舌根音的发音部位，从而掌握舌根音的发音部位。

• 舌根独立上抬：康复师将压舌板或扁形棒棒糖置于儿童口腔后部，引导儿童舌面后部尽量上抬，碰触压舌板或棒棒糖。

• 张嘴发音：康复师让儿童张开嘴，此时儿童的舌前部向下，只有舌面后部拱起，让儿童保持这个姿势，舌前部不动，夸张地发 /ga/。

③易混音纠正　如果儿童将舌根音 g、k 发成舌尖中音 d、t，说明儿童对舌根上抬的控制欠佳，舌前部上抬占优势，康复师则可以让儿童张大嘴发音（舌尖自然下垂）或者用压舌板压住儿童舌前部，抑制舌前部上抬帮助儿童发音，待儿童正确发音后，再慢慢恢复正常口型发音或撤出压舌板。

（3）词的训练

表 2-29 例举了舌根音词的训练材料。

表2-29 舌根音词语训练材料示例

声母	训练材料
g	单音节词：哥、格、葛、各、跟、亘、耕、梗、更、嘎、尬、杆、赶、干、钢、港、杠、该、改、盖、高、搞、告、咕、骨、故、锅、国、果、过、瓜、寡、挂、关、管、灌、光、广、逛、乖、拐、怪、归、鬼、贵、公、拱、供、钩、狗、够 双音节词：鸽子、耕地、更大、赶集、干活、钢铁、岗位、改动、盖子、高兴、告诉、骨头、故事、国家、过去、关灯、广播、逛街、拐杖、拱桥、公主；唱歌、树根、旗杆、追赶、树干、香港、单杠、应该、蛋糕、铁锅、中国、苹果、经过、西瓜、开关、水管、灯光、奇怪、小狗、足够；哥哥、姑姑、尴尬、广告、挂钩、钢管、杠杆、故宫、干锅、锅盖、鬼怪 三音节词：橄榄球、刮大风、滚雪球；肉骨头、小姑娘、很高兴、讲故事；大苹果、大西瓜、月亮光、敲大鼓、图书馆、小羊羔、吃蛋糕、小乌龟；嘎嘎叫、呱呱叫、高跟鞋；老公公
k	单音节词：颗、壳、渴、客、肯、坑、咖、卡、勘、砍、看、康、扛、炕、开、凯、忾、烤、靠、哭、苦、裤、夸、垮、跨、宽、款、筐、狂、矿、阔、快、盔、魁、跬、溃、空、孔、控、抠、口、扣 双音节词：可爱、客人、肯定、卡片、勘测、砍树、看书、康复、开门、烤肉、靠背、哭了、苦难、裤子、夸奖、跨栏、矿工、快乐、筷子、空气、孔雀、控制、扣子；贝壳、顾客、土坑、观看、书刊、健康、火炕、打开、烧烤、痛哭、痛苦、付款、箩筐、疯狂、门框、痛快、头盔、天空、漱口、纽扣；可可；宽阔、刻苦、空旷、开垦、可口、旷课 三音节词：开大会、烤香肠、啃骨头、科学家；一棵树、打瞌睡、背靠背、提款机、扑克牌；美术课、鸡蛋壳、戴手铐、向日葵、戴头盔；可可树、开口笑；扣纽扣
h	单音节词：喝、河、褐、很、恨、哼、恒、哈、蛤、薅、蚝、好、耗、嗨、还、海、害、韩、喊、汗、夯、行、呼、胡、虎、户、豁、活、火、或、花、划、画、怀、坏、慌、黄、幌、晃、灰、回、毁、会、轰、红、哄、讧、齁、猴、吼、厚

续表

声母	训练材料
h	双音节词：喝水、河水、褐色、很多、蛤蟆、蚝油、好感、耗子、孩子、海水、害怕、韩国、喊叫、呼吸、胡子、户口、活动、获得、划船、怀表、坏人、黄色、灰色、回家、红色、猴子；大河、可恨、不好、大海、出汗、老虎、干活、着火、开花、开会、彩虹、说话；画画；黄河、荷花、火狐、火花、皇后、花卉、红花、黄昏 三音节词：哈密瓜、贺年卡、花果山；癞蛤蟆、小猴子、大灰狼、出汗了；大老虎、打电话、小水壶；红狐狸、滑滑梯；笑哈哈

（4）短句训练

表2-30例举了舌根音短句的训练材料。

表2-30　舌根音短句训练材料示例

声母	训练材料
g	小鸭子嘎嘎叫。妈妈穿高跟鞋。我是小公主。 小狗啃骨头。我帮妈妈关门。我是中国人。
k	妹妹哭了。我喜欢看书。我想喝可乐。 我自己穿裤子。这里有一棵树。小狗啃骨头。
h	弟弟打电话。小朋友笑哈哈。他在喝水。 老师早上好。这是大老虎。我喜欢滑滑梯。

（5）自然对话训练

表2-31例举了舌根音自然对话（儿歌）的训练材料。

表2-31　舌根音自然对话（儿歌）训练材料示例

声母	训练材料
g	分果果 小多多，分果果，你一个我一个，分到最后剩两个， 一个大，一个小，大的捧给小弟弟，小的留给我自己。

续表

声母	训练材料
k	扣纽扣 小纽扣，小纽扣，各有各的小窗口。 找到自己的窗口，一个一个伸出头。
h	过年了 呼呼，呼呼，雪花飘。 噼啪，噼啪，放鞭炮。 咚锵，咚锵，玩花灯。 哈哈，哈哈，过年了。

（二）按不同发音方法的声母训练

康复师按不同发音方法对声母进行训练，训练可以在按发音部位训练的过程中同步进行。

1. 送气音（p、t、k、q、ch、c）

（1）送气的训练

①儿童如果不会送气，则需要接受送气的训练。

首先，康复师示范送气。如果儿童不能模仿，康复师则诱导儿童送气：成阻部位紧闭，气流在成阻部位积聚，然后气流突然从成阻部位释放。如果儿童不能被诱导送气，康复师则可以设计简单活动，如吹纸条、吹泡泡、吹蜡烛等，帮助儿童体会送气。

②如果儿童能够吹气，但气流弱，康复师则让此类儿童进行增加肺活量的训练，如仰卧起坐、蹲起、爬楼梯、跑步等。

（2）气声结合的训练

有些儿童不仅能送气，而且在声带不振动的情况下，能够很好地用轻声发送气音，但是他们一旦正常发音，就无法发出送气音，此类儿童则需要进行气声结合训练。

具体方法是：首先，康复师让儿童将一只手放在康复师的嘴前方（体会送气），另一只手放在康复师的声带处（体会声带的振动），然后，康复师慢慢地、夸张地发送气音，让儿童体会送气发声顺序，最后，康复师让儿童模仿康复师的发音方法，慢慢发音，延长送气时间。送气发声顺序为：首先送气，然后声带振动发音。比如 po，可以先发本音 /p/（声带不振动），然后延长发音，逐步过渡到呼读音 /po/（声带振动）。

2. 鼻音（m、n）

首先，康复师示范发鼻音。如果儿童不能模仿，康复师则诱导儿童发鼻音：发音时，气流从鼻腔释放。如果儿童不能被诱导发鼻音，康复师则可以设计简单活动，帮助儿童学习鼻音的发音方法。

（1）口鼻呼吸分离

康复师先遮住儿童的嘴巴，此时儿童只能被动通过鼻子进行吸气和呼气，康复师要及时提醒儿童鼻子是在吸气还是呼气，使儿童意识到鼻子吸气、呼气的不同过程。然后，康复师不再遮住儿童的嘴巴，让儿童自主用鼻子呼吸。接着，在儿童用鼻子吸气后，康复师马上捏住儿童的鼻子，使其只能用嘴巴呼气，重复多次后，逐渐不再捏住儿童的鼻子，让儿童自主控制用鼻子吸气，用嘴巴呼气，在此基础上，反复练习直至儿童能够熟练掌握口鼻呼吸。

康复师让儿童将发音部位摆好，如发 /m/ 音将嘴巴闭紧，发 /n/ 音将舌尖抵在上齿龈内侧，然后让儿童将手放在鼻翼处，体会发音时的鼻腔振动。

（2）镜面起雾观察

康复师将一面小镜子放在儿童的鼻腔下方，让儿童体会如何控制气流从鼻腔呼出进而使镜面起雾。

3. 塞擦音（j、q、z、c、zh、ch）和擦音（f、s、sh、r、x、h）

如果儿童将塞擦音和擦音混淆，康复师则首先需要对其进行听觉辨识训练，帮助儿童深入体会两类音发音方式的不同：气流的有无和气流的长短。康复师将一张纸条置于儿童嘴巴前，提醒儿童发塞擦音（如 j、q）时纸条要么不动，要么只有片刻晃动，但是发擦音（如 x）时，纸条要持续晃动，从而使儿童意识到发塞擦音时，气流受到了较大程度的阻塞，而发擦音时，气流则为持续送出。

如果儿童仍然将塞擦音发成擦音，说明儿童对发音部位的掌握欠佳，舌的上抬不充分，舌肌力量有待加强，那么康复师就必须对儿童进行增强儿童舌肌力量的训练，如做抵抗运动，从而促进舌的充分上抬。

4. 边音（l）

边音的发音方法为气流从舌头的两边流出去。康复师可以通过以下两个练习帮助儿童学习边音的发音方法。

（1）立舌

康复师指导儿童将舌尖上抬并向后贴住左侧槽牙齿背，然后将舌沿齿背推至门齿中缝，再推至右侧槽牙齿背，做相反方向的练习，重复数次。

（2）镜子反馈

康复师拿出一面镜子，引导儿童看镜子，然后将舌头立起来，让气流从舌头的两边流出来，发出 /l/ 音。

五、声调的训练

汉语普通话体系为声调语言，声调在区别音节意义中具有不可替代的作用。声调的正常与否将影响到儿童言语清晰度和语义的表达。因此，对于儿童而言，声调的训练也非常重要。

一般而言，影响声调的主要因素为音高、音强和音长，其中，音高所起的作用最为关键。也就是说，声调的正常变化取决于发声时声带松紧的变化和控制情况，与基频密切相关。因此，声调的训练首先应训练音调（基频）的变化和控制能力。声调训练的目的是帮助儿童掌握声调相对音高的结构形式，准确区分声调调值的高、中、低，并学会控制声带的松紧，使声调的发音准确到位。

音强和音长对声调也有一定的辅助作用。其中音强主要与声门下压有关，声门下压越高，音强越高，反之越低；音长则与呼吸能力相关。因此，声调的训练还应该根据情况进行呼吸能力及呼吸与发声的协调性训练。

具体而言，声调的训练包括以下训练内容。

（一）基础性训练

基础性训练主要改善与声调产生相关的生理基础问题，如缓解喉部肌群的紧张，同时还要对音调的升降变化、声带松紧的控制能力、声门下压的建立、呼吸的控制等方面进行训练，为声调的正确发声奠定基础。

1. 音调变化和音调控制能力的训练

（1）使用乐调作为示范模仿音调

首先，康复师为儿童弹奏不同音调的乐音（对应不同频率的琴键），让儿童模仿此音调发音，并尽可能延长发音时间。然后，康复师在不同的音调之间进行切换，训练儿童的音调控制能力。

（2）视听反馈匹配训练

音调控制的视听反馈匹配训练是康复师使用现代化设备设定不同频率的目标音调，让儿童模仿发音，并与设备上的音调进行匹配和自我修正的训练方法。

2. 呼吸与发声的协调性训练

呼吸是发声的基础，没有呼吸的有力支持和呼气时气流的稳定，言语的持续和声调的变化都将受到影响。发声时声门下压的建立和保持是控制基频的一个重要因素。儿童的呼吸能力不足或呼气控制异常将影响到声门下压的建立和稳定，从而影响儿童对声调的正确习得。因此，针对呼吸能力、呼气控制能力及呼吸与发声的协调性进行训练是必要的。

（1）增加肺活量训练

增加肺活量训练可以通过一些事先设计好的呼吸游戏训练（如吹蜡烛、吹象鼻、吹口风琴、吹泡泡等），增加儿童的肺活量，提高儿童呼吸控制能力和言语时的呼吸支持能力。在训练过程中，康复师不仅要训练儿童能使劲吹一口气，还应注意训练儿童对呼气的控制能力，即深吸气后缓慢呼出，如让儿童吹蜡烛，不是一口气吹熄，而是慢慢地将火苗吹小并保持。训练时，康复师应注意循序渐进，设计的游戏任务既要有一定难度，又要是儿童经过努力可以完成的。

（2）转音训练

转音训练是通过让儿童有节奏地发音调和响度连续高低起伏变化的旋转式的音，提高儿童呼吸与发声的协调性。例如，让儿童用高低起伏的音调有节奏地发元音 a、i、u，发音速度可以缓慢、快速或者快慢结合。例如，"a——""i——""u——"。

（3）逐字增加句长训练

逐字增加句长训练是通过逐渐增加儿童一口气朗读句子中词的字数，训练儿童言语时的呼吸支持能力和呼吸与发声的协调性。举例如下。

  皮球

  拍皮球

  拍红皮球

  红色皮球

  拍红色的皮球

  我拍红色的皮球。

  我拍红色的大皮球。

  我要拍红色的大皮球。

训练时，康复师可以根据儿童一口气说的句子长度，在该句长的基础上，逐渐增加字数。

3. 放松训练

有些儿童在发声时不会协调用力，或者呼吸与发声协调不好，是因为喉颈部肌群紧张。因此，对于这类儿童，康复师应该在采用按摩手法缓解其喉部肌群（尤其是喉外肌群）紧张度的同时，进行声带放松训练，为声带振动发声时的自如控制奠定基础。

（1）喉部肌群的按摩

康复师通过对儿童喉部肌群或特定穴位的按摩，达到放松儿童喉内外肌的目的。

①康复师将右手拇指和食指置于儿童甲状软骨的两侧后缘，以拿法和揉法进行纵向按摩。

②康复师用双手拇指指腹分别对儿童颈前部第一侧线（两侧分别距离喉结约0.5厘米，与喉正中线平行）、第二侧线（第一、三侧线中间）和第三侧线（两侧分别距离喉结约1.5厘米，与喉正中线平行）进行纵向按摩。

③康复师用双手拇指分别点揉儿童颈前部两侧的人迎穴（与喉结平行，胸锁乳突肌内侧缘，颈总动脉搏动处）和水突穴（与环状软骨平行，胸锁乳突肌内侧缘）。

④康复师用双手拇指和食指按揉儿童颈前部两侧的胸锁乳突肌。

每次喉部按摩可进行约5～10分钟，每日1次。

（2）声带放松训练（打嘟训练）

声带放松训练通过打嘟的方式，使气流反作用于声带，从而起到放松声带的作用，同时让儿童体会到发声时声带的放松。

①平调向前打嘟　儿童深吸气，自然闭合双唇，保持上身稳定，呼气时，气流由肺部发出，双唇振动并带动声带振动，向正前方发"嘟——"音。重复10次。

②快速音调旋转打嘟　儿童深吸气，自然闭合双唇，保持上身稳定，呼气时，气流由肺部发出，双唇振动并带动声带振动，持续快速地发旋转的"嘟——"音。与此同时，头部向左或右做快速旋转运动。重复10次。

③慢速音调旋转打嘟　儿童深吸气，自然闭合双唇，保持上身稳定，呼气时，气流由肺部发出，双唇振动并带动声带振动，持续慢速地发旋转的"嘟——"音。与此同时，头部向左或右做慢速旋转运动。重复10次。

④快慢结合音调旋转打嘟　儿童深吸气，自然闭合双唇，保持上身稳定，呼气时，气流由肺部发出，双唇振动并带动声带振动，持续发旋转的"嘟——"音，并结合快慢的速度。与此同时，头部向左或右随之做相应的快速或慢速旋转运动。重复10次。

⑤音调向上（下）打嘟　儿童深吸气，紧闭双唇，呼气时，气流由肺部发出，双唇振动并带动声带振动，音调向上（或向下）变化，发"嘟——"音。向左前方和右

前方各重复 5 次。

⑥音调向上（下）旋转打嘟　儿童深吸气，紧闭双唇，呼气时，气流由肺部发出，双唇振动并带动声带振动，音调向上（或向下）旋转，发"嘟——"音。向左前方和右前方各重复 5 次。

打嘟训练与转音训练、重读训练结合起来进行，对提高儿童声调的变化和控制能力大有裨益，也为进行特定声调的训练奠定基础。

（二）针对性训练

针对性训练是在基础性训练的基础上，康复师根据儿童声调错误的类型，进行的有针对性的声调训练，目的是纠正错误的声调，建立正确的声调。

1. 不同声调的感知训练

在进行单字声调训练前，康复师首先应让儿童进行不同声调的感知训练，让儿童体会到每个声调的特征和不同声调的差异。

（1）声调特征感知训练

声调特征感知训练的目的是让儿童了解普通话四个声调的音调走向趋势，即一声为平调，二声为升调，三声为降升调，四声则为降调。康复师可以通过画示意图和手势比画模仿的方式进行训练。

①画示意图　康复师在纸上将四声画给儿童看，并对声调的走向趋势进行讲解，使儿童明白四声的变化趋势。

②手势比画模仿　在儿童学习四声发音的同时，康复师可以教儿童自己用手按照调型比画着进行训练，这样可以起到一定的引导提示作用。发一声时，用手比画 ˉ，发二声时，用手比画 ˊ；发三声时，用手比画 ˇ；发四声时，用手比画 ˋ。

（2）声调对比训练

训练时，康复师可将不同的声调组合进行两两的听觉辨识训练。声调对比训练可以按照两个步骤进行。第一步，康复师需要将所有声调进行组合，进行基础性听觉辨识训练，帮助儿童加深对不同声调差别的体会。第二步，康复师根据儿童的不同错误情况，将儿童发错的声调和目标声调进行针对性听觉辨识训练，例如，儿童总是将三声发成一声，康复师可以专门针对三声和一声两个声调进行深入的听觉辨识训练。

2. 单字声调的训练

（1）一声调（阴平）错误

一声调的调值为 55，音调为高而平。一声调的错误反映出儿童对于声带保持均衡紧张的控制不足，音调不能恒定在一个较高的基频水平，因此，康复师应着重训练儿童声带紧张时的控制能力。

训练时，康复师可以先选用单韵母，让儿童尽可能稳定持续地发音，然后选用复韵母和声韵组合的字词，让儿童稳定持续地发音。双音节词的训练材料可以选择一声＋一声的组合，从而帮助儿童将音调恒定保持在较高水平。表 2–32 为一声调的训练材料示例。

表 2–32　一声调训练材料示例

分类	训练材料
单韵母	ā、ō、ē、ī、ū、ǖ
复韵母	āo、ōu、ēi、īn、ūn、ǖn
单音节词	八、波、逼、杯、包、军、标、冰、崩
双音节词	香蕉、咖啡、班车、单一

另外，康复师在进行声调的训练时，也可以结合气息控制一起帮助儿童进行声调发音。发一声时，康复师可以提示儿童将气息微微紧绷，由始至终绷着一口气，并且声气息平稳，基本无变化。

（2）二声调（阳平）错误

二声调的调值为 35，音调为由中升高。二声调的错误在儿童中较为常见，主要表现为音调升高时上不去。由于四声调的末尾音调较低，容易使声带松弛，而且与二声调的末尾有较明显的音调差异，因此，康复师在选择训练材料时可以在二声调前面加一个四声音节来引导发音，如放羊，剃头等，这样有助于帮助儿童习得二声调。表 2–33 为二声调的训练材料示例。

表 2–33　二声调训练材料示例

分类	训练材料
单韵母	á、ó、é、í、ú、ǘ
复韵母	áo、óu、éi、ín、ún、ǘn
单音节词	薄、脖、皮、陪、瓢、明、篷、裙
双音节词	自然、化学、特别、电台

在气息的运用上,发二声时,康复师可以提示儿童起音时气息松,越来越紧,气息变化是由松到紧的过程。

(3) 三声调(上声)错误

三声调的调值为214,音调为由低再降低然后升高。三声调的错误在儿童中也较为多见,可能表现为音调降低不明显,也可能表现为音调升高时上不去。由于发好三声的关键在于起调要较低,因此,康复师可以选择一些三声调字,并在前面加一个四声音节来引导儿童发音,如字母、电影等,通过四声音节将调降下来,从而帮助儿童习得三声调。表2-34为三声调的训练材料示例。

表 2-34　三声调训练材料示例

分类	训练材料
单韵母	ǎ、ǒ、ě、ǐ、ǔ、ǚ
复韵母	ǎo、ǒu、ěi、ǐn、ǔn、ǚn
单音节词	把、宝、抹、笔、北、允、表、饼、捧
双音节词	剧本、跳伞、下雨、运转

在气息的运用上,发三声时,康复师可以提示儿童控制气息由紧到松再到紧,随着降升的变化,气息变化也是由紧到松再紧的过程。

(4) 四声调(去声)错误

四声调的调值为51,音调为由高降低。有些儿童常常将四声调发成一声调,说明儿童起音时调值不够高,音调下降的幅度不够。由于一声音节起音时音调较高,容易自然过渡到较高的调值,因此,康复师在选择训练材料时可以在四声字前面加一个一声音节,提高音调,如花瓣、医院等,从而帮助儿童习得四声调。表2-35为四声调的训练材料示例。

表 2-35　四声调训练材料示例

分类	训练材料
单韵母	à、è、ò、ì、ù、ǜ
复韵母	ào、òu、èi、ìn、ùn、ǜn
单音节词	爸、破、币、被、抱、俊、漂、病、蹦
双音节词	单位、播送、音乐、规范

在气息的运用上，发四声时，康复师可以提示儿童气息先紧再松，然后越来越松，气息变化是由紧到松的过程。

3. 重读训练

重读训练是嗓音训练的一种重要方法，包括慢板、行板、快板三种不同节奏的重读训练方法。慢板节奏训练通过缓慢的吸气声紧接着缓慢的呼气声这一过程进行，强调让儿童采用低音调、气息声、软起音的方式，使声带处于最放松状态，并提供最佳的伯努利效应。行板节奏训练可以加强呼吸、发声和构音之间的协调关系，增加相应肌群的弹性和灵活性。快板节奏训练则能够提高呼吸、发声和构音系统的灵活性，以及三者之间的协调性。

重读训练需要儿童具有良好的呼吸支持能力。儿童只有具有良好的呼吸支持能力才能连续发高低、强弱不同的音。重读训练中的这种高低频率连续变化有助于训练儿童的音调控制和变化能力，能帮助儿童在不自觉中提高音调变化能力。

重读训练中最常用的是慢板节奏二和行板节奏一的训练。

（1）慢板节奏二训练

慢板节奏二训练可分为三个小节，每个小节有三拍，包括一个非重读的元音和一个紧接其后的重读元音。训练时，儿童与康复师的节奏一致，每个元音的发音都伴随着音乐节奏，开始时以低强度发音，中间以高强度发音，结束时回到低强度。训练初期一般先采用高元音，熟练后过渡到所有元音的训练。如图2-17所示。

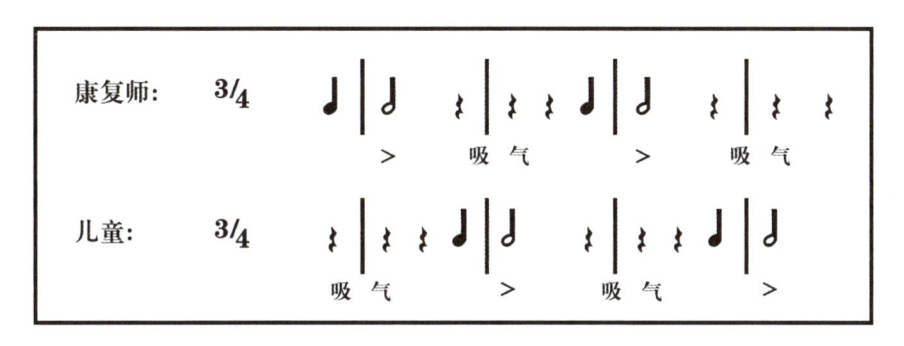

图 2-17 慢板节奏二训练

（2）行板节奏一训练

进行行板节奏一训练时，儿童先快速深吸气（占八分之一拍），紧接着发一个八分之一弱拍音，三个四分之三强拍音（三个重音拍必须等长等强）。如图2-18所示。

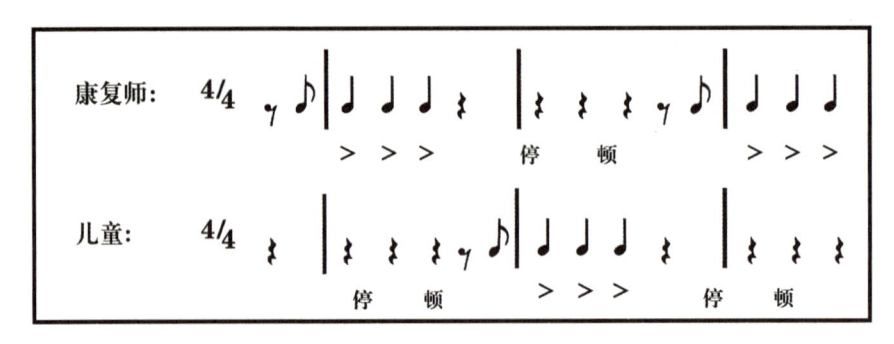

图 2-18　行板节奏一训练

（三）综合性训练

在基础性和针对性训练的基础上，综合性训练通过组合不同声调的字词或选用不同语调的句子进行发音训练，提高声调连续变化的能力。由于声调在词中的发音存在变调现象，为了保证儿童能够在任何语境中都能准确发音，因此在训练材料的设计中，康复师需要考虑到不同的声调组合形式。

1. 字声调变化的训练

在前面训练的基础上，字声调变化的训练是将不同声调的单字组合在一起，训练儿童声调变化的能力。训练时，康复师先进行两个字声调变化的训练，再进行三个及多个字声调变化的训练。

（1）两个字声调变化的训练（双字调）

康复师应该按照双字调的 16 种组合形式设计不同的训练材料，同时可以将双字调发音按照难度不同，分为 4 个难度层次，容易（11 个）、稍难（9 个）、较难（9 个）和很难（3 个）。双字调训练按照难度层次，从易到难进行，如表 2-36 所示。

表 2-36　双字调训练材料示例

难度层次	双字调类型	难度系数	训练材料
容易 （11 个）	1+1	1.00	江山、参加、西安、播音
	1+1	0.99	发声、剥开、东西、蜘蛛
	1+2	0.98	新闻、发言、资源、星球
	1+4	0.98	飞快、通信、希望、欢乐
	1+3	0.97	班长、灯塔、艰苦、歌舞

续表

难度层次	双字调类型	难度系数	训练材料
容易 （11个）	3+*1*	0.97	北京、纺织、掌声、法医
	2+*1*	0.96	国歌、楼梯、农村、围巾
	4+*1*	0.96	矿工、面包、列车、卫星
	1+*4*	0.94	冰棒、鸡肉、栽树、压力
	4+4	0.92	日月、大厦、宴会、画像
	4+3	0.90	外语、玉米、大海、木马
稍难 （9个）	*4*+2	0.89	贝壳、钓鱼、病人、换鞋
	3+1	0.89	火花、雪橇、远方、饼干
	4+1	0.88	健康、蜜蜂、大刀、爱心
	3+*4*	0.88	手套、好看、彩蛋、宝贝
	4+*4*	0.88	大炮、绿色、树木、漂亮
	3+4	0.86	满意、美丽、短裤、草地
	3+2	0.85	彩虹、女孩、奶牛、奶瓶
	2+*4*	0.83	图画、淘气、红色、游动
	3+*3*	0.83	展览、导演、领导、鼓掌
较难 （9个）	2+*3*	0.80	滑板、苹果、遥远、晴朗
	1+*3*	0.77	辛苦、温暖、椰奶、鸡柳
	2+4	0.77	麻雀、白色、宁静、头发
	4+*3*	0.76	跳舞、饭碗、大脑、快跑
	3+*2*	0.75	海豚、恐龙、斧头、蝙蝠
	3+3	0.75	老虎、小岛、小鸟、采访
	2+3	0.74	邮筒、泉水、行走、着火
	2+1	0.72	轮班、年轻、拳击、头晕
	2+2	0.70	儿童、陀螺、划船、蝴蝶
很难 （3个）	4+*2*	0.69	骆驼、橡皮、蜡烛、配合
	1+*2*	0.68	新年、蜻蜓、蜗牛、飞碟
	2+*2*	0.67	回答、柠檬、团结、人民

注：其中斜体加下划线部分为目标声调；难度系数越高，难度越低，反之亦然。

（2）三个字声调变化的训练（三字调）

三字调可以按照声调重复和声调交错进行训练，举例如下。

声调重复：扔垃圾（一声）、猕猴桃（二声）、找导演（三声）、圣诞树（四声）

声调交错：很多人（三声+一声+二声）、邮递员（二声+四声+二声）、放鞭炮（四声+一声+四声）、溜冰场（一声+一声+三声）

（3）多个字声调变化的训练（多字调）

多字调可以按照顺序四声、逆序四声和四声交错进行训练，举例如下。

顺序四声（一声+二声+三声+四声）：酸甜苦辣、山明水秀、花红柳绿、光明磊落

逆序四声（四声+三声+二声+一声）：碧海蓝天、万里晴空、寿比南山、耀武扬威

四声交错：伟大中国（三声+四声+一声+二声）、公共汽车（一声+四声+四声+一声）、万马奔腾（四声+三声+一声+二声）、画龙点睛（四声+二声+三声+一声）

2. 语句声调（语调）变化的训练

声调是音节或词（组）的音高运动模式，而语调是语句音高运动的模式，声调与语调相互依存，彼此制约。因此，康复师可以利用不同语气的句子对儿童进行语调的训练，同时也是进行声调的训练。以疑问句形式举例如下。

你好吗？

他行吗？

吃饭了吗？

她是你同学吗？

六、鼻音功能异常的训练

（一）鼻音功能亢进的训练

鼻音功能亢进的儿童存在大量的鼻腔共鸣音，但没有足够的口腔共鸣，这类儿童

的软腭与悬雍垂在构音上可能存在欠缺，导致他们在发音过程中，软腭与悬雍垂的抬起运动（堵住鼻咽口）受到限制，或者抬起、下降这两种运动不能进行灵活切换。

针对鼻音功能亢进，康复师可以采用的训练方法，包括听觉辨识训练、放松训练、呼吸训练、软腭控制训练、口腔活动度训练、口腔共鸣训练、非鼻音词汇训练及非鼻音与鼻音词汇对比训练。

特别需要注意的是，如果儿童的鼻音功能异常是器质性问题导致的，则儿童须先进行手术治疗，再进行功能的恢复训练。

1. 听觉辨识训练

（1）听辨难度较大、易混淆的鼻音与非鼻音

这类易混淆音包括 n—l、a—an、an—ai。例如，na—la（拿—刺）、ni—li（泥—梨）、nu—lu（怒—鹿）、ba—ban（八—班）、da—dan（大—蛋）、ban—bai（搬—掰）、dan—dai（弹—戴）

（2）听辨目标音和错发音

康复师根据儿童的错误发音类型让儿童听辨目标音和错发音，即听辨非鼻音错发成鼻音的音（可参照本章听觉辨识训练内容）。

2. 放松训练

放松训练的目的是对儿童的共鸣器官进行放松，为后面有针对性的训练奠定基础。放松训练的原理是通过做一些夸张的嘴部动作或发一些特定的音，使共鸣肌群进行紧张与松弛的交替运动，从而促进共鸣肌群之间的协调与平衡，为形成良好的共鸣奠定基础。放松训练主要包括口腔放松训练和鼻腔放松训练。

（1）口腔放松训练

口腔放松训练通过下颌、唇、舌的运动，放松口面部肌群。训练步骤如下。

①下颌放松训练　张开嘴，想象口中有一大块口香糖，尽可能大幅度地做咀嚼运动（也可以真的使用口香糖或软糖等食物）。

②唇放松训练　闭上双唇，想象口中有一大块口香糖，尽可能大幅度地做咀嚼运动（也可以真的使用口香糖或软糖等食物）。

③舌放松训练　闭上双唇，用舌尖刷上下牙齿的外表面。注意，舌尖先从上牙列外表面向下牙列外表面做顺时针旋转运动，再从下牙列外表面向上牙列外表面做逆时针旋转运动；舌尖刷牙齿的速度不要太快，要用舌尖一颗一颗牙齿地慢慢移动。

（2）鼻腔放松训练

鼻腔放松训练能够缓解软腭肌群的紧张，增加鼻腔共鸣器官运动的灵活性，使儿童对发鼻音更加敏感，为形成更好的鼻腔共鸣做好准备。鼻腔放松训练分以下两个步骤。

①软腭哼鸣训练　软腭哼鸣训练通过哼鸣相近位置的鼻音和塞音，以及哼鸣在鼻音和塞音之间的高元音来实现软腭的升降运动，比如说 m—b，n—d，ng—g。

②软腭重读训练　软腭重读训练可以采用塞音加元音，如 /i/ 与鼻音交替发出，实现软腭上抬和降低之间的交替，提示儿童在发音时应尽可能地产生最佳的鼻腔共鸣。比如 /bi-M-BI-M/、/di-N-DI-N/、/du-N-DU-N/ 等这样的重读方式。

3. 呼吸训练

呼吸训练的目的主要是帮助儿童体会使用鼻腔和口腔呼吸的不同感觉，呼吸训练通过口鼻呼吸完成，有鼻吸口呼和口吸鼻呼两种方式。

4. 软腭运动训练

软腭运动训练主要通过提高腭咽闭合功能来增加软腭的运动能力。

（1）观察、了解软腭的运动

儿童可以通过观看口腔软腭、咽部的图片和照片并结合照镜子了解软腭和咽后壁的位置，以及发声时软腭上抬和下降的运动模式。例如，儿童保持打哈欠的状态，通过镜子观察口腔后部的软腭、悬雍垂的形状及运动模式，进行自我调整。

（2）增加口腔的压力

儿童做鼓腮运动，先紧闭双唇鼓腮憋气，然后用力将口腔内的气流从口腔中挤出。如果有气体从鼻腔溢出，儿童则可先捏住鼻子练习，逐渐将气体从口腔挤出。儿童如果不能鼓腮，则可以借助吸管完成。首先康复师用手堵住吸管的一头，然后让儿童含住吸管的另一头吹气，这个时候口腔内压力会增加。

（3）刺激腭部

康复师戴上医用手套后，用食指指腹按摩硬腭及软腭前部或用软毛刷轻拭腭部，也可用压舌板轻触软腭，改善腭部肌肉的感知觉。

（4）软腭被动上抬

儿童通过吞咽运动，依靠舌根反射迫使软腭活动。康复师用压舌板或手指按压儿童舌根，儿童会出现呕吐反射，从而刺激软腭活动。这项训练一次不宜过多练习，可分几个时间分开练习，以免儿童感到不适。

（5）软腭主动上抬

儿童张大嘴，断续发 3～5 个 /a/ 音，每次发音之间停顿 1～2 秒。儿童通过镜子，观察软腭及悬雍垂在发音时上抬、在停顿时下垂的动作。当软腭及悬雍垂在发音时没有上抬的动作而出现过度鼻音时，康复师可以用压舌板轻触儿童软腭，并用语言提示软腭上抬，气流从口腔发出，使儿童感知正确的发音方法。

5. 口腔活动度训练

鼻音功能亢进大多伴随口腔共鸣不足，口腔的活动度不够，因此，气流不能顺畅通过口腔，转而到了鼻咽腔，发出过度鼻音。针对此类问题，康复师可增加儿童下颌打开及上下交替的运动练习。

（1）单音节上下运动练习

举例如下。

/a——i——a——i——a——i——ai/ 哎（爱）

/i——a——i——a——i——a——ia/ 鸭（牙）

/u——a——u——a——u——a——ua/ 蛙（袜）

（2）双音节上下运动练习

举例如下。

/a——yi/ 阿姨

/wa——wa/ 娃娃

/ya——i/ 牙医

（3）三音节上下运动练习

举例如下。

/da——qi——che/ 大汽车

/da——ji——mu/ 搭积木

/qi——da——ma/ 骑大马

6. 口腔共鸣训练

口腔共鸣训练的目的是通过咽腔打开或缩小，使气流从口腔发出，帮助儿童体会口腔共鸣的感觉，从而建立有效的口腔共鸣，提高口腔共鸣的能力。

（1）通过活动诱导儿童发 /hɑ/ 音

发 /hɑ/ 音时，咽腔打开，下颌打开，舌放松平伸，舌尖抵下齿背，软腭上抬，如通过挠痒痒使儿童哈哈大笑。儿童也可对着镜子哈气，体会气流从咽腔、口腔发出，边哈气边发 /hɑ/ 音，并观察镜子上的雾气。

（2）通过活动诱导儿童发 /hu/ 音

发 /hu/ 音时，咽腔缩紧，舌收缩成束状，下颌打开度较 /hɑ/ 音小，软腭上抬，如学小猪睡觉，"呼呼——呼呼——"。

（3）发低元音 /ɑ/

发 /ɑ/ 音时，下颌下位，开口较大，舌放松平伸，舌尖抵下齿背，软腭上抬，可略延长发音时间。发音时儿童可通过镜子观察软腭的上抬动作。

（4）发前高元音 /i/

发 /i/ 音时，下颌上位，开口最小，展唇（唇角稍拉向两侧，微笑状），舌尖抵下齿背，舌面与硬腭之间有一定距离，软腭上抬，此时腭咽闭合最严。发 /i/ 音时，儿童常因舌位过高，舌面顶住硬腭，使气流无法从口腔发出而出现鼻音过重的现象。此时康复师可用语言提醒儿童发音的要点：舌面不要顶住硬腭，舌尖轻触下齿背，下颌稳定，展唇；让儿童保持此状态，手指轻触儿童颈部喉头稍下的位置，引导儿童把发音的注意力放在声带而非舌面过度上抬的动作上；结合听觉反馈训练，让儿童仔细辨听康复师和自己发音的区别。

（5）发前高元音 /ü/

发 /ü/ 音时，下颌上位，开口最小，圆唇，舌尖抵下齿背，软腭上抬，腭咽闭合，体会口腔共鸣。如果儿童发 /ü/ 音时有鼻音现象出现，训练方法则和发 /i/ 音基本一样，只是唇为圆唇。

（6）发后高元音 /u/

发 /u/ 音时，下颌上位，开口最小，圆唇，舌位最高，最靠后，软腭上抬，腭咽闭合，体会口腔共鸣。儿童如果发 /u/ 音时有鼻音现象出现，则可体会气流在口腔中的振动。儿童发音时可用手摸着双颊，体会面颊与口腔的共振，还可把手背放在唇的下方感受发音时气流从口腔发出，并提醒自己软腭上抬。

7. 非鼻音词汇训练

儿童在发非鼻音时，无论捏鼻与否，均不应该出现鼻腔共鸣的现象，非鼻音应该是口腔共鸣音。非鼻音词汇训练选用的词汇声韵母均应为非鼻音。表 2-37 为非鼻音词汇的训练材料示例。

表 2-37　非鼻音词汇训练材料示例

类别	单音节词	双音节词	三音节词
送气	哈、虎、爬、皮、扑、塔、踢、兔、卡、哭、七、西、吃、狮、洒、四、酥、擦、刺、粗	哈气、爬坡、跑步、葡萄、皮肤、獭兔、踢腿、咖啡、洗手、出差、石头、叔叔、休息	开汽车、画图画、下跳棋、吹气球
不送气	爸、鼻、布、打、弟、肚、嘎、鼓、鸡、家、拉、梨、鹿、砸、紫、足、炸、只、猪	阿姨、爸爸、弟弟、哥哥、背包、大刀、钓鱼、高楼、国家、辣椒、知了、座椅	购物袋、倒垃圾、改作业
送气、不送气混合		打鼓、老虎、浇花、老师	果皮箱、小白兔、下大雨

8. 非鼻音与鼻音词汇对比训练

非鼻音与鼻音词汇对比训练是通过非鼻音和鼻音词汇的对比指导儿童建立正确的口腔共鸣。形成正确的口腔共鸣时，软腭向上运动，口鼻通道关闭，声音从口腔出来，而形成鼻腔共鸣时，软腭下垂，口鼻通道开放，声音从鼻腔出来。表 2-38 为非鼻音与鼻音词汇的训练材料示例。

表 2-38　非鼻音与鼻音词汇对比训练材料示例

类别	训练材料
单音节词	鼻—泥、笔—你、八—妈、爸—拿、炮—闹、表—鸟、黑—妹
双音节词	苦瓜—木瓜、水流—水牛、面子—辫子
三音节词	吃糖果—吃杧果、女衬衫—绿衬衫、大馒头—大椰头

（二）鼻音功能低下的训练

鼻音功能低下的儿童无法将鼻音 m、n、ng 的气流传入鼻腔进行共鸣。鼻音功能低下的儿童需要进行增加鼻音的训练，目的主要是增加儿童的鼻腔共鸣。

针对鼻音功能低下，康复师可以采用的方法包括鼻腔放松训练、听觉辨识训练、呼吸训练、鼻腔共鸣感知训练、鼻腔共鸣训练和鼻音构音训练。

其中鼻腔放松训练、听觉辨识训练、呼吸训练请参照本节鼻音功能亢进的训练部分。听觉辨识训练需要针对鼻音 m、n、ng 进行，因为鼻音功能低下的儿童发的 /m/ 听起来像 /b/，/n/ 听起来像 /d/，而 /ng/ 听起来像 /g/。鼻音构音训练请参照本章韵母和声母构音中的相关内容。这里重点介绍鼻腔共鸣感知训练和鼻腔共鸣训练两部分。

1. 鼻腔共鸣感知训练

鼻腔共鸣感知训练是通过听觉、视觉或触觉的方式，帮助儿童体验鼻腔共鸣的感觉。康复师可以采用讲解图片、视频，让儿童观察镜面起雾和体会鼻翼振动三种方式进行鼻腔共鸣感知训练。

（1）讲解图片、视频

康复师向儿童呈现发鼻音时的图片或动态视频，引导儿童观察：发鼻音时，气流从鼻腔呼出，声带振动。

（2）观察镜面起雾

康复师将一面小镜子分别放在康复师和儿童的鼻子下方，引导儿童观察：康复师发鼻音时镜子上出现雾气，儿童发鼻音时镜子上没有出现雾气。

（3）体会鼻翼振动

康复师把儿童的食指放在康复师的鼻翼处，引导儿童体会：发鼻音时，儿童的手指能感受到鼻翼的振动，发非鼻音时，则感受不到鼻翼的振动。

康复师也可以通过发音时捏鼻的方式，让儿童体会鼻音与非鼻音的不同：康复师发鼻音时捏鼻听感上有明显变化，而儿童发音时捏鼻听感上无明显变化。

2. 鼻腔共鸣训练

鼻腔形状和大小几乎是固定不变的，但它对改变音质有着显著的效果。鼻腔共鸣训练的关键在于使口腔、咽腔和鼻腔三者之间处于共鸣功能的平衡状态。鼻腔共鸣可以通过鼻腔哼鸣进行练习。

①延长 /a/ 的发音，发 /a—/ 音的同时闭上嘴唇。这样，声音就从鼻腔发出，成为一种 /a—m——/ 或哼哼声。

②延长 /m/ 的发音，儿童将手指放在鼻翼两侧，这时能感觉到鼻翼的振动。

③延长 /n/ 的发音，如 /a—n——/，分开双唇，将舌放置在上排牙齿的后方，尽可能延长发音，儿童用手指感觉鼻翼的振动情况。

④延长发 /ng/ 音，如 /rang——/，尽可能延长发音，儿童用手指再次感觉鼻翼的振动情况。

康复师通过上述训练，使儿童即使不借助手指，也能感觉到何时有鼻音、何时没有鼻音，从而帮助儿童自如进行鼻腔共鸣。

第三章 听力言语障碍

第一节 基本概念

一、听力障碍的定义

听力障碍是指听觉系统中传音、感音以及对声音进行综合分析的各级神经中枢发生器质性或功能性异常，导致听力出现不同程度的减退，即听敏度或听理解力下降。人们习惯称之为耳聋。

听力障碍的原因、发生时间、性质、程度等各不相同。声音从外耳传至大脑形成听觉需要经过一系列复杂的传递和加工过程。与此过程相关的任何组织和器官的病变、功能失调都可能引起听力障碍。

二、听力障碍的分类

（一）根据病变部位划分

（1）传导性听力障碍

传导性听力障碍是由外耳、中耳的病变导致声波传导路径障碍引起的听力障碍。引起传导性听力障碍的病变如外耳、中耳的发育畸形，外耳道阻塞性疾病，中耳积液，听骨链断裂和耳硬化症等。

（2）感觉神经性听力障碍

感觉神经性听力障碍是由内耳、听神经及听觉中枢的病变导致声波感受、神经传导或中枢分析路径障碍引起的听力障碍。此类型听力障碍又可细分为以下三种。

①耳蜗性　病变位于耳蜗，影响声能转化为电信号（感音功能）。

②神经性　病变位于耳蜗螺旋神经节或听神经传导通路上至脑干之前。

③中枢性　病变位于脑干与大脑，累及蜗神经核及其中枢传导通路、听觉皮质中枢。

（3）混合性听力障碍

混合性听力障碍是由外耳、中耳、听觉中枢、听神经、耳蜗等病变引起的听力障碍，兼有传导性和感觉神经性听力障碍的特征。

（二）根据发病时间划分

（1）先天性听力障碍

先天性听力障碍指婴儿出生后即出现的听力障碍。

（2）后天性听力障碍

后天性听力障碍指婴儿出生后听力正常，在成长过程中由各种致病因素导致的听力障碍。

（三）根据听力损失的主要频率划分

（1）高频听力障碍

高频听力障碍主要指听力损失从 2000Hz 开始，沿高频逐渐下降的纯音听力曲线。高频听力障碍在各种听力障碍类型中发病率最高。

（2）低频听力障碍

低频听力障碍主要指听力损失在 125～500Hz。

（3）中频听力障碍

中频听力障碍主要指听力损失在 500～2000Hz。

（4）全频听力障碍

全频听力障碍是指全频段 0.25～8000Hz 都有听力损失。

（四）其他分类方法

（1）语前听力障碍和语后听力障碍

语前听力障碍指 3 岁或之前发生的听力障碍。语后听力障碍指 3 岁以后发生的听力障碍。

（2）双侧听力障碍和单侧听力障碍

双侧听力障碍指双耳均有听力损失。单侧听力障碍指一侧耳有听力损失，另一侧耳听力正常。

（3）渐进性听力障碍和突发性听力障碍

渐进性听力障碍指听力损失随时间逐渐加重。突发性听力障碍指听力损失突然发生。

（4）波动性听力障碍和稳定性听力障碍

波动性听力障碍指听力损失程度随时间发生变化，时好时坏。稳定性听力障碍指听力损失程度随时间不再发生变化。

（5）遗传性听力障碍和非遗传性听力障碍

根据具体的病变原因，听力障碍分为遗传性听力障碍和非遗传性听力障碍两大类。非遗传性听力障碍还可根据具体病因，分为声性听力障碍、外伤性听力障碍、感染性听力障碍、老年性听力障碍和特发性听力障碍等。

三、听力障碍的分级

目前听力障碍临床多是根据1997年世界卫生组织公布的听力损失程度分级标准分级，即以纯音测听的500Hz、1000Hz、2000Hz和4000Hz等4个频率听阈的平均值作为分级标准，见表3-1。如果双耳存在不同程度的听力损失，则以听力损失较轻一侧为准。

表3-1 1997年世界卫生组织公布的听力损失程度分级标准
（500Hz、1000Hz、2000Hz、4000Hz）

分级	听力损失程度	听阈均值（dB HL）
Ⅰ	轻度	26～40
Ⅱ	中度	41～60
Ⅲ	重度	61～80
Ⅳ	极重度	＞80

四、常用的听力检查方法

听力检查的目的是了解听力损失的程度、性质及病变的部位。听力检查方法可以分为两大类，分别是主观听力检查和客观听力检查。

1. 主观听力检查

主观听力检查指在听力检测过程中，被试者需要配合，对听到的声音信号（测试声）进行主观判断，做出行为反应。主要反映被试者对测试声感受能力的测听方法有纯音听阈测听、小儿行为测听等。

（1）纯音听阈测听

纯音听阈测听是测试听敏度的标准化的主观行为反应测听，包括气导听阈测试和骨导听阈测试。纯音听阈测听是将纯音听力计给定的单一频率的声音通过气导耳机与骨导耳机给声，反映被试者在安静环境下所能听到的各个频率的最小声音的听力级，听力师根据测听结果了解被试者各频率的听力状况，进而绘出听力图，再根据听力图了解被试者的听力情况及听力损失的程度和性质，作为诊断和处理依据。

（2）小儿行为测听

小儿行为测听需要儿童对声音产生反应并通过某种行为表现出来，如儿童听到声音后将头转向声源等，以此判断儿童的听阈。此法需要儿童的主动配合，因此，儿童的年龄、成熟程度决定着检测结果的可靠性。

对刚出生至6月龄的婴儿，听力师可采用行为观察测听法（Behavioral Observation Audiometry，BOA）评估听力状况。在隔声室内，听力师用包含不同频率的发声玩具给出不同强度的声音，观察小儿对声音的反应，如眨眼、眼球转动、动作停止、出现拥抱反射等，记录下发生听性反应的声音强度和频率，并结合客观测试结果综合评估小儿的听力情况。

对6月龄至2.5岁的小儿，听力师可采用视觉强度化测听法（Visual Reinforcement Audiomery，VRA）进行听力测试。VRA是将听觉信号与视觉奖励结合起来，即给予小儿一个可听到的声音刺激的同时，给予一个有趣的视觉信息（如跳舞的小象），使小儿建立起听到声音就转头看向视觉鼓励的条件反射，以此判断小儿的听阈。

对2.5岁至6岁的幼儿，因为他们的手指精细动作已经发展得比较好，所以听力师可采用游戏测听法（Play Audionmery，PA）测试听阈。听力师让孩子参与一个简单、有趣的游戏，教会孩子对声音刺激做出明确可靠的反应，比如，听到声音后将套圈放到指定位置，临床上称之为"听声放物"，以此判断孩子的听阈。

2. 客观听力检查

客观听力检查无须被试者配合，不受主观意识的影响。成年人可在清醒状态下进行测试，儿童或不配合者需要使用药物入睡后才可进行测试。客观听力检查可对听力损失的性质、部位及鉴别诊断提供依据。目前常用的客观听力检查方法包括声导抗测听、听性脑干反应测听、耳声发射、多频稳态诱发电反应测听等。

（1）声导抗测听

声导抗测听是客观测试中耳传导系统、内耳功能、听神经及脑干听觉通路的方法，适用于各类人群。临床上，声导抗测试一般分为两个部分，鼓室导抗和声反射测试。鼓室导抗既可以准确测量出静态声顺值，又可以描绘出鼓室功能曲线，不同鼓室功能曲线反映鼓室内各种病变的情况。声反射测试是根据反射阈、振幅、图形等估计听敏度，鉴别耳聋是传导性还是感音性，器质性还是非器质性。

（2）听性脑干反应测听

听性脑干反应，属短潜伏期电位，一般用短声进行测试，听觉系统受到声刺激产生兴奋并伴随电位变化。听性脑干反应测听可以与其他听力学检查结合用于鉴别听力损失性质。本法最常用于判断有无耳蜗后病变。各波潜伏期延长、波间期延长，双耳间潜伏期或波间期相差明显，以及波形分化变差都提示耳蜗后病变存在的可能性。

（3）耳声发射

耳声发射是耳蜗产生的声频能量经过听骨链、骨膜，然后传导到外耳。耳声发射能够检查耳蜗传出能量的大小，判断耳蜗的毛细胞是否存在损伤或病变。耳声发射具有客观、无创、迅速、灵敏、准确性高的特点，小儿可在清醒状态及自然睡眠中完成。本法现已广泛应用于小儿听力筛查和成人听力监测中。耳声发射虽然可以尽早发现听力的变化，但无法预估听力损失的程度，可与听觉诱发电位检查结合鉴别耳蜗性和蜗后性听觉系统病变。

（4）40Hz听觉诱发电位

40Hz听觉诱发电位是一种稳态听觉诱发电位，刺激声有短声或短纯音，刺激速率在每秒40次左右时诱发的反应振幅最大。本法主要用于对成人及大龄儿童进行客观听敏度评估，尤其对1000Hz以下的低频听阈确定更有价值。

（5）多频稳态听觉诱发电位

多频稳态听觉诱发电位是由连续的多个频率持续的声音刺激信号诱发产生的脑电反应，具有较好的频率特性。对于主观听力检查配合欠佳的儿童，本法能够客观反映儿童多个频率的残余听力，弥补听性脑干反应测听的不足。

第二节 听觉发展概述

一、基本概念

听力和听觉是两个不同的概念。听力是感受声音的能力，即能够听到声音，如电视机中传出了说话声，我们感受到了声音，就是听力；而听觉是人们认识和理解声音的能力，即能够听懂声音，如我们不仅感受到电视机中的说话声，还能够听懂所说的内容。Pollack认为听觉能力是整合了听力和聆听，并能处理听到的声音信息的能力。

听力是听觉能力发展的基础，只有声音信息传递到大脑，个体接收到丰富的听觉刺激，具备充足的听觉经验，才能发展良好的听觉能力。

听觉是人类感知世界，学习言语、语言、阅读，发展认知能力的最有效途径。儿童处在听觉、言语发展的关键时期，听力障碍严重损害儿童的言语、语言功能，影响儿童的认知、情感、个性、社会性等方面的发展。

下面介绍的是一些在听觉的发展过程中对个体学习非常重要的听觉处理能力。

（1）听觉察知

听觉察知指能察觉声音的有无并做出反应。例如，婴儿听到突然出现的大声音时会停止吸吮奶嘴或转头寻找。

（2）听觉分辨

听觉分辨指能够对声音的频率、大小、长短进行区分，能够对在声学方面相似的字和声音做出分辨。例如，儿童能够区分鼓声和铃铛声的不同，能够听出"兔子"和"肚子"两个词的不同。

（3）听觉识别

听觉识别指能够将听到的声音进行"标记"或"命名"。例如，儿童听到飞机在天空中飞的声音时，立即说"飞机"或是把自己的玩具飞机找出来。

（4）听觉理解

听觉理解指能够理解说出的语言，合成整体的意义，而且能将这段话的意义与已知的信息联系起来。例如，儿童能够听懂一句话并做出相应的反应，或者是在对话交流中理解更长的一段话。

（5）听觉记忆

听觉记忆指能够对听到的口语信息进行加工处理，储存在大脑中，并回忆出听到了什么。例如，儿童听到"帮我拿一个杯子和一把勺子"，能够重复出听到的内容，或者去找到相应的东西。

（6）听觉反馈

听觉反馈指能够对自己的声音进行自我监控。例如，儿童听到自己把"早晨"的 /chen/ 说成 /cen/ 时，能够听出自己发错了音并进行自我纠正。

二、听觉能力发展的阶段

儿童的听觉能力发展是一个复杂、连续的过程，具有一定的阶段性特征。Erber 于

1982年提出听觉能力的发展要经过四个阶段，分别为听觉察知阶段、听觉分辨阶段、听觉识别阶段和听觉理解阶段。

（1）听觉察知阶段

听觉察知是最基础的听觉能力，指可以感受到声音的有无，包括环境声音和语音的开始与结束，并能够有意识地聆听声音做出反应。此阶段孩子听到声音可能会抬头、睁大眼睛或用手指耳朵等，但还不能分辨声音的差异，也不理解声音的意义。例如，当有敲门声时，孩子会听到并停止吃奶的动作，但并不能分辨出敲门声和电话声的不同，也不理解敲门声代表有人来了需要去开门。又如，当听到妈妈说话的声音时，孩子会停止手中玩玩具的动作并睁大眼睛聆听，或者转头试图寻找，但还听不出妈妈所说的"抱抱"和"过来"这两个词是不同的，也不能理解妈妈说的话是什么意思。

（2）听觉分辨阶段

听觉分辨指能判断声音的异同，区分不同的声音，包括音质、音量、音长、音高，以及元音和辅音的差异等。例如，孩子能够听出奶奶说话声和妈妈说话声不一样（音质不同），大声说话和小声说话不一样（音量不同），长长的电话铃声和短短的电话铃声不一样（音长不同），妈妈生气时说话的声音和平时说话的声音不一样（音高不同），"爸爸"和"怕怕"不一样（辅音不同）等。

（3）听觉识别阶段

听觉识别指可以理解不同声音所代表的意义，能从备选项中指出目标声音，明确声音的特性，又称听觉确认。例如，孩子听到电话铃声会指向电话，或者听到"苹果"这个词就能从周围事物中指出苹果。

（4）听觉理解阶段

听觉理解指能实现音义结合，即依据既有的语言知识，理解声音的信息，也就是说能够真正听懂别人所说的话是什么意思。理解是听觉能力的较高水平，具备听觉理解能力之后儿童不但可以听清不同的声音，理解声音或语言的意义，而且可以通过聆听进行正常的言语交流。

如图3-1所示，听觉能力发展的四个阶段是连续且螺旋上升的，前一阶段是后一阶段的基础，但四个阶段又不是绝对分离的。例如，一个人可以同时完成声音分辨和识别两个水平的活动，如当听到"杯子"这个词语时，既能够听出这个词与其他词的声音不同（分辨），也能够知道这个词代表的是什么意义（识别）。

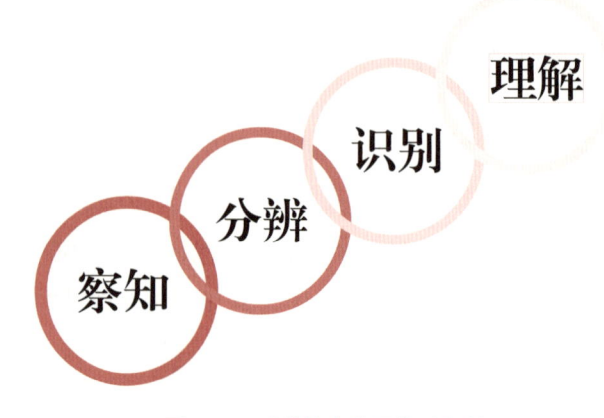

图 3-1　听觉能力发展的阶段性

三、听障儿童听觉能力发展的影响因素

儿童听觉能力的发展是渐进式的。一直到学龄期,儿童的听觉能力才基本上发展完善。听力障碍会减少或扭曲儿童从听觉通道获得的信息,对儿童听觉能力的发展不利,从而导致儿童语言能力发展的迟缓与滞后,影响其社会交往与沟通。影响听障儿童听觉能力发展的主要因素有以下几个方面。

（1）听力障碍的发生时间和损失程度

听力障碍发生的时间和听力损失的程度对儿童的听觉能力发展有着至关重要的影响。听力障碍发生的时间越早,听力损失程度越重,对听觉能力发展的负面影响越大。

（2）听力干预和康复训练的时间

听障儿童的听觉能力发展与佩戴助听设备的年龄及使用时间有很大的关系。儿童越早进行听力补偿或重建,就能越早听到有意义的声音,越有机会发展良好的听觉能力。较晚使用助听设备的大龄听障儿童由于已错过听觉能力发展的关键期,即使接受了康复训练,听觉能力的发展一般也较为缓慢。

（3）听力干预的效果

听障儿童的听觉能力发展会因听力补偿或重建的优化程度不同而有很大的差异。如果助听设备补偿（重建）效果好,儿童佩戴以后能够听到全部或绝大部分的声音,经过一定的康复训练,察知、分辨、识别、理解等听觉技能就会逐步得到发展。而如果听力补偿（重建）效果有限,儿童借助助听设备仍无法察觉或分辨某些声音,那么即使经过训练,听障儿童对某些频率的声音和语音也无法识别和理解,听觉能力的发展就会受到很大限制。

听能管理是确保听障儿童助听效果的重要措施。如果听能管理不到位，助听设备的作用就无法最大程度地发挥，听障儿童的听力波动、助听设备异常等也可能不会被及时发现，因此，儿童的听觉潜能将无法得到充分利用，听觉能力的发展也会受到限制。

（4）康复训练的质量

虽然佩戴或植入助听设备以后，绝大部分听障儿童都能够听到声音，但其听觉能力仍然需要长期培养和学习才能顺利发展。康复师和家长如果能对听障儿童进行科学的听觉评估，并在此基础上针对个体特点制订合理的训练计划，选择适宜的训练内容和方法就会对孩子的听觉能力发展产生重要影响。

（5）儿童自身因素

听障儿童的健康状况、性格特点、学习方式、学习能力及精神心理状况等也会影响听障儿童的听觉能力发展。儿童身体状况不佳、无法持续参与康复训练，或者兼有精神心理方面的障碍，如孤独症、发育迟缓、学习能力低下等也会影响听觉的发展。

（6）家庭因素

家庭因素也是影响听障儿童听觉能力发展的重要参数，包括父母的职业、受教育水平，家庭的经济状况、和谐度，以及父母的教养方式和对康复计划的认同度、参与能力等。家庭成员的组成和主要照顾者的言语交流状况也会对听障儿童的听觉能力发展产生重大影响，如果主要照顾孩子的人平时言语少，较少给孩子提供言语听觉刺激，那么孩子听到言语声的机会就少，这将不利于听障儿童的听觉能力发展。

第三节　听觉语言能力评估

一、听觉能力评估

（一）评估目的

听力检查可以帮助我们了解儿童听力损失的程度、部位、性质等信息，但并不能完全反应儿童在日常生活中的聆听表现。原因在于现实生活中的声音与测听室中的测试声不同，往往是复合频率，而且绝大多数为言语声。此外，现实中对声音的听不仅仅满足于察知，还需要儿童具备分辨、识别、理解的能力，要能听懂他人的话，能进行言语交流。

听障儿童的听觉能力是儿童在听力补偿或重建后，随着实际年龄和听觉经验的增长，通过康复训练逐渐习得的。通过对听障儿童进行听觉能力评估，我们可以了解儿童的听觉功能状况，从而为优化辅听设备、确定听觉康复起点、监控听觉康复进程、提高听觉康复质量提供保障。

（二）评估内容

听觉能力评估分为数量评估和功能评估。

1. 数量评估

数量评估通过定量测量方法反映听障儿童的听觉能力发展状况，主要是精确考察听障儿童对各频率声音的察知情况，如目前临床上用于评估助听设备使用的助听听阈、插入增益等。数量评估一般是在标准化的隔声室进行，主要采用纯音或啭音作为评估的声音刺激。

为了便于基层康复从业人员及家长对听障儿童进行听力保健、跟踪评价助听效果，这里介绍一种操作简便、容易判断、不受场地限制的评估方法。具体方法是康复师使用便携式听觉评估仪或便携式听力计，在一个较安静的房间，按规定距离（听觉评估仪约10～15厘米）对儿童进行测试，测试中听障儿童对不同频率的音响做出应答反应，从而得出评估结果。

2. 功能评估

功能评估通过观察听障儿童的实际听觉表现了解其听觉能力发展水平。功能评估对于全面考察听障儿童的听觉能力必不可少。

对听障儿童进行听觉功能评估的工具有许多种，大致可以分为问卷类和测试类两类。问卷类评估工具侧重于考察听障儿童在自然情境中的听觉表现。测试类评估工具则是侧重于在测听室中对听障儿童进行标准化的听觉能力测验。

（1）问卷类评估工具

① MAIS　Robbins等在1991年设计完成有意义听觉整合量表（Meaningful Auditor Integration Scale，MAIS），主要用于评估3岁及以上佩戴助听器或植入人工耳蜗儿童的听觉能力。1997年Zimmerman-Phillips等根据婴幼儿的特点对MAIS进行修正，提出了婴幼儿有意义听觉整合量表（Infant-Toddler Meaningful Auditor Integration Scale，IT-MAIS），用于评估2岁及以下的儿童。

② IT-MAIS　它主要用于评估2岁及以下听障儿童的听觉能力。IT-MAIS只是将MAIS的第1、2题做了调整，使其更符合年幼听障儿童的情况。除此之外，IT-MAIS

在评估目的、问卷结构、填写方式及计分方法上均和 MAIS 相同。目前，MAIS 和 IT-MAIS 已经被翻译成多种语言版本（包括汉语），成为国际上广泛使用的听觉评估问卷。

③ LittlEARS 小龄儿童听觉发展问卷（LittlEars Auditory Questionaire）是 2001 年由 MED-EL（奥地利听力植入公司）组织多位专家研发出来的一套专门用于评估小龄儿童听觉能力发展情况的工具。它不仅适用于评估佩戴助听设备 2 年以内（即听觉年龄为 2 岁以内）听障儿童的听觉能力发展状况，还可以被医务人员、儿科医生、耳鼻喉专家当作听力筛查工具，检测 2 岁以内健听儿童的听觉发育状况。2009 年，中国听力语言康复研究中心（原中国聋儿康复研究中心）开发了该问卷的中文版。

④ PEACH 和 TEACH 家长对儿童听觉／口语表现的评估问卷（Parents' Evaluation of Aural/oral performance of Children，PEACH）和老师对儿童听觉／口语表现的评估问卷（TEACH）是 2005 年 Teresa Ching 和 Mandy Hill 共同开发的。考虑到实用性和简便性，2007 年，香港大学 McPherson 教授将这两份问卷改编成了简化版。PEACH 和 TEACH 在问卷结构、实施方法、计分方法等方面相同，只是问题涉及的场景分别是家庭和学校。

⑤ CAP 听觉行为分级标准（Categories of Auditory Performance，CAP）是反映儿童日常生活环境中的听觉水平的一项问卷。该问卷是 Archhold 等人于 1995 年在实施诺丁汉人工耳蜗项目时开发的，它适用的年龄范围广，从婴幼儿到成人均可使用，能满足儿童成长过程中听觉评估的各种需求。该问卷将听觉能力分为八个等级（0～7 级）。2005 年，Nikolopoulos 等提出了扩展版 CAP（CAP-Ⅱ），即在原问卷八个等级的基础上，增加了 8 和 9 两个等级，这两个等级对应的听觉能力更高。

（2）测试类评估工具

① 林氏六音测试 林氏六音测试是一项应用相当广泛，实施也极为简便的听觉测试方法。该测试选用 6 个音 /m/、/u/、/ɑ/、/i/、/s/、/sh/ 作为测试音，考察听障儿童的察知和识别能力。这个测试可以帮助家长和康复专业人员监测助听器或人工耳蜗的工作情况，了解孩子的听力变化或出现中耳问题的情况。它是由 Daniel Ling 于 1977 年首先提出的用于听力测试的一项简易手段。这六个音包含了低、中、高不同频率的语音范围，如表 3-4 所示。

表 3-4　林氏六音频率范围

频率高低	六音	频率范围
高↓低	s	3500～7000Hz
	sh	2000～4000Hz
	i	300～2500Hz
	a	700～1300Hz
	u	350～900Hz
	m	250～500Hz

② MESP　普通话早期言语感知测试（Mandarin Early Speech Perception，MESP）是 2009 年四川大学华西医院郑芸教授团队和美国 HOUSE 耳研所合作开发的测试。它是在中文版 ESP 的基础上开发的。这个测试最大的一个特点是通过计算机进行评分和给声。所有测试音均配有图片，测试采用听声指图的方式完成。对于无法配合的儿童或年龄在 2 岁以下的儿童，该团队又开发出一个简易版普通话早期言语感知测试（low-verbal MESP，LV-MESP）。LV-MESP 采用口声的方式给声，测试用的词是一些实物玩具，测试中儿童用听声指玩具的方式做出反应。

③ MPSI　普通话儿童言语理解能力测试（Mandarin Pediatric Speech Intelligibility Test，MPSI）同样是由四川大学华西医院郑芸教授团队和美国 HOUSE 耳研所合作开发的测试，是基于英文版 PSI 开发的。它主要是考察听觉年龄为 3～6 岁的儿童在安静和噪声环境下聆听简单短句时的言语分辨能力。测试通过测试软件来播放测试音，有配套的图片，采用的是听声指图的方式进行评估。

④ M-LNT　普通话词汇相邻性测试（Mandarin Lexical Neighborhood Test，M-LNT）由北京同仁医院刘莎团队研发，参考了英文版词汇相邻性测试。这个测试主要评价的是儿童的口语词汇辨识能力，还有对声学相似性的敏感度。这个测试包括 2 种词表，一种是双音节词表，一种是单音节词表。每一种词表各包含易词表 3 张，难词表 3 张。测试采用听说复述的方式完成，适用于 3 岁以上的听障儿童。

上面介绍的问卷类评估工具和测试类评估工具都是从某一角度对听障儿童的听觉能力进行评估，有时难以全面反映听障儿童的听觉能力发展状况，或者不能满足听障儿童听觉不断进步的需求。为此，一些研究者开始考虑将不同类型的评估方法有机组合起来。由中国听力语言康复研究中心（原中国聋儿康复研究中心）1991 年编制，2001 年、2009 年两次修订的《听力障碍儿童听觉、语言能力评估标准及方法》，是目前广泛应用的评估工具（图3-2）。

该评估工具在选择测试词语时，参照了汉语言语测听词表编制规则，同时考虑了儿童的言语特点及语音平衡等要素。考虑到儿童的认知特点，该评估工具将所有测听词表用图画的方式表达出来，评估过程采用开放式或闭合式的方式进行。

该评估主要应用于听障儿童佩戴助听器或植入人工耳蜗后的听觉康复效果评估。整个评估体系非常全面，不但囊括了自然环境声响，声母、韵母和声调及单个词语和短句等各种声音材料，还包含选择性听取测试，即依据被试者的实际情况和评估目的，评估人员可选适宜的项目及环境进行测试。

下面的评估标准、评估方法和注意事项将围绕该评估工具进行介绍。

图3-2　听障儿童听觉能力和语言能力评估标准与方法

（三）评估标准

听力师通过言语最大识别得分判断助听效果，助听效果分为四个等级，最适、适合、较适、看话（见表3-5）。

表3-5　听觉康复评估标准

听力补偿（Hz）	言语最大识别得分（%）	助听效果	康复级别
250～4000	≥90	最适	一级
250～3000	≥80	适合	二级
250～2000	≥70	较适	三级
250～1000	≥44	看话	四级

（四）评估方法

听觉能力评估系列词表以图画为主要表现形式，内容包括自然环境声响识别、语音识别、数字识别、声调识别、单音节词识别、双音节词识别、三音节词识别、短句识别和选择性听取等测试。

1. 自然环境声响识别

自然环境声响识别测试选择 20 种声响，分成 4 组，每组 5 种声响的测试图片（图 3-3），测试通过 CD 播放器播放测试音，用听话识图法进行，20 张图片按组循环 2 次完成测试。结果计算：识别得分（%）=（正确回答数 /20）× 100%。

图 3-3　自然环境声响识别测试图片示例

2. 语音识别

语音识别分为韵母识别（图 3-4）和声母识别。这两项测试的测试方法相同，每项测试 75 个词，分为 3 个测听词表，采用听说复述法或听话识图法进行，按照所选词表出示卡片同时读卡片。结果计算：识别得分（%）=（正确回答数 /25）× 100%。在 3 个词表中，发音词若为随机的，计算结果时则要考虑每一个词的归一化系数 k。

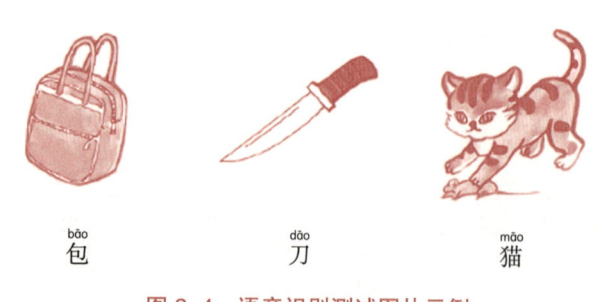

图 3-4　语音识别测试图片示例

3. 数字识别

数字识别是从 1～10 的数字随机选出 25 个，编成 5 组，每组 5 个数字（图 3-5）。

测试采用听说复述法或听话识图法进行，循环 2 次完成。结果计算：识别得分（%）=（正确回答数 /25）×100%。

9 6 10 1 3

图 3-5 数字识别测试图片示例

4. 声调识别

声调识别分为同音单音节声调识别和双音节声调识别。单音节声调识别，配有 4 张标有声调符号的图片（图 3-6），测试人员依据词表依次读出 5 组测试音，测试采用听话识图法或听说复述法进行。若采用听话识图法，儿童则需要在 4 张声调图片中指认正确的声调；若采用听说复述法，声调复述正确即得分，如 mǎ 回答成 bǎ 仍得分。双音节声调识别，每组 2 张图片（图 3-7），共 25 组，出示卡片同时读卡片，整个词表循环 1 次完成测试。结果计算：识别得分（%）=（正确回答数 /25）×100%。

图 3-6 单音节声调识别测试图片示例

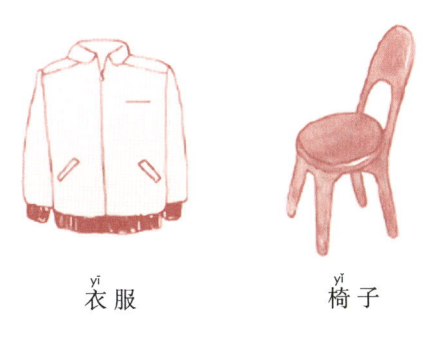

yī yǐ
衣服　　椅子

图 3-7 双音节声调识别测试图片示例

5. 单音节词识别、双音节词识别、三音节词识别

此三项测试的测试方法相同。单音节词识别、双音节词识别的测试均由同等难易程度的 2 个词表组成，单音节词识别每个词表有 35 个词，每组 5 个词，共 7 组；双音节词识别，每个词表 30 个词，分为 6 组，每组 5 个词（图 3-8）。三音节词识别只有 1

个词表，25个词，分为5组，每组5个词。测试均可采用听说复述法或听话识图法进行，循环2次完成测试。结果计算：识别得分（%）=（正确回答数/测听内容总数）×100%。

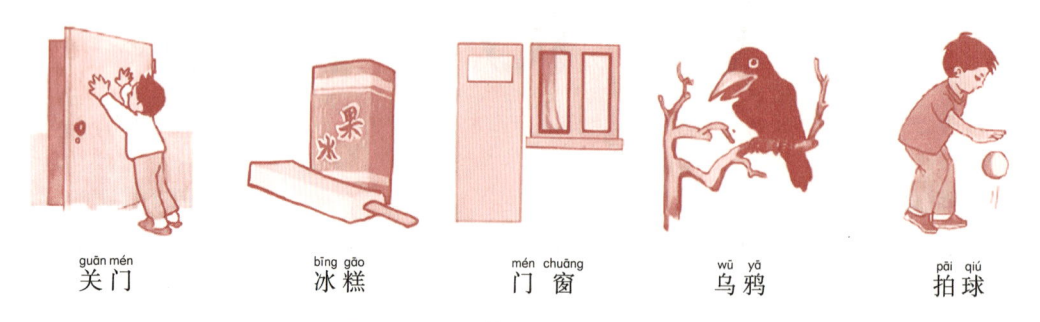

图 3-8 双音节词识别测试图片示例

6. 短句识别

测试选取20个句子，分成4组，每组5个句子（图3-9），采用听话识图法或听说复述法进行，循环2次完成测试。结果计算：识别得分（%）=（正确回答数/20）×100%。

图 3-9 短句识别测试图片示例

7. 选择性听取

选择性听取是在自然环境噪声或音乐背景声中识别双音节词或短句，信噪比控制在+10dB，具体操作及评分方法同双音节词或短句识别。选择性听取所用词表与双音节词识别词表、短句识别词表共用，采用听话识图法进行。结果计算：识别得分（%）=（正确回答数/测听内容总数）×100%。

（五）评估的注意事项

（1）选择与年龄相宜的词表

评估时，康复师首先应根据评估目的和儿童水平选择合适的词表。一般听话识图法适用于 3 岁以上的儿童。此外，由于听觉能力评估的内容较多，康复师可依据不同的评估目的选择使用相应词表，每次测试原则上 1～3 个词表为宜，测试时间约 5～15 分钟。被试者注意力不集中易影响评估结果，因此，在评估时测试人员应及时给予鼓励或中间适当穿插休息，尽可能调动被试者的积极情绪。

（2）校准测试音强度

测试的声音强度一般使用 65 dB SPL 左右（正常言语声音强度），与日常生活中言语声强、语速基本保持一致。测试若采用扬声器发音测试法，则每天开机前要进行声场校准；若采用自然口声测试法，发音者的发音强度要通过声级计监控。测试人员也可在声级计的监控下进行发音器官的本体感觉记忆训练，以便掌握正常的发音强度。

（3）测试时避免视觉影响

在进行听觉能力评估时，测试人员和家长应坐在听障儿童助听或重建效果较好的一侧，并排而坐，保持 0.5～1 米距离。评估既要防止儿童通过气流判断声音，也要避免儿童利用视觉提示。

（4）采用自然口声测试法测试时，避免遗漏或重复测试内容

进行单音节词、双音节词、三音节词和短句识别测试时，测试人员一般需循环 2 次词表完成测试。为避免遗漏或重复测试内容，建议测试人员按照图片的奇、偶号码分别给声，如第一次测试读奇数的图片，第二次循环读偶数的图片。

二、语言能力评估

（一）评估目的

在听觉能力评估的基础上，康复师还要对听障儿童进行语言能力评估。语言能力评估包括语言的理解能力、表达能力、语法能力、使用能力和言语清晰度等方面的评估，可以从不同侧面反映听障儿童语言能力的发展状况，以及在评估过程中的错误走向，为康复师制订科学的个性化训练计划提供依据。

（二）评估内容

语言能力评估工具也分成两大类，问卷类评估工具和测试类评估工具。

1. 问卷类评估工具

（1）有意义使用言语量表（MUSS）

Robbins 等在 20 世纪 90 年代开发了有意义使用言语量表（Meaningful Use of

Speech Scale，MUSS）。MUSS 和前文提到的 MAIS 是同期开发的，两个问卷结构非常类似，只不过 MAIS 考察的是听觉能力，MUSS 考察的是语言能力。MUSS 用于评估儿童在各种日常情境中的语言运用能力，包括 10 个题目，考察以下三个维度：声音控制，即儿童会有意识的发声吗？语言产生，即儿童会运用口头语言吗？交流策略，即儿童与别人交流时用口头语言吗？

MUSS（表 3–6）采用访谈方式，由受过培训的评估人员逐题向家长解释题意，并根据家长的回答及举出的具体实例进行评分。评估人员根据儿童言语行为出现的概率对每道题打分，每道题设 5 个等级，采用 0 到 4 的 5 级计分：从未出现计 0 分，25% 的概率出现计 1 分，50% 的概率出现计 2 分，75% 的概率出现计 3 分，100% 的概率出现计 4 分。问卷满分 40 分，MUSS 得分率（%）=（MUSS 得分 /40）× 100%。得分越高，表示儿童的语言能力越好。MUSS 广泛应用于各个国家，我国也普遍使用。

表 3–6 有意义使用言语量表（MUSS）

姓名：　　　　性别：　　　　测试日期：　　　　测试人：

序号	问题	评分
1	儿童用发声吸引其他人的注意力。	0 1 2 3 4
2	儿童在相互交流过程中的发声情况。	0 1 2 3 4
3	发声过程中内容和信息的变化情况。	0 1 2 3 4
4	当孩子与父母或兄弟姐妹谈论熟悉的话题时，他/她能自发地只运用言语这种方式进行交流吗？	0 1 2 3 4
5	当孩子与父母或兄弟姐妹谈论较为陌生的话题时，他/她能自发地只运用言语这种方式进行交流吗？	0 1 2 3 4
6	在社交活动中，孩子愿意自发地使用言语这种交流方式与听力正常人进行交流吗？	0 1 2 3 4
7	当孩子因需要获得某样东西而必须与陌生人进行交流时，他/她能自发地使用言语这种方式进行交流吗？	0 1 2 3 4
8	孩子的言语能被陌生人所理解吗？	0 1 2 3 4
9	当孩子的言语不能被熟悉的人所理解时，他/她能自发地使用口头纠正和澄清方式跟对方解释吗？	0 1 2 3 4

续表

序号	问题	评分
10	当孩子的言语不能被陌生人所理解时,他/她能自发地使用口头纠正和澄清方式跟对方解释吗?	0 1 2 3 4

0分代表该听觉行为从未出现（10%）；1分代表该情况很少发生（25%）；2分代表该情况时常发生（50%）；3分代表该情况经常发生（75%）；4分代表该情况总是出现（100%）。

（2）言语可懂度分级（SIR）问卷

言语可懂度分级（Speech Intelligibility of Rating，SIR）问卷和听觉能力评估中的CAP问卷是由同一个团队一起开发的。SIR问卷用于评估儿童的言语被他人听懂的程度，可长期跟踪评估儿童言语可懂度的发展变化过程。该问卷共5个项目，每个项目对应一个言语级别，级别1为最低，表示儿童连贯的言语不能被听懂、口语中的词汇不能被识别、日常交流的主要方式为手势；级别5为最高，表示儿童连贯的言语可被所有聆听者理解、在日常语境中儿童的言语很容易被理解。儿童的语言水平处于这五个级别当中哪一级，它的得分就是哪个级别的分数，如3级就是3分。

SIR问卷简便易懂，可重复性高，既便于专业人员使用，也便于没有评估儿童言语可懂度经验的普通人员和家长掌握使用，但SIR问卷存在分级较粗的不足，因此，难以反映短期内听障儿童的言语变化。目前该问卷在多个国家包括中国得到广泛应用。

表3-7 言语可懂度分级（SIR）问卷

级别	判断标准
1	其连贯的言语（短语或句子）不能被听懂。 其口语中的词汇不易被识别，日常交流的主要方式为手势。
2	其连贯的言语不能被听懂。 当结合上下文和唇读线索时，其言语中的单个词汇可逐渐被听懂。
3	当集中注意力并结合唇读线索时，其连贯的言语能被听懂。
4	其连贯的言语能被不熟悉的人听懂。
5	其连贯的言语能被所有人听懂。 日常语境下，儿童的言语能被轻易听懂。

2. 测试类评估工具

目前我国专门针对听障儿童使用的语言能力评估工具较为有限，近些年不少机构开始致力于研发工作，但大多还未得到广泛应用。近 20 年来，在康复机构和特教中心普遍使用的听障儿童语言能力评估工具是由中国听力语言康复研究中心的专家编著的《听力障碍儿童听觉、语言能力评估标准及方法》，其中语言能力评估标准是该套工具的重要组成部分。

下面的评估标准、评估方法和注意事项将围绕该评估工具进行介绍。

（三）评估标准

语言能力评估标准如表 3-8 所示。该评估共包含 6 个分测试，分别是言语清晰度、词汇量、模仿句长、听话识图、看图说话和主题对话测试。通过本评估，康复师可以获知单个听障儿童的语言发展水平与健听幼儿相当的语言年龄及单个听障儿童的语言发展是否均衡，以便在后续康复训练中采取相应的措施。

表 3-8 语言能力评估标准

康复级别	语音清晰度（%）	词汇量（个）	模仿句长（字）	听话识图	看图说话	主题对话	语言年龄（岁）
四	简单发音	20	1～2	事物的名称	事物名称、简单行动	理解"呢"	1
三	30%	200	3～5	动作、外形、身体感觉	事件中的主要人物和行动	理解"什么""谁""哪个""哪儿"	2
二	65%	1000	6～7	个性品质、表情情感	主要人物和主要情节	什么时候，什么地方	3
一	97%	1600	8～10	事件、情景	百字以内的简单故事	怎么、怎么样、为什么	4

（四）评估方法

1. 语音清晰度测试

语音清晰度测试对听障儿童的语音清晰状况做出评估，分为 4 个级别，每个级别的清晰度与健听儿童相应的语言年龄一致。为了提高客观性，该测验采用三级测试方法，也就是将测试人员分为3个级别：一级测试人员为听障儿童的直接接触者，包括听障儿童家长、语训康复师；二级测试人员为间接接触听障儿童的人员，包括其他听障儿童家长、其他语训康复师或直接为听障儿童服务的人员；三级测试人员为基本不与听障儿童接触的人员，包括健听儿童家长、不直接为听障儿童服务的人员。测试人员按要求为当地人（不受方言影响），无听力障碍。测试工具是50张双音节词图片，共分为2组，每组25张。

测试方法：4名测试人员面对听障儿童而坐，主试（测试人员之一）选择25张双音节测试图片依次出示，让听障儿童认读，每张图片读2遍，测试人员根据听到的发音内容按顺序记录在纸上，未听清楚的词用圆圈填充记录。主试依据标准答案对测试人员的记录评分。

评分标准：双音节词正确为1分，每字正确为0.5分，每名测试人员满分25分。

最后将4名测试人员记录的正确数累加，即可获得听障儿童的语言清晰度。

2. 词汇量测试

词汇量测试分为4个级别，总数为1600个词（见"等级词汇量表"）。

测试方法：康复师、家长或听障儿童其他带养者将听障儿童掌握的词汇从词表中划出，并补充该听障儿童已掌握但词表中未出现的词汇，然后一并进行统计，计算出该听障儿童的词汇量，并评估其目前所处的级别。

3. 模仿句长测试

模仿句长测试主要评估听障儿童的语法能力，分为4个级别，每个级别与健听儿童相应的语言年龄一致。测试工具是4组不同长度的句子及其配套的图片。

测试方法：采用"听说复述法"，测试人员与听障儿童面对面而坐。测试人员出示一张图片，并完整读出测试内容后，要求听障儿童模仿说出图片的内容。儿童若能正确模仿则通过该级测试，并可进入下一个级别的测试；若不能正确模仿，可抽取同级内容测试；如果儿童连续3次不能正确模仿则停止测试，以前一个通过的级别定级。

4. 听话识图测试

听话识图测试主要评估听障儿童对语言的理解能力，分为4个级别，每个级别与健听儿童相应的语言年龄一致。测试工具是4组图片（图3-10）及描述内容的语句。

测试方法：测试人员与听障儿童面对面而坐。测试人员出示某一级别同组图片，并描述其中一张的内容后，要求听障儿童指出相应的图片。儿童若能指出则通过本级测验，可进入下一级别测试；若不能正确指出，可取同一级别另一组图片测试；如果儿童连续3次不能正确理解则停止测试,以前一个通过的级别定级。

图3-10 听话识图测试图片示例

5. 看图说话测试

看图说话测试主要评估听障儿童的语言表达能力,分为4个级别,每个级别均与健听儿童相应的语言年龄一致。测试工具是4组图片(图3-11)及讲述资料。

测试方法:测试人员与听障儿童面对面而坐,从一级开始测试。测试人员出示一张图片,要求听障儿童试讲述,然后测试人员根据讲述内容语句的完整程度及语言的流畅度等语言要素进行评定。儿童若能通过则进入下一级别测试;若不能通过,可取同一级别另一组图片测试;如果儿童连续3次不通过则停止测试,以前一个通过的级别定级。

图3-11 看图说话测试图片示例

6. 主题对话测试

主题对话测试主要评估听障儿童的语言使用能力和交往能力，分为4个级别，每个级别都与健听儿童相应的语言年龄一致。测试工具是4组图片及其相应的疑问句。

测试方法：测试人员出示一张图片，并根据内容依次提出问题要求听障儿童回答，儿童若能回答正确则通过该级测试，可进行下一个级别的内容；若不能通过，可取同一级别另一组图片提问，如果儿童连续3次不能回答正确则停止测试，以前一个通过的级别定级。

（五）评估的注意事项

①评估时宜在相对安静的环境，要尽量避免室内有与评估无关的视听刺激物。
②选择词表目的性要明确，同时要考虑听障儿童的实际情况。
③评估时不回避视觉，测试人员应与听障儿童面对而坐。
④测试人员应熟练掌握评估标准，评估可在实际生活场景中进行。
⑤进行语音清晰度测试时，避免三级测试人员知晓或看到听障儿童的发音词图片。测试者可用高清晰度录音笔记录听障儿童的发音，择时让三级人员辨听识别，注意不能向测试人员公布测试词。如果听障儿童的发音词与测试图片不符合，测试人员在评定分数时，则以听障儿童的发音词为准。

第四节　听力言语障碍的训练

一、基本原则

1. 确保最佳听能状态，注重听觉优先

确保最佳听能状态，注重听觉优先是进行听觉训练的重要原则之一。所谓确保最佳听能状态包含两个层面的含义，第一个层面是听障儿童所使用的助听设备要处于最佳工作状态，以确保听障儿童能够从听觉刺激中受益；第二个层面是听障儿童能够始终有效地接收听觉刺激。

要做到确保最佳听能状态，康复师应树立听能管理的意识，包括：

- 准确了解听障儿童双耳的裸耳听力状况与助听后的效果，明确优势耳。

- 提示家长注意听障儿童听力变化，定期进行听力相关检查与测试。
- 提示家长注意做好听障儿童残余听力的保护。
- 提示家长让听障儿童全天候使用助听设备（洗澡和睡觉的时间除外）。
- 了解多种助听设备的基本使用与保养方法，并指导家长进行日常的保养与维护。
- 每次训练前使用助听保养包、人工耳蜗监听检测设备进行助听设备的常规检查。
- 每次训练前对听障儿童进行林氏六音测试，以确定其对各频率的聆听状况。
- 发现听力或助听设备的异常状况应及时联系听力师进行处理。

注重听觉优先，即他人在与听障儿童交流时应在确保听障儿童听力补偿效果最优的基础上，首先呈现口语，减少或消除听障儿童对视觉等辅助手段的依赖，使来自听觉感官的信息先于其他感官被接收到。例如，当康复师要将一个物品拿出来时，应当让听障儿童先听到这个物品的名字或有关这个物品的语言描述，再看到这个物品的形象，而不是先看到物品，再听见物品的名字或相关语言描述。

注重听觉优先有利于尽早培养听障儿童的聆听意识和听觉反馈能力，不断强化听障儿童使用听觉学习或获取信息的能力。对听力补偿效果不佳的听障儿童，康复师在培养听障儿童学习其他替代交流方式的同时，应充分挖掘其听觉潜能，优先使用听觉，再尝试其他方式。

2. 鼓励指导家长深度参与

听觉能力的发展是一个持续的过程，康复师应通过一对一的个别化指导，让家长积极地参与到康复训练中来，帮助家长了解如何在家庭中培养孩子的听觉能力。例如，如何在日常生活中培养孩子的聆听习惯，如何营造丰富的语言刺激环境等。康复机构训练无法取代听障儿童在日常生活中的学习，而听障儿童大部分时间处于家庭生活，也就是在家长的照料下。日常生活中充满了丰富的听说事件，有大量培养孩子聆听能力的机会，家长应学会利用这些机会。只有机构和家庭相互配合，听障儿童才能获得更好的康复效果。在儿童听力语言发育和康复的关键期，我们提倡日托式的康复模式，让儿童与家长有更多的相处机会，这有益于儿童的听力语言、精神心理等全面发展。

另外，学龄前听障儿童以兴趣为基础的无意记忆占优势，而有意记忆水平较低，学习的内容容易遗忘，因此，家长应和康复师密切配合，在生活中对儿童每天所学内容进行强化巩固，注重将训练内容在日常生活情境中复现，帮助听障儿童尽快掌握。

3. 尊重听障儿童在训练中的主体地位

听觉训练中康复师应充分考虑听障儿童的个体差异，采取一对一个别化康复的形式，并选择恰当的训练目标和内容。针对孩子的听力状况和听觉能力发展水平，康复师应进行定期评估，以及时调整训练的目标、内容和方法，因为目标过低会让孩子感到厌烦，目标过高会让孩子产生畏难情绪。每个儿童都存在个体差异，很多因素都会影响康复进展的速度和效果。

实施训练前，康复师应与家长密切沟通，了解每个听障儿童的兴趣爱好、性格特点和生活环境等，并基于以上信息，选择训练的内容和方法。例如，康复师可以首先选择孩子较为熟悉或感兴趣的内容进行辨听训练。训练活动要采用直观有趣的游戏和教具，做到动静交替，以更好地吸引和维持听障儿童的注意力。在训练过程中，康复师还应善于利用孩子感兴趣的突发事件进行随机教学，可能会取得比原计划更好的效果。

4. 营造丰富而有意义的听觉刺激环境

听觉训练的主要目标就是培养听障儿童借助听觉进行言语交流的能力。丰富的听觉经验是听障儿童听觉能力发展的基础，因此，无论是在机构还是家庭环境中我们都要为听障儿童提供丰富多彩的声音，包括不同音调、响度的言语声和自然环境声响。

在家庭生活中，家长要引导孩子注意聆听周围的自然声响，如电话铃声、流水声、汽车喇叭声等，并逐渐理解声音的意义。在讲故事时，家长可以用不同的音调代表不同的人物，用不同的语气表现出人物的情绪等。听觉训练应减少无意义的声响刺激来测试孩子是否能听到声音，如经常性地在听障儿童身后拍手、敲桌子或呼喊名字，而当孩子做出反应后，康复师和家长又没有后续跟进，久而久之孩子就会感到厌烦并不再做出反应。

康复师和家长应尽可能将听觉训练与言语和语言的训练密切结合，把言语交流作为听觉训练的主要内容，同时，应尽可能促进听障儿童及早融入普通幼儿园或学校，与适龄健听儿童共同生活学习，帮助听障儿童获得更好的听觉语言交流环境，为其今后融入健听社会打下良好基础。

5. 听觉训练和言语语言训练应遵循由易到难的发展规律

在实施听觉训练和言语语言训练的活动中，康复师要注意根据听障儿童的不同听觉能力发展水平，及时调整训练难度，以不断促进听障儿童听觉语言能力的发展。调整的内容包括训练形式、呈现的语言内容、语音特性的相似度、上下文或语境线索及聆听环境等多个方面。表3-9列举了一些听觉训练由易到难的变化要求，可供康复师参考。

表 3-9　听觉训练由易到难的变化要求

降低辨听难度	提高辨听难度
排除背景环境噪声	加入背景环境噪声
靠近助听设备的麦克风	拉长与助听设备麦克风的距离
强调关键字词	不强调关键字词
重要的字词放在句末	重要的字词放在句首或句中
说话速度适当放慢	正常的说话速度
增加频率和节奏的变化	一般的节奏
重复说话的内容	不重复说话的内容
闭合式的情境	开放式的情境
简单的短句	复杂的长句
强调口语中特定的音调、长度、强度线索	提供一点或不提供声学强调
辨听声音特性差异性比较明显的内容	辨听声音特性差异相似/不明显的内容
讲话前提醒儿童注意听	不加提醒

二、听觉训练

听觉训练是在听觉能力评估的基础上，康复师参考健听儿童听觉能力发展规律，为听障儿童制订个别化、有针对性的听觉训练计划，明确目标，选择训练的内容，采取适合的方法与形式，组织实施训练计划的过程。听觉训练的目的在于培养与建立听障儿童的聆听意识与习惯，逐步提高其听觉能力，使其将听觉作为从外界学习和获取信息的重要渠道，从而获得言语和语言，能够进行顺畅的沟通和交流，为实现正常的社会交往奠定基础。

（一）训练内容和方法

听觉训练包括正式的教学方式和非正式的自然学习方式，两者应该相互结合。正式的训练多在康复机构内实施，计划性强，目的明确，有明确的教学计划，采用一对一或集体授课形式，孩子一般在训练任务完成后会得到强化鼓励。非正式的训练在日常生活中进行，有随机自发的特点，训练内容与日常生活中的听觉事件应密切结合。对于绝大多数听障儿童来说康复师都需要将两种训练方式有机结合。小龄即获得良好听力补偿的孩子可以多采用非正式的训练形式；相反，大龄或听力补偿不理想的孩子则需要多采用正式的训练形式。

机构内的训练一般采用个别化和集体教学两种形式，但由于听障儿童个体的听力水平差异较大，系统细致的听觉训练则需要多采用个别化教学形式。

听觉训练的具体步骤包括感知声音的有无、进行闭合式听觉训练、进行开放式听觉训练、发展自主聆听技巧、进行音乐训练、发展电话技巧和进行噪声环境的聆听训练等。这些听觉训练步骤是相互交融而不是独立分割的。康复师可以根据听障儿童的发展水平灵活选择，不同的阶段和方法也可同时进行，并非前一个步骤完成才可以开始下一个步骤。

1.感知声音的有无

听障儿童刚刚佩戴助听设备时，并不能马上准确地捕捉声音。在这个阶段康复师和家长要引导孩子听各种声响，包括不同音调、不同响度的声音。这种训练既能提高听障儿童的聆听意识，也能帮助他尽快配合测听和调机。

在训练初期康复师应该让听障儿童听什么样的声音呢？首先，康复师不应主观认为音量比较小的声音孩子是听不到的，就不引导他们去聆听。这样可能会影响听障儿童听觉能力的发展。很多听力补偿较为理想的听障儿童只要训练得当，就可以达到聆听耳语声的水平，但如果不做专门训练，只靠儿童自己是难以达到的。在生活和训练中，康复师和家长还要注意观察听障儿童对不同频率声音的反应，如"敲门、拍桌子"等频率较低的声音和"鸟叫声、哨声"等频率较高的声音。

在助听设备佩戴初期，只要听到言语声或环境声响，康复师就应立刻引导听障儿童聆听并帮助他逐步理解声音的意义。康复师应经常对孩子说："听！有没有声音？""找一找，是什么声音？""再听一听，还有声音吗？"等等。在每日的训练中康复师可以观察记录孩子对什么声音有反应，对什么声音还没有反应。通过一段时间的训练和观察，康复师就可以了解该儿童的听觉变化并反馈给听力师了。

语音是听觉训练中最重要的声音刺激来源。除了让听障儿童听各种各样自然界的声响，康复师和家长还要给孩子提供丰富的语音刺激，可以叫他的名字，和他进行简单的言语交流等。有些家长虽然经常叫孩子的名字，但只是为了观察孩子是否能听到声音。而当孩子听到叫声回头后，家长却没有进一步跟进交流。如此一段时间后，家长会感觉孩子又听不到声音了，因为孩子对叫名字和拍手的声音都没有反应。其实，这很可能是由于孩子已经对家长的这些做法感到厌烦而不愿给予回应。所以，当听障儿童对声音产生反应时，康复师和家长要给予积极鼓励。而当听障儿童发声时，康复师和家长也要马上做出高兴的反馈，可以学他刚才的声音，同时拥抱他，等等。这样，听障儿童会逐渐发现听和说是一个非常有意义且很快乐的事情，他就会主动积极地配合。

1岁半以上的听障儿童通过训练可以给出较为准确的听觉反馈，但1岁以内的婴儿无法配合完成，因此，康复师和家长要仔细观察他们是否出现以下听觉反应。

- 活动中断，如孩子正在吃奶，听到声音后停止了吃奶的动作。
- 寻找声源，如听到声音后，孩子能转头寻找。
- 孩子听到声音后能眨眼或睁大眼睛。
- 孩子听到声音后能跟随发音。
- 在给声时孩子没有反应，而在声音突然停止时做出以上反应。

如果听障儿童对某类声音能稳定出现以上反应，康复师则可基本断定该儿童能够察觉该种声音。如果没有正规的测听工具和声响玩具，康复师也可以通过敲击一些简单的物品进行初步判断：敲击木制品发出的声音以低频为主，敲击塑料制品发出的声音以中频为主，而敲击金属制品发出的声音则以高频为主。

2. 进行闭合式听觉训练

闭合式听觉训练是指在听觉训练中，康复师通过呈现物品或图片来提供听觉信息的线索，让孩子根据听到的内容从中做出选择，以降低听觉训练的难度。闭合式听觉训练包括闭合式辨听训练和闭合式听觉理解训练。

（1）闭合式辨听训练

闭合式辨听训练是康复师给出一个选择范围，听障儿童在听到口语内容后从备选物品中拿取相应物品的训练。辨听训练需要经过一个由易到难的过程，包括以下几个方面。

①选择范围由小到大　开始训练时，康复师只给出3～4个用于辨听训练的物品作为备选。随着听障儿童听觉水平的提高，康复师可以逐渐增多可选择物。当选择范围加大后，难度就会提高。

②辨听词语内容由易到难　在辨听训练初期，康复师应先选择语音特性差异显著

的词语内容，以降低辨听难度；之后，逐渐减小语音差异，从而提高难度。

- 辨听拟声词：拟声词是辨听难度最低的，它们在音长、频率等语音特性上差异较为显著。因此，拟声词的辨听常常会作为最开始的辨听训练内容，特别是对于语言水平低的小龄听障儿童。最常用的拟声词有交通工具的声音（滴滴滴、呜——、丁零丁零）、动物叫声（汪汪汪、喵——、嘎嘎嘎）等。

同一组物品的搭配要根据听障儿童的听力水平进行调整。对于刚开始练习的孩子，如果康复师将鸭子"嘎嘎嘎"、青蛙"呱呱呱"、牛"哞——"、羊"咩——"这样的动物叫声放在一组，难度就有些大了。听辨这样的内容可以在听障儿童的听力水平有所提高以后再进行。康复师还可以增加节奏和频率等更多的变化让听障儿童听取。例如，在听小狗的叫声练习中加入节奏练习，"汪，汪汪""汪汪，汪""汪，汪，汪"；在听猫的叫声练习中加入频率变化，小猫用尖细的声音，猫爸爸用低沉的声音，等等。

- 辨听音节数量不同的词语：把音节数量不同的词语放在一组，让听障儿童辨听，如"西红柿（三音节）、橘子（双音节）、梨（单音节）"，它们的音节数量不同，时长存在明显差异。时长的差异是最容易获取的，因此，即使听障儿童还不能听清每个语音，仍然比较容易判断出是哪个物品。
- 辨听音节数量相同但差异显著的词语：把音节数量相同但差异显著的词语放在一组，让听障儿童辨听，如"苹果、香蕉、橘子、黄瓜"，它们都是双音节，没有时长的差异，但声母、韵母和声调都不同，因此，不太容易混淆。
- 辨听发音较为接近容易混淆的词语：把发音较为接近容易混淆的词语放在一组，让听障儿童辨听，如"萝卜、喇叭、蘑菇"，难度就显著提高了。
- 辨听韵母不同，声母和声调都相同的词：把韵母不同，声母和声调都相同的词语放在一组，让听障儿童辨听，如"船、床"，它们的声母都是 ch，声调都是二声，只有韵母不同，这是辨听前鼻韵母和后鼻韵母的训练。
- 辨听声母不同，韵母和声调都相同的词语：把声母不同，韵母和声调都相同的词语放在一组，让听障儿童辨听，如打、塔、马，它们的韵母都是 a，声调都是三声，只有声母不同。声母辨听比韵母辨听的难度更大，因此，这个训练放在韵母辨听的后面进行。
- 辨听声调不同，韵母和声母都相同的词语：把声调不同，韵母和声母都相同的词语放在一组，让听障儿童辨听，如"喝水、河水"，它们的声母和韵母都相同，只是"喝"和"河"的声调不同。声调在汉语中有着非常重要的意义，因此，让听障儿童辨听声调是很重要的一项训练内容。

有些听障儿童在四个声调的辨听中，对三声和四声的准确性比较高。因为他们主要是靠时长来判断不同声调的，三声时长最长，而四声时长最短，所以，康复师可以试着将每个声调的发音时长控制成一致的长度。这样，听障儿童就难以通过发音的长短来判断，而必须仔细辨听各个声调频率的差异。

在进行以上韵母、声母和声调的辨听练习时，建议康复师不要用单个拼音进行训练，而要将辨听的拼音或声调放到有意义的词句当中进行。例如，让听障儿童辨听"鞋子、茄子"，感受"x"和"q"；辨听"船、床"，感受"an"和"ang"。然后，康复师进一步加大难度，让听障儿童进行句子的辨听，如"把茄子放在船上面"或"把鞋子放在床下面"。听障儿童在这样的训练中，既可以练习语音的辨听能力，也可以学习词语和句子，能够提高语言水平。而单纯辨听拼音的练习并不利于孩子语言的发展，因为拼音本身是无意义的，不能用来交流。我们如果在孩子的语言发展关键期花费大量宝贵时间教学拼音，那会是非常可惜的，应该让听障儿童抓紧时间学习有意义的语言。另外，从辨听难度来说，拼音比词语的难度更大，例如，从"b、p、m、f"中听取时没有词语联想可以借助。

词语辨听由易到难的顺序应该是，多音节词→单音节词→拼音音素。例如，即使听障儿童把"苹果"听成"ing wo"，他仍能正确判断出是"苹果"，但如果只是听一个拼音，他就难以推测。

③句子的关键词数量由少到多　训练初期，康复师应该给听障儿童呈现较为简单的语句，只含有一个关键词即可，这样的句子容易理解。所谓关键词，就是一句话中最重要的部分。例如，康复师在听障儿童面前摆放了一些物品，让他听指令拿取相应物品。"苹果在哪儿？"这句话中只有一个关键词，就是"苹果"。听话者只要听到"苹果"这个词，就能把苹果拿出来。而"绿色的苹果在哪儿？"这句话中有两个关键词，即"绿色"和"苹果"。听障儿童如果只能听清"绿色"，可能就会把面前绿色的梨也拿出来；而如果只听清"苹果"，可能就会把面前红色的苹果也拿出来。

随着听障儿童听力和语言水平的提高，康复师可以不断增加关键词的数量和句子长度，从句子中有一个关键词逐渐加到两三个或更多关键词，如小猫钓到了两条大鱼和一条小鱼，这句话中有五个关键词。

在做两个以上关键词的辨听训练中，康复师要特别注意备选物品的搭配。例如，康复师让听障儿童找出"红色的苹果"，就一定要搭配有其他颜色的苹果和红色的其他物品，这样才能形成干扰。如果备选物中只有红色的苹果，那么即使儿童没有听清颜色，也一样可以拿对，就无法真正达到训练的目的。

随着关键词的增加,对儿童听觉记忆能力的要求也在逐渐提高。很多听障儿童可以听懂简短的语言,但一旦句子加长、关键词增加,理解就变得非常困难,因此,听障儿童在日常交流中会出现各种问题。而对多项关键词听觉记忆的训练既可以提高听障儿童听取完整语言的能力,还可以提高他们语言理解和完整表达的水平。

如果听障儿童在多项关键词听觉记忆训练中,听第一遍后只拿对了其中的一部分,康复师不要马上降低难度,就只重复儿童没有拿对的部分,而是要把整个句子完整地复述一遍,以强调练习儿童完整听取的能力。如果儿童三遍都错误,康复师再缩短句子长度。

康复师在进行多个关键词听觉记忆训练时,不要只是在句子中增加物品名称,如"把苹果、西瓜、香蕉和葡萄拿出来"。这类训练虽然也可以提高听觉记忆能力,但语言内容枯燥、没有意义,不利于听障儿童语言水平的发展。康复师可以把名词、动词、形容词、数词等结合成不同的句式,如"熊猫吃了三片面包和两个梨""哥哥戴着手套去操场跑步"等。这样的句子内容既可以提高听觉记忆能力,还能够提高孩子的语言理解和表达能力。

(2)闭合式听觉理解训练

闭合式听觉理解训练的主要形式是康复师对一件物品进行语言描述,但不说出物品名称,让听障儿童猜是面前物品中的哪一个。该训练可以分为由易到难三个阶段来进行。

①第一阶段　呈现物品没有相同特征,描述中可以含有关键词。

　　例如,小狗、苹果、桌子、汽车。
　　用语言描述:它是一种动物,有四条腿,爱啃骨头。
　　其中"爱啃骨头"是小狗的关键词,孩子听到这里可以猜出是小狗。

②第二阶段　呈现物品有相同特征,描述中不出现关键词,描述难度加大。

　　例如,苹果、西红柿、小猫、小狗。
　　用语言描述:它是一种动物,有四条腿,它很可爱,会看家。

③第三阶段　呈现物品均为同类物品。

　　例如,苹果、草莓、荔枝、樱桃。
　　用语言描述:它是一种红色的水果,味道甜甜的,吃的时候不用剥皮,它是长在地上的。

④第四阶段　呈现物品均为同类物品，采用问答的方式。

例如，小猫、小狗、小兔、小羊。
康复师说："它是一个小动物。"
孩子问："它是吃草的吗？"康复师答："不是。"
孩子问："它会看家吗？"康复师答："不会。"
孩子猜出："是小猫。"

这个阶段的训练可以锻炼听障儿童的听觉理解、语言表达、提问和思维能力。如果孩子一开始不会问，康复师和家长可以先分别担任提问和回答的角色，示范给孩子看，经过一段时间的练习后，孩子会逐渐理解。在训练中，康复师和家长还要让孩子思考提问的技巧。

3. 进行开放式听觉训练

开放式听觉训练是康复师不给出聆听内容的选择范围，听障儿童没有猜想线索，即儿童眼前没有物品可供他通过聆听来选择。开放式听觉训练相对闭合式听觉训练来说难度较大。开放式听觉训练包括开放式辨听训练、开放式听觉理解训练和开放式对话交流训练。其中，开放式辨听训练和听觉理解训练可以参照闭合式听觉训练的相应发展阶段和过程进行训练（开放式辨听和听觉理解活动可参看《听障儿童听觉口语教学示范教材》）。开放式对话交流可以包含以下两个水平。

（1）同一主题对话交流

围绕一件事谈话，前后语言内容是相互关联的。

例如，你去什么地方了？
你和谁一起去的？
那里好玩吗？

（2）转换主题的对话交流

前后语言内容没有关联性，不利于儿童推想后面的问话。

例如，晚上你想吃什么？
明天学校开运动会吗？

如果听障儿童能够达到这一交流水平，那就说明其听觉能力已发展较好。

4. 发展自主聆听技巧

如果听障儿童只是在别人教他说话或对他说话时才能学习语言，那么其语言发展就会比较缓慢。而一旦孩子能够在生活中通过主动聆听学习语言，也就是采取了类似健听儿童学习母语的方式，其语言发展就将会出现一个飞跃。因此，当听障儿童听觉和言语水平发展较好后，康复师和家长要有意识地锻炼其自主聆听的能力，也就是主动听取他人谈话的意识。

根据听障儿童的听觉和言语水平，该训练可以按照以下由低到高的发展阶段进行（具体训练活动可参考《听障儿童听觉口语教学示范教材》）。

①闭合式（预先告知谈话主题）、近距离、熟悉者、两人对话。
②闭合式、加长距离、熟悉者、两人对话。
③闭合式、加入背景噪声、熟悉者、两人对话。
④闭合式、近距离、有陌生人、两人对话。
⑤闭合式、加长距离、都是陌生人、两人对话。
⑥闭合式、加入背景噪声、都是陌生人、两人对话。
⑦开放式（不预先告知谈话主题）、重复①～⑥阶段，两人对话。
⑧开放式、重复①～⑥阶段，三人以上对话。

当听障儿童在生活中出现以下表现（可以让家长配合在家里进行观察）时，说明他已具备主动聆听学习的能力。

- 能重复无意中听到的话语内容。
- 能使用未直接教授的新词。
- 在活动中自言自语。
- 针对电视或广播中的内容提问。

5. 进行音乐训练

多听音乐不但对听障儿童掌握汉语的声调很有帮助，而且对其整体聆听水平的提高及将来与健听群体的融合有很大帮助。听力补偿或重建效果较好的孩子更应该多进行音乐感受练习。康复师可以选择旋律简单、节奏鲜明的儿童歌曲或儿童音乐故事，也可以把一些孩子感兴趣的故事配上简单的音乐。音乐游戏活动主要包括以下方式。

（1）听儿歌找出相应的图画

康复师给儿童歌曲分段配上相应内容的图画，让听障儿童反复熟悉内容，之后放一段歌曲，让他指出是哪幅图画。

（2）根据歌曲内容回答相关问题

待听障儿童对歌曲熟悉后，康复师向儿童提出关于歌曲内容的问题，让他回答。

（3）只听旋律找出相应的图画

这种方式要求听障儿童对音乐有较高的识别和熟悉程度。听障儿童即使不听歌词，只是根据旋律的差异也能指出该段音乐所代表的图画内容。

（4）接唱歌曲

康复师选择听障儿童已非常熟悉的歌曲进行演唱，康复师唱到一半时突然停下来，让儿童接唱下面的内容。这种方式要求孩子不仅有较好的旋律感，还要保持高度的听觉注意。

针对听力补偿非常理想，而且对音乐很感兴趣的听障儿童，康复师还可以教他们感受不同乐器的音色、不同音乐的情绪等，通过练习使他们逐渐能够听音乐判断这段音乐有哪些乐器的声音及所表达的情绪是怎样的。

6. 发展电话技巧

电话在人们的日常生活中起着非常重要的作用。因此，听力补偿或重建较为理想的听障儿童除了要掌握日常对话交流的能力，还应通过训练提高使用电话交流的水平。

不过在进行电话聆听训练之前，康复师应先了解听障儿童是否已具备以下能力。

- 能听录音带中的故事。
- 能较好地听取不同人的声音。
- 能完成开放式各阶段听觉理解训练的任务要求，具备良好的沟通能力。

如果听障儿童还没有达到以上水平，康复师则应首先针对以上内容加以训练；如果听障儿童已达到以上水平，康复师则应开始进行电话聆听训练。

电话聆听训练应按照以下由低到高的发展阶段有序进行。

①闭合式（预先告知谈话主题）、熟悉者（电话中是他熟悉的人）、语言水平限于1～2项听觉记忆的简单句、内容主要是基本电话用语。

②闭合式、熟悉者、闭合式①～④阶段听觉理解水平、3～4项听觉记忆。

③开放式（预先不告知主题）、熟悉者、开放式①～④阶段听觉理解水平。

④开放式、熟悉者、同一话题交流。

⑤开放式、熟悉者、延伸话题交流。

⑥闭合式、陌生者、主题谈话（事先设定情境，如和朋友约定活动时间和地点等）。

7. 进行噪声环境的聆听训练

在正常的社会环境中，噪声是不可避免的。训练初期，听障儿童对各种声音都不熟悉，要在安静的环境中建立各种声音的准确信号记忆，因此，这时康复师和家长要为其提供安静的聆听环境。

在听觉能力发展到适当水平后，听障儿童要开始接受噪声环境的聆听训练，为进入幼儿园、小学等社会环境做准备。

康复师可以采用一边放广播或录音机一边对听障儿童说话的形式进行噪声环境的聆听训练，看儿童是否能在噪声背景下听清语言内容。训练初期，广播或录音机的声音可以低于康复师讲话的声音，信噪比控制在 +5 dB；训练一段时间之后，如果听障儿童的聆听水平有所提高，那么背景声的音量可以加大，和康复师讲话的声音持平，甚至高出讲话的音量。另外，初期噪声可以选择音乐声，之后可以尝试采用一个人或几个人说话的声音作为背景噪声，从而加大干扰难度。

（二）实施技巧

1. 积极鼓励，明确反馈

听障儿童往往具有敏锐的视觉，对他人的态度非常敏感。因此，康复师应保持正面、乐观的态度，积极鼓励他们。特别是小龄听障儿童，他们的注意力持续时间短，语言理解能力差，不易配合训练活动，康复师就更应通过自身快乐的表情和肢体语言传递给孩子们积极的信息，与他们建立良好的合作关系。当孩子回答正确时，康复师应立刻给予拥抱等积极鼓励，回答错误时也要告知孩子正确的答案是什么，态度应明确但不严厉。

2. 良好的行为管理

康复师要注重在日常生活中对听障儿童良好行为习惯的培养。康复师和家长应互相配合，帮助孩子建立良好的学习习惯，提高其注意力维持时间。康复师对待听障儿童的行为管理应温和而坚决，要坚持执行自己对孩子已经提出的要求，以确立自己在孩子心目中的权威。为让小龄听障儿童尽快配合训练，康复师可以通过沙漏等玩具帮助孩子了解活动结束的时间。"等沙子都流下来了就可以出去玩了"，每次训练之前康复师都这样说给孩子听，而训练结束时都让他看看沙漏，这样听障儿童会更快地理解并进入学习状态。如果在训练中同样的内容重复几次，听障儿童都完全不予理会，康复师就应执行"重复三遍停止"的原则，改换其他内容。

3. 位置的选择

对听障儿童说话时康复师要选择在孩子听力补偿较好的一侧（单侧人工耳蜗植入者，应选择其植入侧）平行而坐，以免孩子过于依赖视觉。如果听障儿童听力补偿非常不理想，康复师也可通过视觉或触觉对孩子进行辅助，但必须在确定其听力补偿效果之后。即使孩子听力补偿未达到理想水平，康复师也应通过积极的听觉训练，将孩子的听觉潜能发挥到最大限度，再辅以视觉等其他手段。

4. 距离的选择

训练初期，康复师应位于距离听障儿童较近的位置，但与孩子的耳朵（助听设备上的麦克风）应保持至少30厘米的距离。这是因为讲话时距离麦克风过近，会造成声音的失真而使声音变得不清晰，而且不利于听障儿童适应正常的人际交往距离。随着听觉水平的提高，听障儿童可逐步练习听较远距离的声音。补偿效果理想的听障儿童还可以练习听他们视线以外的声音，如孩子在门厅，妈妈在厨房叫他，跟他说话。

5. 音量的处理

对听障儿童讲话时音量不宜过大。对于听力补偿理想的孩子，训练应采用正常音量，而对于听力补偿效果不太理想的孩子，则可以采用比正常讲话稍大的音量。讲话时声音过大会造成声音的改变，使听障儿童听到的语音不自然。大多数听障儿童由于高频损失严重，对清辅音（汉语辅音中大多数为清辅音）聆听的清晰度效果不佳，而放大音量无益于清辅音清晰度的提高（因为清辅音声带不振动），因此，有时轻声处理反而有更好的效果。

6. 语速的处理

对听障儿童讲话时，语速不宜过慢或过快。训练初期的语速可比正常语速稍慢，但不应过慢，因为过慢的语速会破坏正常的语言节奏，不利于听障儿童学习连贯表达。听觉水平提高后，训练应采用正常语速，以帮助听障儿童适应与健听群体交流的需要。

7. 口型的把握

训练时康复师的口型不宜夸张。在面对面的日常交流中，其他的口型也不要夸张。这样会让听障儿童更关注视觉信息而忽略聆听，不利于将来与他人的正常交流沟通。

8. 遮口技巧的运用

对于已经养成唇读习惯，但目前听力补偿较好的听障儿童，必要时康复师可以遮口以回避其视觉依赖。遮口时手要横向遮挡，同时要有大约45度的倾斜角度，这样才能既遮挡口型，又不影响气流的送出。因为遮挡时，手没有倾斜就会改变声音。在生活的自然交往中，讲话者不需要遮口。对于完全没有看话习惯的听障儿童，讲话者也不用遮口。康复师如果已经明确听障儿童的助听效果很不理想，而且无法得到改善，则可以让孩子看口型学习语言交流。

（三）常见听觉问题与处理

由于听力补偿水平和训练方式等方面的差异，听障儿童会表现出不同程度或不同方面的聆听问题。这里我们会对常见的聆听问题进行归纳并给出相应的处理策略。

①在交流中动作、表情等视觉依赖替代了聆听，造成听觉信息获取错误或不完整。

应对策略：强调听觉优先。

对于听障儿童来说，他们在交流中通过视觉获取信息更为容易，就如同健听人士在交流中感觉听觉更为简便而不关注口型。因此，对于聆听水平较低的听障儿童，如果我们让他边听边看，那么他很可能会过多地把注意力放在视觉上，从而降低了听觉注意，影响听觉的发展。

针对这一问题康复师应在与听障儿童的交流中贯彻"听觉优先"的原则。所有与孩子交流的成员都应坚持"口语开始，口语结束"。也就是说，讲话者对孩子说一句话，第一遍只用口语，不加手势等视觉帮助；如果孩子不明白，第二遍讲话者就可以边说边加入手势（不是手语）；孩子理解后，讲话者还要再说一遍，这次去掉手势，只用口语。例如，我们跟孩子说"去帮妈妈拿一个杯子"，第一次说时妈妈不加入任何动作和眼神提示，如果孩子不理解这句话，我们可以重复说一次"去帮妈妈拿一个杯子"，同时眼睛看着杯子，或者用手指一指杯子，此时孩子若能够理解并把杯子拿过来，那我们还需要再说一遍"再去帮妈妈拿一个杯子"，这次只用口语，不加入手势或眼神提示，看孩子能否只通过聆听就做出相应反应。这样做是为了强化听障儿童的听觉意识。在呈现一项物品之前，讲话者也应该先说出名称或先描述该物品。例如，妈妈跟孩子说"妈妈给你买了一盒好吃的巧克力"，当孩子注意听这句话后，妈妈再把巧克力从包里拿出来给孩子。听觉优先的目的是帮助孩子将物品的名称与该物品联系起来，而不是为了考察孩子是不是理解这个物品的名称。在描述物品时，要注意不要有视觉的提示，如加入肢体动作等。

②不会通过聆听矫正发音。

应对策略：强化听觉反馈机制。

如果训练方法不当，有些听障儿童即使有较好的听力补偿或重建效果，也不会通过聆听来纠正自己的错误发音，而必须借助视觉或触觉等信息。依赖视觉正音的听障儿童语音清晰度往往不佳，一方面是由于他们不能仔细聆听他人的发音，另一方面是由于他们缺乏监控自己发音的意识。就如同一个人戴着耳机边听边唱，这时他唱出的曲调会不准确，正是对自己声音的听觉反馈机制受到影响的缘故。因此，在训练中康复师对有一定听力补偿效果的儿童要尽量发掘其仔细聆听的能力，同时引导他们注意聆听自己讲话的声音，让他们感受自己发音与别人发音的异同。训练中康复师可以采用"五遍正音法"，即孩子说第一遍时如果发音不准确，就要再听一遍康复师的发音，如仍发音不准确，就还要再听一遍，如果发音仍然错误，说第四遍时就可以边听边看，之后还要再听一遍（第五遍）。例如，孩子总是把"大象"说成"ba xiang"，康复师需要先说正确的音，让孩子仔细聆听并重复发音，孩子如果聆听三次仍发成"ba xiang"，那么孩子可以看康复师发"大"时双唇和舌尖的位置，此时孩子就可能通过观察口型发出正确的音"da xiang"，然后孩子仅通过聆听尝试发一次正确的音。经过一段时间的训练，孩子逐步能通过聆听提高自己发音的准确性，这时其语音清晰度会有较大提高。

③初期阶段不能从句子中提取关键词语。

应对策略：给予声学强调。

在训练初期，由于听觉和语言水平较低，听障儿童常常不能听取和理解完整句子，不能从一句话中找出关键词语，这是一个正常的过程。针对这一问题，康复师可给予一些声学强调，如在关键词前停顿一下或在关键词上略增加声音强度或轻声处理。例如，让孩子听"拿一块西瓜给奶奶"时，孩子不知道要拿什么给奶奶，我们就可以在说这句话时，稍微提高"西瓜"这个词的音量，让孩子容易听取；又如，孩子听到"泡泡"总理解成或说成"抱抱"，我们需要使用轻声的方式，让孩子容易听到辅音"p"的气流，从而把"pao"和"bao"这两个音区分开来。我们也可以采用把关键词放在句末的方法，以方便儿童聆听和记忆，如上面的例子"拿一块西瓜给奶奶"，为了让孩子更好地聆听和记住"西瓜"这个关键词，我们可以把这句话变成"给奶奶拿一块西瓜"。

④几个人同时讲话时聆听困难。

应对策略：同一时间一人讲话。

目前的助听设备难以支持听障儿童同时听两个以上的人讲话，事实上同时聆听多个人讲话对健听人士来说也是相当困难的。因此，在与听障儿童沟通时，特别在其处于康复初期阶段时，我们应尽量保持同一时间只有一个人说话，以免声音的叠加给孩子的聆听带来困难，从而保证更好的信息输入。

⑤听觉训练中依赖文字。

应对策略：回避文字。

有些年龄较大的听障儿童喜欢看着文字做聆听训练，这对其听觉水平的提高是不利的。有文字的视觉提示会大大降低辨听和言语训练的难度，不利于孩子听觉的发展。因此，对于认字的听障儿童，在做讲故事等训练时，康复师应将文字遮挡起来。

⑥辅音聆听效果不佳，清晰度不理想。

应对策略：尝试轻声。

大多数听障儿童高频损失严重，因此对辅音频率的听取不完整，所以讲话中往往表现出辅音含糊不清。不少家长在孩子发音不清时，采用放大音量的方式，通常这不会取得好的效果，因为多数辅音是清音，声带不振动，所以无法通过音量被放大。例如，孩子总把"西瓜"说成"i guɑ"，事实上是省略了辅音"x"，即使此时放大音量，辅音"x"也无法被放大，反而是"i"音被放大了，因此，孩子更容易注意到"i"音而忽略"x"音。而此时使用轻声，"i"音的音量变小，反而能让孩子很好地听到清辅音"x"。对于很多送气的高频辅音，如"s、sh、x"等，有时采用轻声的发音处理，可能会取得更好的听觉效果。

二、言语语言训练

言语语言训练应立足于儿童言语、语言的发展规律，在听觉训练的基础上，通过有意义的交往活动，培养听障儿童自主进行言语交流的习惯和能力。言语语言训练的主要目的是帮助听障儿童掌握正确的发音，理解并正确表达丰富的词汇、语句，同时掌握恰当的沟通交流技巧。

（一）训练内容和方法

言语语言训练涉及语音、语义、语法、语用等方面。为了更系统地介绍训练的相关内容，也为了便于读者了解，本部分分别对语音、语义、语法和语用进行介绍，但需要强调的是，在实际训练中我们很难将各个领域截然分开。语音的获得不能单独学习音素，一些具有语法功能的词汇也不能单独学习，而必须放到句式结构和语言、语用中逐步掌握。

1. 语音

听障儿童不同阶段语音能力的培养主要包括以下内容。

（1）初级阶段

①鼓励听障儿童发声，并积极给予回馈，帮助听障儿童建立发音、交流的欲望。

②通过玩具等手段引导听障儿童跟随发音，引导听障儿童建立模仿发音的意识。

③引导听障儿童模仿声音长短、音量大小和音调起伏等初级超音段的变化。

④进行初期简单的语音学习。

（2）中级阶段

①进行言语节奏模仿练习，如让听障儿童听不同节奏的声音跟随拍手或仿说，帮助听障儿童达到良好的言语流畅水平。

②进行初级水平的自然语流及声气结合练习，帮助听障儿童正确掌握言语呼吸的方法，初步学习语句表达中正确的停顿位置等。

③进行中级语音的发展学习。

④进行单音节词声调表达练习。

（3）高级阶段

①学说悄悄话，引导听障儿童在许多生活场景中使用耳语，在听力补偿允许的前提下，练习听障儿童听取耳语，逐步帮助听障儿童学会控制声带的活动。

②进行高级水平的语流及声气结合练习，要求听障儿童能够进行语段水平的表述，自如地控制言语呼吸和语流停顿等。

③进行语气表达练习。

④学习绕口令，选择难度适宜的绕口令帮助听障儿童发展相应的目标语音，进一步提高其言语清晰度。

⑤学唱旋律简单的歌曲，歌曲要根据孩子的兴趣、听觉及言语水平来选择。

⑥进行高级语音的发展学习。

⑦进行语流中的声调表达练习，在掌握中级水平单音节词声调的基础上，引导听障儿童学习语句或段落中的声调表达，帮助听障儿童能够将汉语的4个声调在汉语中流畅应用。

2. 语义和语法

语义和语法是语言的两个重要要素，分别提供了语言所表达的内容和结构规则。儿童对语义和语法的学习遵循由具体到抽象，由简单到复杂的规律。例如，儿童先掌握有具体意义的名词、动词和形容词，之后才能掌握助词、连词、介词等有语法功能的词汇。在句式的发展中，儿童先掌握简单句，复合句一般在健听儿童5岁时才大量出现。

下面将从言语语言训练的实用性出发，重点从词汇、词组、句子和语段的角度进行介绍。但是，需要强调的是，在实际工作中，康复师并非单纯从词汇开始，再逐步教学词组和句子。语言的学习是一个整体，各方面密切联系，不可分割。儿童应在自然完整的交流中进行语言的学习，即使是在初期训练中，康复师也应把重点词汇放到完整的简单句子当中呈现。

（1）词汇

听障儿童在掌握词类的顺序上，与健听儿童相似。初期训练主要以意义明确、使用率高的名词、动词和形容词为主，而副词、量词、代词、连词等较少涉及。

①名词　在训练初期，康复师应尽量选择听障儿童常见和喜欢的物品作为教学内容，然后再逐渐扩大词汇量，加入抽象名词。不要忽略概括性的类别概念（如"水果"），可以把类别词语概念与相应实物反复匹配，在日常生活中分类摆放，帮助儿童逐步理解。方位名词和时间名词也应在适当时间通过游戏活动帮助孩子逐步掌握。方位名词掌握的顺序大致为：里外、上下、前后、中、旁、左右。时间名词掌握顺序为：早上（白天）、晚上、今天、昨天、明天、上午、下午、整点、星期、月、今年、去年、明年。

②动词　动词可分为三类，一是反映人物外部动作和行为的词汇，如"坐、吃"等；二是反映人物心理活动的词汇，如"喜欢"；三是其他动词，如助动词（会、要），趋向动词（来、去），判断动词（是）。反映外部动作和行为的动词较易掌握，但反映心理活动的动词较难理解，助动词的掌握对听障儿童来说难度最大。在教反映外部动作和行为的词汇时，康复师和家长要多引导孩子关注正在发生的事情，如"看，小朋友哭了"。在教反映心理活动的动词时，康复师和家长要结合孩子的特点和心理活动进行相关动词的强调，如问"你想吃苹果吗？"而不是"你吃苹果吗？"在教"喜欢"一词时，康复师和家长要先了解儿童喜欢、不喜欢的物品和活动。听障儿童在掌握了一些动词后，就可以学习使用动宾词组和短句，如"吃苹果""穿衣服"等，还可以学习"有"字句和"是"字句的表达，如"妈妈有糖""这是火车"。

③形容词　形容词可以描述事物的特征，表达人们的感受。形容词的学习和掌握会丰富儿童的语言。在教学形容词的过程中，康复师一定要调动儿童的多种感官来学习。听障儿童通过嗅觉学习"香香的"；通过味觉学习"酸的""甜的"；通过触觉学习"软软的""尖尖的"等，通过视觉学习不同的颜色和形状等。康复师还可以教孩子近义和反义的相关概念，同时，在教孩子认识一个物体时，要有意识地从各个方面进行介绍。随着听障儿童语言水平的提高，康复师要注意加大形容词的难度，尽量缩小与

健听儿童在词汇量、深度等之间的差距。

此外，词汇的学习还包括数词、量词、代词、副词、介词、连词和助词等。由于这些词语缺乏实际的意义或意义比较抽象，难以通过直观、形象的方式呈现出来，因此，康复师和家长需要在日常生活中多加强化，让孩子有更多的感受机会，逐渐掌握正确的使用规则。

（2）词组

词组主要包括偏正词组、动宾词组、主谓词组、联合词组等，康复师在教学中要注意对以上各类词组进行全面教学。当孩子已有几次能把两个词语连在一起说或孩子已能正确使用相当数量的单词（30～50个）时，康复师和家长就应考虑鼓励孩子使用两个词语来表达。

（3）句子

句子包括单句和复句。单句主要包括陈述句、疑问句、祈使句、感叹句、把字句和被字句等。陈述句最易被掌握，感叹句和被字句较晚被掌握，儿童对不同类别的疑问句的理解和表达在掌握时间上会有所不同。复句分为联合复句和偏正复句。在学前阶段，健听儿童对单句的使用始终占据优势，4～5岁后对复句的使用明显增加，且随年龄增长复句所占比例不断增加。

（4）语段

康复师和家长要引导听障儿童逐步达到语段水平的理解和表述。学儿歌和故事是学习语段的主要形式，儿歌和故事的具体内容要根据儿童的年龄和语言水平来选择。

3. 语用

语用能力是指交际双方根据交际的目的和语言情境有效使用语言工具的一系列技能，它是在言语交际沟通的过程中表现出来的。

康复师和家长在培养听障儿童良好的沟通能力时要注意：营造全面的正常言语学习环境，并提供丰富的言语刺激；建立有意义和有趣味的沟通情境；提供恰当的语言内容和呈现形式；努力维持交流畅通，当听障儿童对他人的语言不理解时要刻意重复、解释或补充新的信息，以激发听障儿童参与交流的积极性；帮助听障儿童掌握沟通技巧，包括共同关注、轮换表达等，学习礼貌行为，能够对不明确或遗漏的语言信息提出疑问，对自己的言语内容提供说明和补充信息，根据对话需要维持或转换话题。

（二）实施技巧

1. 语言环境的营造

康复师要注意创设有意义的沟通情境，并提供丰富的言语刺激。早期营造语言环境要以指导父母为中心，同时，要保证听障儿童在适宜的集体生活中的语言环境。另外，通过努力得到周围人们，如幼儿园、学校等工作人员的理解和协作来调整语言环境也很重要。

2. 评估与训练计划的制订

普通教育需要评价，但一般发生在课程实施之后。听障儿童的言语语言训练由于其特殊性，更需要评估，但应在训练之前就完成且贯穿训练的整个过程，评估将为个性化训练计划的制订和及时调整提供参考依据和具体指导。

3. 训练内容的选取

训练内容的选取应符合儿童言语语言发展的基本规律，同时，要注重内容的实用性。特别是初期阶段，康复师要多向听障儿童输入生活中经常会听到或用到的有价值的语言内容，如"抱抱""吃"等。在进阶阶段，康复师则应该提高输入语言的难度，尽量提供与健听儿童相似且丰富的言语刺激，并且注重思维等认知方面能力的培养，尽量缩小听障儿童与健听儿童之间的差距。

4. 训练效果的提高

康复师可利用记忆—遗忘规律对听障儿童进行科学、有效的重复来提高训练效果。德国著名的心理学家艾宾浩斯对记忆的保持规律做了重要研究，并绘制出著名的"遗忘曲线"。遗忘的规律是先快后慢，特别是识记后48小时之内。隔几小时与隔几天复习的效果有显著不同，因此，要想提高训练效果，康复师应帮助听障儿童及时复习，间隔一般不超过2天，最好做到当天及时复习。

（三）常见的言语语言问题及应对策略

1. 发音方面

听障儿童在发音方面容易出现语音的替代、歪曲、省略、添加等错误，尤其是辅音容易出问题。

应对策略：在保证孩子的听能达到最佳状态的前提下，康复师和家长要引导孩子学会最大程度地利用听觉反馈来学习。此外，注意培养孩子正确发音的习惯，并扩展到学习和生活情境中。

2. 语义方面

①词汇量不足，如只会使用"哭了"描述，很少能说出"伤心、悲伤"等词语。

应对策略：康复师和家长应注意丰富听障儿童的词汇，提供与健听儿童一样丰富的语言，包括生活中经常使用的非正规的习惯用语，如"随便、差不多"等。

②词语理解死板，只会以固定的方式使用词语，不理解多义词。例如，把灰色的兔子也说成"小白兔"。

应对策略：康复师指导听障儿童及其家长尝试在自然生活的情境中主动聆听和获取语言。

③对抽象意义的词汇理解水平较低，不理解比喻句等。

应对策略：康复师在丰富语言内容、提高语言输入水平的同时，培养孩子的思维能力。

3. 语法方面

①大量使用名词、动词，而副词、代词等使用得很少；遗漏功能性词语导致语句不完整，像句子中的"着、的"等往往被漏掉。

应对策略：康复师从训练初期就给孩子提供自然的语言环境，在句子中呈现各种词汇。

②句式简单，很少使用复杂句，对复杂句还容易出现理解错误，如不能准确区分"小莉把小明打了"和"小莉被小明打了"。

应对策略：康复师和家长要注意对孩子的语言输入，在孩子相应的语言水平和年龄阶段呈现恰当的句式结构。

③语序错误，前后颠倒。

应对策略：康复师和家长尽量给孩子输入完整性语言。

4. 语用方面

①不了解社会交往中的礼貌性行为，如在没有听懂或听清时，不会请求对方重复或解释。

应对策略：康复师从训练初期就帮助孩子建立良好的交流习惯，逐步帮助孩子掌握更多的沟通技巧，如没有听清时如何请求对方重复。

②对语言的掌握死板、不灵活，如听障儿童在复述故事时经常是背诵。

应对策略：康复师和家长要多给孩子主动讲述的机会，同时不要忽略随机教学。

③语言的实际运用能力和问答交流能力差。有些听障儿童能背儿歌、讲故事，但在生活中进行一般对话时常常只是机械的模仿。

应对策略：康复师对听障儿童的言语训练应一直贯穿于情境交流当中，注重语言的实用性。此外，在训练和生活中最好有两个人进行一问一答的对话交流示范。

④词语概念理解不清，使用不当。例如，康复师指着门问"这是什么"时，很多听障儿童会回答为"关门"。

应对策略：康复师在训练初期就要尽量细化对词语概念的呈现和讲解。

⑤缺乏交流的积极性。

应对策略：康复师和家长要让孩子意识到自己说话是可以得到一些需求的满足或积极的反馈的。在引导孩子模仿发音时，康复师和家长可以使用孩子感兴趣的玩具等，但不要采取强制手段。

第四章 嗓音障碍

第一节 基本概念

一、嗓音的定义

在所有哺乳动物中，只有人类能发出具有交流功能的言语声。嗓音不仅在人类日常的工作、生活中具有重要的意义，而且在情感交流和意思表达方面有着重要作用。优美的嗓音听上去自然圆润、悦耳动听，它建立在良好的呼吸支持、声带振动及共鸣基础之上。

广义的嗓音是指包括呼吸、发声和共鸣三大系统在内的言语，主要是由呼吸气流产生足够的声门下压，使声带振动形成喉音，喉音向上经过声道共鸣腔的作用产生一系列共振，继而从口腔发出各种听感上不同的声音，也就是说，嗓音是通过三个系统的协调运动来实现的。因此，从生理角度而言，呼吸系统、发声系统和共鸣系统必须功能正常，运动协调，才能产生正常、好听的嗓音。嗓音产生的这三大系统中的任意一个系统出现功能性或器质性的病变，都可能引起嗓音的病理变化，导致音调、响度和音质的异常。

狭义的嗓音即发声系统，是喉部声带振动发声的过程，与声带振动的频率、幅度、规律性及黏膜波的波动情况密切相关，包括嗓音的音调、响度和音质三个方面。

二、嗓音与呼吸、共鸣的关系

呼吸是发音的动力源，肺部呼出的气流变化导致声门上下的气压产生差异，从而产生克服声带内收阻力的能力，使声带振动发音。而呼吸道气流的变化有赖于胸廓和呼吸肌群的运动。平静时与说话时的呼吸有所不同。平静时呼吸只需要肺活量的10%～15%，呼吸量约为500mL，而说话时需要肺活量的25%，呼吸量增至1000～1500mL，大声说话时则需要肺活量的40%，呼吸量可达1500～2400mL。因此，说话时吸入的空气量比平静时要多。

喉部产生的基音通过共鸣腔的共鸣后会增加泛音成分，产生悦耳的嗓音。根据共鸣部位及音高的不同，共鸣腔分为头腔共鸣、胸腔共鸣和口腔共鸣。头腔共鸣为高音共鸣，共鸣部位包括鼻腔、鼻咽、鼻窦等，高音共鸣使声音明亮丰满，富有金属的色彩。胸腔共鸣为低音共鸣，共鸣部位包括气管、支气管及肺等，低音共鸣使声音洪亮、浑厚有力。口腔共鸣为中音共鸣，共鸣部位包括口腔、咽腔及喉腔等，中音共鸣使声音明亮清晰。个体的性别、年龄不同，喉部和共鸣腔的大小、形状不同，进而产生的泛音成分不同，使个体具有的音色不同，因此，我们能够根据嗓音分辨出是谁的声音。

三、嗓音的心理学特性

音调是基频的听觉心理感知量，是个体对声音高低的主观感觉。音调的高低一般用基频来反映。基频即声带每秒钟振动的次数，单位为赫兹（Hz）。基频主要与声带的振动速率、长度、张力（紧张度）和质量有关。在自然音区范围内，声带振动的速率越大，音调则越高；声带振动速率越小，音调则越低。声带拉得越长，音调则越高；声带缩得越短，音调则越低。声带的张力越大，音调则越高；张力越小，音调则越低。声带振动的质量越小，音调则越高；声带振动的质量越大，音调则越低。

音调是嗓音的属性之一，是反映发声功能的一个关键因素。音调不同，嗓音也各不相同。嗓音既能反映说话者的性别、年龄，也能反映其身份和一些性格特征。

一般而言，儿童的声带比成年女性短，而成年女性的声带又比成年男性短，故儿童的音调高于成年女性，成年女性的音调又高于成年男性。音调的改变主要表现为声带张力的变化，即以环甲肌收缩为主，同时环杓后肌和甲杓肌进行拮抗性收缩，使声带张力增大，从而提高音调。当声带的紧张度高到极限时，音调的提高则依靠声带的局限性振动实现。

响度或音量是声音强度（声强）的听觉心理概念，它所对应的是声带振动幅度的大小，单位为分贝（dB）。一般而言，声带振动幅度越大，音量也越大。从喉的生理及声学的角度而言，言语声波的声强与声门下压呈明显的正相关，即声门下压越大，呼出气流越多，声带振动的幅度就越大，声强也越大。但是，响度的增加与声带振动幅度的增加并非一种线性关系，研究证明声带振动幅度增加一倍，则声强增加6dB。此外，音量与音调也密切相关，一般情况下，胸声发音时音调越高，响度越高，与频率成正比。随着声门下压的逐渐提高，声带牵张力也不断增加（声带张肌的力量与呼气牵张声带的力量共同作用的结果），因此，音调和响度同步增加。正常成人的言语响度维持在50～80 dB SPL，在这个范围内发声效率最高（排气量最小），喉内肌群的收缩张力（挡气作用）最小，即发音最为舒适持久，同时能使听众感觉舒适悦耳。

音质是指喉基音所具备的特性，广义上受声道共鸣与发音的影响，目前多将具有喉部调节和声带振动特性及音响特性的音色定义为音质。音质是嗓音的一个重要维度，也是反映个体语音特征和气质习惯的显著标志。音质与声带、共鸣腔密切相关，在很大程度上取决于声带自身振动的规律性、对称性，声门闭合的程度，以及咽腔的开放程度、口腔的大小和舌的位置等。一般而言，声带振动越规律，共鸣越好，则音质越好。

婴儿出生时的哭喊是人的第一次发音，频率为 500Hz 左右。随着年龄增大，平均基频逐渐降低。在青春期，由于声带长度迅速增加，声道出现相应变化，嗓音音调进一步下降，男性最为明显。女性通常降低 2.5 个半音，男性则降低 1 个八度。

四、嗓音障碍的定义

嗓音障碍，又称发声障碍，是指由于呼吸或喉部存在器质性病变或功能异常导致的失声、发声困难、声音嘶哑等。儿童的嗓音障碍主要表现在音量、音调、起音不够准确等方面的异常。

从听知觉来说，一个人嗓音的音质、音高和响度等异于同年龄层、同性别、同地区和同文化环境其他人的嗓音，即存在一定的嗓音障碍。从生理学来说，当喉部机制（包括构造和功能）无法满足说话者的用声需求时，此人存在一定的嗓音障碍。

嗓音障碍的病因包括发声器官的结构异常、构音器官的结构异常、嗓音的滥用、听力损失、用嗓不当、青春期变声障碍等。儿童天性好动，喜欢大喊大叫，容易造成声带的损伤，导致声音嘶哑、响度过高等嗓音异常。听障儿童由于听力不同程度的损失，缺乏听觉反馈，因而容易出现音调、响度和音质的异常，如硬起音、音调偏高、声音嘶哑、聚焦异常等。

五、嗓音障碍的分类

根据发病机理，嗓音异常可以分为功能性嗓音障碍、器质性嗓音障碍和神经性嗓音障碍三大类。

1. 功能性嗓音障碍

功能性嗓音障碍是指声带无器质性病变，但由于发音方式不正确和呼吸功能异常，最终使发声系统功能失调，常见为嗓音的滥用与误用，表现为音调过高、过低、单一或变化过大等音调异常，响度过低、响度控制差等响度异常，以及不同程度的粗糙声、气息声或粗糙声与气息声同时存在等音质异常。

2. 器质性嗓音障碍

儿童活泼好动且没有自制力，喜欢大声喊叫，尤其是在上呼吸道感染期间没有节制用声，仍继续喊叫，会导致声带损害出现器质性嗓音障碍。

声带小结是儿童嗓音障碍的最常见原因，其发生机制类似于成人嗓音障碍。由于发声过度用力或不良发声行为没有得到及时控制而长期持续存在，最终导致声带黏膜损害，形成各种声带病变，如声带小结、声带息肉、声带黏膜肥厚等，其中以声带小结（图 4-1）最常见。儿童声带小结的治疗原则以非手术治疗为主，一般建议优先进行发声训练，改善不良的发声行为，不主张外科手术。

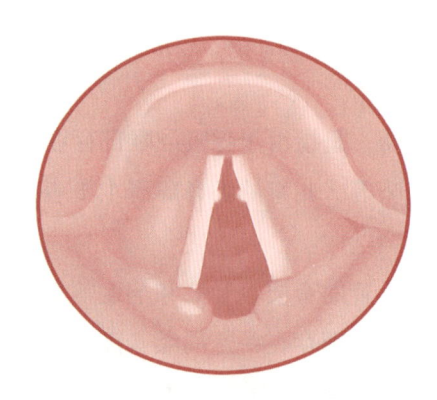

图 4-1 声带小结

3. 神经性嗓音障碍

神经性嗓音障碍是支配声带运动的喉神经功能异常（喉上神经或喉返神经功能异常，常因受到肿瘤压迫或手术损伤），使单侧或双侧声带运动出现问题，从而影响声门的闭合功能。神经性嗓音障碍常主要表现为嗓音中存在较多的气息声。

六、嗓音障碍的特征

从嗓音的三个维度而言，嗓音障碍主要表现为音调、响度、音质三方面的异常。

（一）音调异常

音调异常可分为音调过高、音调过低、音调变化过大和音调单一。

（1）音调过高

音调过高是个体的音调高于同龄正常人群（高于正常值 2 个标准差），表现为音调尖而单薄，男性音调如同女性音调。

（2）音调过低

音调过低是个体的音调低于同龄正常人群（低于正常值2个标准差），表现为音调低沉，女性音调如男性音调。

（3）音调变化过大

音调变化过大是个体的音调变化幅度过大（超过25 dB SPL），表现为说话时音调不稳，尤其在声调转换时明显。

（4）音调单一

音调单一是个体的音调变化幅度过小（小于10 dB SPL），表现为说话时音调平淡，重音少，感情色彩不明显。

（二）响度异常

响度异常可分为响度过高、响度过低和响度变化过小。

（1）响度过高

响度过高是个体的响度高于同龄正常人群（高于正常值2个标准差），表现为说话时声音过于响亮。

（2）响度过低

响度过低是个体的响度低于同龄正常人群（低于正常值2个标准差），表现为说话时声音细小。

（3）响度变化过小

响度变化过小是个体的响度变化幅度过小，表现为说话时声音平淡，感情色彩不明显。

（三）音质异常

音质异常可分为嗓音音质异常和共鸣音质异常两大类。

1. 嗓音音质异常

嗓音音质异常主要是声带振动的不规律、声门闭合不全等声带因素导致的，包括嘶哑声、粗糙声和气息声。

（1）嘶哑声

嘶哑声是说话时声音嘶哑，兼有粗糙声和气息声。

（2）粗糙声

粗糙声是说话时声音粗糙、沉闷。

（3）气息声

气息声是说话时气息声过多，发音费力。

2. 共鸣音质异常

共鸣音质异常主要是聚焦异常所致，包括口腔共鸣异常和鼻腔共鸣异常两大类。

（1）口腔共鸣异常

口腔共鸣异常主要有三种，前位聚焦、后位聚焦和喉位聚焦。

①前位聚焦　前位聚焦是说话时舌部过度向前伸展，言语表现为微弱和单薄。

②后位聚焦　后位聚焦是说话时舌位过于靠后，言语表现为压抑和单调。

③喉位聚焦　喉位聚焦是说话时舌位过度靠下，咽腔开放程度过小，声音听起来像紧闷于喉部。

（2）鼻腔共鸣异常

鼻腔共鸣异常主要有两种，鼻音功能亢进和鼻音功能低下。

①鼻音功能亢进　鼻音功能亢进是说话时鼻腔共鸣音增加，主要是鼻咽部开放异常所致。可能的一些器质性病因有软腭短小、腭裂或腭肌张力低下等。另外，软腭肌群（腭帆提肌等）收缩与舒张功能紊乱，软腭及悬雍垂抬起及下降运动无法有效切换也可导致鼻音功能亢进。

②鼻音功能低下　鼻音功能低下是说话时 m、n、ng 的喉音无法传入鼻腔产生共鸣，而且一些元音甚至辅音的发音也遭到不同程度的扭曲。鼻音功能低下多数是由腺样体增生等器质性病因引起的。

第二节　嗓音障碍的评估

一、评估目的

嗓音评估的目的是通过检查者对个体的主观评估（或者个体的自我评估）及客观测量，获得个体嗓音不同维度的特征和相关参数，诊断其嗓音障碍的类型和程度，为嗓音训练提供依据和思路。

二、评估内容及方法

总体而言，嗓音功能的评估可分为主观评估和客观测量两方面，包含对音调、响度和音质的评估测量。

（一）主观评估

通过听觉主观判断嗓音音质是临床上最早，也是最普遍用于直接诊断嗓音疾病和判断治疗效果的方法。Hirano 认为，病理性嗓音的自然特性能够被听觉感知区别出来，也能用语言描述出来，如嘶哑声、僵硬声、气息样声；嘶哑声又可分为干嘶哑声、湿嘶哑声、粗糙嘶哑声等。即使是现在，在缺少病理性嗓音发生机制模式或理论指导的情况下，嗓音的客观参数如声学参数、空气动力学参数和电声门图参数的可靠性和有效性，也只能以嗓音的主观听感知评估结果作为参考来进行检验。主观评估主要是嗓音音质的评估，包括听感知评估和自我评价。

1. 听感知评估

视觉模拟法是以单音、语句和短文作为测试材料，在听感知评估中用视觉可见的方式描述评估结果的测量方法。评估人员在一个 0～10cm 的标尺上标记嗓音障碍的程度，0 代表完全正常，10 代表嘶哑的极限，0～10 之间的数值代表不同的嘶哑程度。

（1）GRBAS 嗓音分级评估

GRBAS 嗓音分级评估（表 4-1）是日本言语医学与嗓音医学学会制订的，是目前应用最广的一种评估方法，包括嗓音异常程度（grade，G）、发音粗糙声程度（roughness，R）、发音气息声程度（breathness，B）、发音无力程度（asthenia，A）、发音紧张程度（strain，S），采用 4 级评估尺度，即 0 表示正常，1 表示轻度障碍，2 表示中度障碍，3 表示重度障碍。

表 4-1　GRBAS 分级标准

名称	描述
G（grade）	嗓音异常程度
R（roughness）	粗糙声程度
B（breathness）	气息声程度
A（asthenia）	无力程度
S（strain）	紧张程度

注：0，正常；1，轻度障碍；2，中度障碍；3，重度障碍。

（2）CAPE-V 嗓音分级评估

CAPE-V 嗓音分级评估（表 4-2）是美国言语语言听力协会（Americal Speech-Language-Hearing Association，ASHA）提出的。它是在 GRBAS 嗓音分级评估基础上将 5 个纬度扩展为 6 个，分别为嗓音异常总体严重程度（overall severity）、粗糙声（roughness）、气息声（breathness）、发音紧张程度（strain）、音调（pitch）和响度（loudness），在临床应用中具有一定价值。

表 4-2　CAPE — V 分级标准

名称	描述
总体严重程度（overall severity）	对嗓音异常程度的总体感觉
粗糙声（roughness）	对嗓音不规则性的感知
气息声（breathness）	对嗓音中气流逸出的感知
紧张性（strain）	对发音功能亢进的感知
音调（pitch）	基频的主观感知，是否偏离其正常值
响度（loudness）	声强的主观感知，是否偏离其正常值

注：以 10cm 长的直线作为模拟的可视标尺，衡量异常的程度。

2. 自我评估

尽管 GRBAS 嗓音分级评估简便易行，适合临床评估，但由于该评估标准的信度和效度难以确定，而且受评估者的主观影响较大，因此，随着传统的生物医学模式向当今的生理、心理和社会的健康新模式的转变，以及人本主义思想的发展，嗓音研究的学者们越来越关注儿童自身对嗓音状况的评价，因此各种嗓音相关生活量表不断被设计出来并用于临床。这类问卷由家长完成，它可以帮助康复师更好地理解儿童出现的问题。运用这类评估康复师可以清晰地了解儿童的嗓音障碍，有助于为儿童制订针对性干预策略，最大程度地减少嗓音障碍对儿童生活质量的负面影响。

（1）儿童嗓音障碍指数评估量表（pVHI）

该量表由成人嗓音障碍指数评估量表（Voice Handicap Index，VHI）发展而来，共 23 个问题，包含嗓音障碍对儿童功能、生理和情绪等方面的影响。该量表已被证实在汉语普通话人群中的信度与效度，可从家长角度有效评估嗓音障碍儿童的生活质量。

（2）儿童嗓音相关生活质量量表（pVRQOL）

该量表有 10 个问题，包含嗓音障碍对儿童社会情感和生理功能的影响，目前，该量表已被证实是儿童嗓音相关疾病对生活质量影响的有效评估工具。

(二)客观测量

由于嗓音的多维度性和声带的多层特性,目前,嗓音功能的客观测量包括嗓音声学分析、声带振动能力评估、空气动力学检查等多途径、多方面的检测。用于嗓音功能客观测量的测试材料有持续稳定元音和连贯语言,但由于对连贯语言的测量和分析具有诸多困难,因此,目前大多数仍采用持续稳定元音进行分析。

1. 嗓音声学分析

嗓音声学分析是运用电子计算机声学手段对所获取的声学信号物理特性进行客观分析,从而获得频率、强度、微扰和共振峰等参数值。频率类参数主要有平均言语基频和基频标准差,强度类参数主要有平均强度和强度标准差,微扰类参数主要有基频微扰和振幅微扰(图4-2),共振峰参数主要有F1、F2和F3。康复师通过言语频率的测量,可以获得音调的客观数值,判断音调的正常与否;通过基频微扰、振幅微扰的测量,可以获得声带振动的规律性和对称性;通过言语强度的测量,可以获得响度的客观数值,判断响度正常与否;通过共振峰的分析,可以获得共鸣的特征,判断聚焦正常与否。

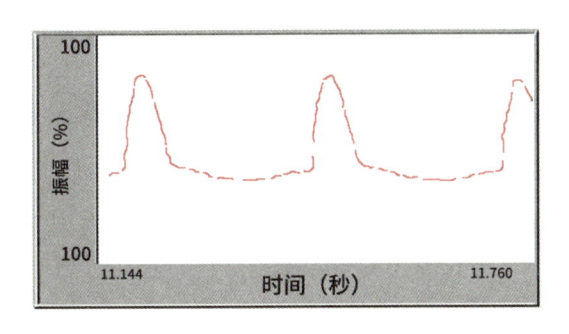

图 4-2 嗓音振幅图

2. 声带振动能力评估(声门图检查)

声门图检查能较准确地检测声带振动时的规律性和声门开闭的状态,包括电声门图、光声门图、超声门图等。其中,电声门图应用最广,可获得接触率、接触率微扰、接触幂、接触幂微扰等参数值。其中,接触率是声带接触时间与声带振动一周所需时间的比值,反映声带的接触程度(闭合程度)和声带水平方向上的开闭。无论男女,随着频率的增加、声带的拉长,双侧声带接触面积都会减小,闭合度降低,接触率下降。接触幂为闭合相(CP)时间减去开放相(OP)时间与声带振动一周所需时间的比值，声带振动时的闭合相和开放相的对称性在一定程度上体现了声带开闭运动在垂直面上的相位差，该参数对声带麻痹比较敏感。此外，正常电声门图（图4-3）渐闭相（CCP）曲线陡直上升，渐开相（OOP）曲线呈弧度状缓慢下降，具有完整的开放相，波形基本光滑，无明显切迹，因此，从声门图波形的光滑程度、有无切迹及开放相与闭合相的比例也可看出声带振动的异常。

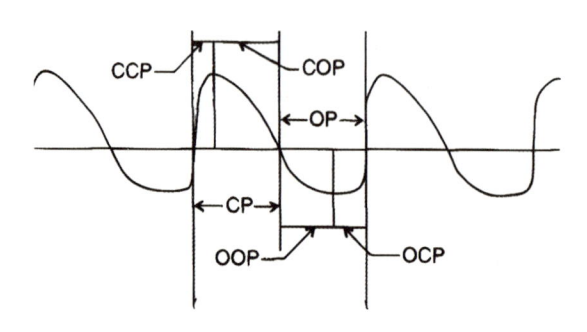

图4-3 正常声门图曲线周期

注：CP——闭合相，OP——开放相，CCP——渐闭相，COP——渐离相，OOP——渐开相，OCP——渐触相。

3. 空气动力学检查

空气动力学检查有利于康复师了解发音状态下个体的生物动力学改变及发音的有效性，检查参数包括平均气流率、声门下压和最长发声时间等。平均气流率是发声时每秒通过声门的空气量，单位是毫升/秒。它是反映声门闭合程度的主要指标之一。在一定范围内，平均气流率越大，声门闭合程度越差；平均气流率越小，声门闭合程度越好。声门下压是指肺内气压到达声门下的压力，与口腔内压相等，可通过测量口腔内压力获得。最长发声时间是指一个人在深吸气后，持续发单韵母 a 的最长时间。它反映了人在深吸气后的最大发声能力，是衡量言语呼吸能力的最佳指标之一。

第三节 嗓音障碍的训练

一、嗓音训练的原则

（1）早发现、早干预原则

嗓音障碍出现的早期是嗓音训练的关键期，对于障碍较轻的儿童来说尽早进行嗓音训练能够达到事半功倍的效果。家长一旦发现孩子存在嗓音异常，就应该咨询耳鼻喉科医生或语言康复专家，询问是否存在嗓音问题，并根据诊断和评估结果选择科学的训练方法并进行嗓音保健，千万不要错过恢复正常嗓音的最佳时机。

（2）实用性原则

嗓音训练的目的是让儿童提高实用交流能力，因此，康复师应以儿童的个人需要为出发点，帮助儿童学会正确使用嗓音的技巧和方法，并运用到日常的交流中。

（3）个性化原则

嗓音障碍具有复杂性，因此，嗓音训练需要高度个性化，康复师应根据儿童不同的病因和症状选择针对性强的治疗方法。

（4）评估与训练相结合的原则

嗓音训练前进行全面的评估可以为治疗提供科学依据，康复师根据评估结果才能够设置合理的康复目标并进行有针对性的个性化康复。训练后再评估也是检验治疗效果的一种手段。

（5）循序渐进原则

嗓音障碍的恢复无法一蹴而就，因此在训练过程中康复师要注意循序渐进，分阶段设置康复目标。儿童如果每个目标都能够轻松达到，就能保持康复的积极性。

二、嗓音训练的步骤

儿童嗓音训练总体可分为四个步骤：放松、呼吸、发声和共鸣。训练的重点及采用的方法会根据每位儿童所存在的具体问题而不同。

就像运动之前需要热身，嗓音训练之前同样需要给发音器官预热，这就是嗓音训练的准备工作——放松训练，充分的放松训练不仅是嗓音训练的基础，也是嗓音保健、职业用嗓需要掌握的基本方法。呼吸是发声的动力，只有学会如何正确地呼吸支持发声，再结合发声训练，才能使呼吸肌群、发声肌群协调平衡。在此之后，康复师增加一些共鸣训练，一来可以起到扩大音量的作用，尤其对于有音量过弱问题的听障儿童作用明显，二来可以起到美化声音的效果，使得声音更加圆润、动听。在训练中，康复师可以结合一些小游戏，让孩子在玩耍的过程中习得这些方法，重新建立良好的用嗓习惯。

三、嗓音训练的方法

（一）放松训练

1. 肩颈放松练习

此练习有助于放松喉外肌群。喉外肌群的协调运动对发声有非常重要的作用。喉外肌群过度紧张对喉的升降、会厌的开闭、咽道的形态、呼吸的质量有非常大的影响。儿童在做呼吸动作的时候，要尽量让颈部放松，不能抬高锁骨、耸肩，以保证呼吸的通畅。

（1）双臂交替上举

保持直立，双脚微开，与肩同宽，双臂自然下垂。吸气时，身体重心缓慢移向左侧，同时左臂尽力伸直并向上举；呼气时，左臂回到原位。对侧同样方法，吸气时，身体重心移向右侧，同时右臂尽力伸直并上举；呼气时，右臂回到原位。如此左右交替进行，重复5次。

（2）单臂画圈

保持直立，双脚微开，与肩同宽，双臂自然下垂。吸气时，左臂向前、向上做画圈运动；呼气时，左臂向后、向下做画圈运动并回到准备动作。对侧同样方法，吸气时，右臂向前、向上做画圈运动；呼气时，右臂向后、向下做画圈运动并回到准备动作。如此左右交替进行，重复5次。

（3）双臂画圈

保持直立，双脚微开，与肩同宽，双臂自然下垂。吸气时，双侧手臂同时向前、向上做画圈运动；呼气时，双侧手臂同时向后、向下做画圈运动并回到准备动作。同样方法，换个方向，吸气时，双侧手臂同时向后、向上做画圈运动；呼气时，双侧手臂同时向前、向下做画圈运动并回到准备动作。前后交替进行，重复5次。

（4）双肩耸立

保持直立，双脚微开，与肩同宽，双臂自然下垂。吸气时，双肩耸立，保持数秒；呼气时，迅速放松，双肩下沉回到准备动作。如此重复5次。

（5）颈部放松运动

头向下，感觉下颌贴胸口，持续5秒之后回到正中位；抬头看天花板，持续5秒之后回到正中位；头向左转，持续5秒之后回到正中位；头向右转，持续5秒之后回到正中位。如此重复5次。

2. 咀嚼哼鸣练习

此练习有助于放松喉部相关的肌肉,并起到按摩声带的作用。

具体方法:哼不同音高的音,尽量找到一个自己较为舒适的音调;有意识地打哈欠来放松喉腔;在喉腔相对较放松的状态下,发出类似蚊子在耳边环绕时的哼鸣声;边哼鸣边咀嚼。

在此练习中,需要注意的是:在哼鸣过程中配合均匀的呼吸;在咀嚼时双唇合拢;边咀嚼边哼鸣时口腔和鼻腔会有较强的振动感。

3. 喉部按摩

此方法有助于放松喉外肌群。

具体方法:康复师弯曲食指和中指,用这两个手指的中节指骨抵在儿童甲状软骨(即喉结)的两侧;围绕着甲状软骨板周边转动手指抚揉喉结;辅以咀嚼哼鸣的练习。

在此练习中,需要注意的是:抚揉力度不宜过重;结合咀嚼哼鸣练习并搭配均匀的呼吸支持,能起到更好的效果。

4. 打哈欠叹息练习

此练习有助于放松喉腔。

具体方法:有意识地先打一个哈欠;呼气同时轻轻叹一口气;在叹气的状态下发带"h"的或短促或延长的声音,如 he/he——,ha/ha——,hu/hu——。

在此练习中,需要注意的是:打哈欠时应有意识地控制,尽量达到半打哈欠的状态,这样比较利于找到喉腔打开的状态,如果完全打一个哈欠,之后喉腔就又会回到最初未完全打开的阶段;须配合均匀的呼吸。

(二)呼吸训练

呼吸看起来是一个不需要意识参与,而且非常简单的过程,其实控制呼吸的过程相当复杂,因为人体在不同活动状态下对呼吸的要求是不同的。呼吸训练包括建立正确呼吸方式的练习、提高肺活量的练习和吸气与呼气练习。

1. 建立正确呼吸方式的练习

胸腹式呼吸是大多数人都认可的呼吸方式。这是一种运用胸腔、横膈膜和腹部肌肉共同控制气息的呼吸法,它比较全面地调动了胸腔、横膈膜和腹部肌肉的整体能动性,并使之互相配合,协同完成控制气息的任务。吸气时张开肋骨和下降横膈膜同时发生,既扩大了气息的容量,又加强了对气息的控制能力,使声音的高、低、强、弱变化自如。

要让腹部肌肉参与到呼吸过程中，最重要的是让孩子快速地找到腹部运动的节奏。康复师可以让孩子体验腹式呼吸，帮助孩子掌握腹部主动收缩的方法。

具体方法：孩子的双手放在自己的腹部，然后用力地吐气；吐气到尽头的时候，立刻放松，这时孩子能感觉到腹部有一个自动的反弹。

在此练习中，需要注意的是：吐气之前不需要吸气，直接吐气，吐到没有气为止。

2. 提高肺活量的练习

让孩子提高肺活量可以借助一些体育活动，如蹲起、仰卧起坐等，也可以借助一些训练呼吸的小活动，如吹泡泡、吹乒乓球、吹水墨画和吹气球等。吹气的过程不仅可以帮助孩子提高呼吸功能，还可以通过有趣的活动增加孩子的配合程度。治疗过程中，康复师可以记录孩子吹气的时长，当孩子达到一个目标后，康复师要及时给予孩子奖励。

3. 吸气与呼气练习

吸气与呼气练习包含快速吸气与呼气练习、快吸气与慢呼气练习和慢速吸气与呼气练习。

（1）快速吸气与呼气练习

此练习可以锻炼腹部肌肉的灵活性。

初始阶段孩子最好选择较舒适的坐姿进行此项练习，上半身保持自然挺立，这样既可以避免日常习惯中会用到但不利于发声的肌肉参与到发声中来，也可以帮助孩子快速掌握此练习的要诀。

具体方法：孩子的一只手放在自己的腹部，另一只手放在康复师的腹部；康复师有意识地在呼气时收缩腹部，吸气时膨胀腹部，并引导孩子进行模仿；利用纸条、铅笔、蜡烛、乒乓球等道具，增加练习的乐趣，调动孩子的积极性。

在此练习中，需要注意的是：尽量避免反向呼吸，即吸气的时候不要收缩腹部，呼气的时候不要膨胀腹部；练习过程中最好使用鼻子进行呼吸，一来可以使呼吸更加深沉，二来可以起到湿润空气的作用，以免练习之后咽部有干燥感，三来可以过滤空气中的微尘，对呼吸道起到保护作用；呼吸的速度应由慢至快，练习之初切忌仅关注练习的数量而忽略练习的质量，要尽量高质量地完成每一次练习，在达到了一定的熟练程度且对肌肉有一定的控制能力之后，再逐步加快腹部运动的速度。

（2）快吸气与慢呼气练习

此练习主要是为了锻炼腹部肌肉的控制能力。

同快速的呼气与吸气练习一样，此练习的初始阶段孩子可以采用坐姿，上半身自然挺立，身体保持自然放松的状态。

具体方法：孩子的一只手放在自己的腹部，另一只手放在康复师的腹部；有意识地在呼气时收缩腹部，吸气时膨胀腹部；尽可能地使呼气时间延长，在这个过程中保持气息平稳并且均匀地呼出。

在此练习中，需要注意的是：用鼻子吸气有助于气息吸得更加深入，尽量使所呼出的气息平稳且均匀；身体保持直立，既不松懈也不僵硬；张开双臂好像抱住一棵大树，帮助胸廓保持直立和打开；可以利用吐 /s/ 音，帮助更好地控制呼气，也可以利用吹球或吹泡泡等游戏丰富此练习。

（3）慢速吸气与呼气练习

此练习主要是为了锻炼呼吸肌肉群的控制能力。

练习的初始阶段孩子可以采用坐姿，上半身保持自然挺立，身体保持自然放松的状态。

具体方法：吸气时，慢慢地、有意识地扩张胸廓直至感到肺底膨胀；保持吸气状态 5 秒；有意识地在呼气时收缩腹部，吸气时膨胀腹部；尽可能地使呼气时间延长，在这个过程中保持气息平稳并且均匀地呼出。

在此练习中，需要注意的是：尽可能缓慢地吸气、呼气；气息不要吸得过满；尽可能保持呼气均匀和平稳。

孩子可以轮流交替着进行以上三个练习，刚开始练习的时间不宜过长，每一次练习的次数也不宜过多，课上掌握了练习的要领，课后尽量保证每天都练习，最好是少量多次地练习。

（三）发声训练

发声训练的目的在于协调呼吸与发声，声带闭合振动状态更佳。

康复师可以让孩子先进行打嘟的基础性放松训练，然后针对音量、音调或起音异常等常见的发声问题进行针对性训练。

1. 打嘟放松练习

打嘟放松练习可以练习气息和声带的配合，促进声带良好闭合。训练的时候嘴唇要放松，感觉是呼气带着嘴唇在动，而嘴唇是受到气流的作用才动起来的。

打嘟可以分为平调打嘟、降调打嘟、升调打嘟、旋转打嘟、快速打嘟和慢速打嘟。

2. 针对音量异常的训练

音量异常表现为音量过强或过弱，康复师可以根据音量异常的不同表现选择不同的训练方法。

（1）音量过强

音量过强的发音方式类似于喊叫式发音，听起来会给人一种声音过大、过吵的感觉，起音方式多偏硬起音。针对音量过强这个问题，康复师主要以放松练习为主，如练习咀嚼哼鸣及呵气发音。

训练步骤：呼吸练习→咀嚼哼鸣→哼鸣带发音→呵气发音。

（2）音量过弱

音量过弱类似于耳语声，不过比耳语声要大一点，听起来给人一种弱不禁风的感觉，这个问题多是呼吸支持不够或不会使用呼吸支持导致的，起音方式多为气息起音。针对音量过弱这个问题，康复师一方面需要为儿童安排增加肺活量练习和加强呼吸训练练习，另一方面需要运用快速起音或咳嗽发音的方法，在儿童习惯的发音方式中融合一些硬起音的方式。

训练步骤：呼吸练习→咀嚼哼鸣→快速起音练习→咳嗽发音。

3. 音调异常的训练

音调异常表现为音调过高或过低，康复师可以根据音调异常的不同表现选择不同的训练方法。

（1）音调过高

音调过高一般伴随着喉头上提、喉腔较挤卡或鼻音过重的问题。这种声音听起来刺耳和尖锐，会给人留下一种不真实、做作的印象。针对音调过高的问题，康复师首先以放松练习为主，其次是采用发气泡音或较低的哼鸣音发音。在训练的过程中孩子可以将一只手放在自己的甲状软骨（喉结）或胸口上，另一只手放在康复师的甲状软骨或胸口上，孩子先感受康复师在发音时喉部及胸口的振动，再尽量在自己发较低音的时候感受到喉咙或胸部的较慢的振动感。

训练步骤：呼吸练习→咀嚼哼鸣→低哼鸣音发音→气泡音发音→低音调发音。

（2）音调过低

音调过低一般是因为喉的上提不够，个体对自我的音调感知和控制不足，因此，发出的声音给人以沉闷、低沉的感觉。针对音调过低的问题，康复师首先进行放松训练，其次通过让孩子发较高音调的鼻音的方式，提高音调。在训练的过程中康复师可以让孩子将一只手放在儿童自己的甲状软骨（喉结）或胸口上，另一只手放在康复师的甲状软骨或胸口上，让孩子先感受康复师在发音时喉部及胸口的振动，再尽量在自己发高音的时候感受到喉咙或胸部的较快的振动感。

训练步骤：呼吸练习→咀嚼哼鸣→鼻音发音→高音调发音。

4. 起音异常的训练

起音异常包括硬起音和气息起音。起音异常的训练方法这里主要介绍两种，张大口伸舌发音和呵气发音。

（1）张大口伸舌发音练习

此练习有助于增加声带的紧张性，并且锻炼咽壁的力量。此练习可以针对发声时声带过于松弛的问题，解决声音音调过于低沉与儿童年龄或嗓音结构类型不符合的问题。

具体方法：选择较松弛、自然的坐姿，同呼吸练习；上半身略往前倾，仿佛站在窗边探出头看窗外的风景的姿势，此时抬头看天空或天花板，同时尽量张开口；舌根尽可能地往前送，使舌头尽可能地伸出口外；结合呼吸练习中的快速吸气与呼气练习，短促地发 /e/ 音；对着镜子看咽腔中的悬雍垂，使悬雍垂尽量往上、往后贴咽后壁。

在此练习中，需要注意的是：张口时下颌尽量不要运动，孩子可以把下颌放在桌子上，头往上抬想象看天空或天花板的同时尽量张开口；舌伸出口外时不要僵硬，一般来说，舌体放松时呈现出来的是宽平状，紧张时舌尖呈窄细状；呼吸支持不要反向，即避免发音时腹部往外鼓。

（2）呵气发音练习

此练习有助于解决发音时喉腔过紧、硬起音或音调偏高等问题。

具体方法为：结合打哈欠叹息练习和呼吸练习；发"ha、hei、huo"等"h"开头的音；可短促或延长，交替进行练习。

在此练习中，需要注意的是：喉腔尽量放松打开，可以用手摸喉头处，发声时喉头尽量保持在相对较稳定的位置，不要上提，通过呼吸支持推动声带振动发音。

（四）共鸣训练

共鸣训练具有集中声音，寻找声音焦点，体会高位置，感受混声，抬高软腭和拉紧声带的作用。

"哼"是我们生活中常见的动作，是发声时，双唇微微闭拢，声音通过鼻腔发出的状态。平日里人们在心情愉快的时候往往情不自禁地"哼"着歌曲，这时虽不是有意地在唱，但是声音却很松弛、通畅和清晰。

共鸣训练中的"哼鸣"与生活中的各种"哼"（愉快地"哼"唱，生气地"哼"，轻蔑地"哼")实际上并没有太大的区别,只是发声练习中的"哼鸣"要求腔体的状态更夸张一些,注意力更集中一些。

哼鸣是不需要音量太大的,只需要声音发在正确的位置上。儿童在哼鸣时要有气息的支持,要感受到横膈膜与腹部肌肉之间的对抗。

第五章 口 吃

第一节　基本概念

一、口吃的定义

世界卫生组织将口吃定义为一种言语节律的障碍。在说话过程中，口吃者确切地知道他想说什么，但有时非本意的发音重复、延长或停顿会在语言表达思想时产生困难。

不同于嗓音障碍和其他语言障碍，口吃儿童通常在嗓音方面没有异常，也能够正常地组织词序、遵循语法和形成语句。口吃儿童的言语障碍表现为言语流畅性上的问题。口吃的程度可以从最轻微（不易察觉）到最严重（影响大多数语言交流情境）。口吃儿童的言语流利度可随情境变化而变化，比如在打电话或演讲时，一些口吃儿童的症状可能会加重；而在唱歌、自言自语或朗读时，一些口吃儿童的症状会减轻，这与不同情境所造成的焦虑程度有关。

口吃的发病率因年龄、性别、语言和地域的不同而不同。在美国和欧洲国家，学龄前儿童中的发病率大约为2.5%。大约5%的人在儿童期的某一阶段有口吃问题。在同一地区，口吃在成年人的发病率约为1%。男性比女性更容易出现口吃问题，口吃儿童中80%的儿童为男性，20%的儿童为女性。

口吃主要发生于儿童期，一般从学龄前开始，少数在较年长时才出现。正常儿童在学习单字组合成句子时，或者在重复语句时期，几乎都会有语音重复、不清晰、停顿的情况发生，但是随着语言能力的发展，儿童的表达通常是流利、清晰、熟练、可理解的。而这种暂时的语言不流畅的情况在一部分儿童（5%）中会保持下来，其中80%的儿童的口吃行为在持续一二年后会自然消失，剩余20%的儿童的口吃行为会一直存在，逐步发展为成年阶段的口吃。这些不能自然消失的口吃行为需要进行言语治疗才能康复。一般建议，一个儿童如果出现口吃3个月以上，并在口吃时表现出紧张、对抗就需要进行治疗。

很多口吃儿童有家族史的倾向，因此有一些研究者主张口吃是天生的、遗传的，但是有一些研究者认为口吃是由周围环境中的人的态度及价值观传递下来的。

二、口吃的病因

口吃是多种因素联合作用所致，它的病理机制尚未完全探明，至今尚无公认的结论。目前的观点大多认为口吃与遗传因素、神经生理因素、环境因素、模仿暗示、语言因素等都有关系。

1. 遗传因素

父母有口吃的话，其孩子口吃的发病率要比父母没有口吃的高得多。从遗传的角度探究口吃的病因，有些研究者发现遗传因素是发育性口吃发生的重要因素。

①口吃集中于某些家庭中。

②口吃在口吃者一级亲属的发生率是普通人群的3倍以上。谱系研究发现直系亲属中口吃的发病率（20%～74%）远远大于口吃在人群中的现患率（1.3%～42%），父母双方都有口吃，孩子也有口吃的概率为60%；父母任意一方有口吃，孩子有口吃的概率为40%；而只有10%的口吃儿童，父母双方都没有口吃，排除了遗传因素。

③单卵双胎比双卵双胎易同时发生口吃。双生子研究发现同卵双生子都发生口吃的概率（20%～90%）要大于异卵双生子（3%～19%）。

④领养儿童的口吃与其亲生父母的相关性大于养父母。

⑤有研究表明，如果妈妈是口吃者，则其儿子出现口吃问题的概率要比其女儿的概率高很多。

截至目前，虽然有各种各样关于口吃遗传研究的结论，但是遗传基因导致口吃这一假说仍有待进一步验证。

2. 神经生理因素

有研究指出，从幼儿时期就出现的持续性口吃，可能是左脑发育不正常导致大脑皮层的语言能力相关地带不衔接的结果。大脑皮层最重要的两个语言中枢布罗卡区（broca）和韦尼克区（wernicke）（图5-1）位于左脑。如果左脑未充分掌握语言区域运作的时间性，并过度弥补这个缺失，可能会导致语言中枢的功能失调，从而引起口吃。

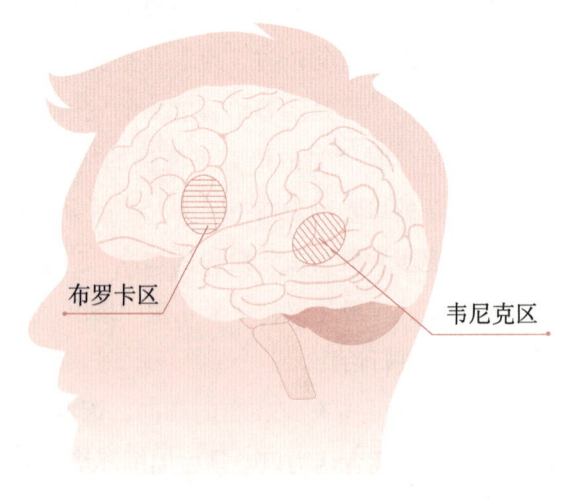

图5-1 大脑皮层语言中枢示意

3. 环境因素

口吃的出现与儿童受到外界压力，尤其是在语言技能上被过高要求有关。在儿童语言发展过程中，言语不流畅是常有的现象，但是，这些现象在某些要求高的家长眼里是决不允许出现的。如果孩子出现了言语断续、重复或停顿的情况，父母就会急着做过多的矫正，要求孩子讲话更好一些，甚至经常在孩子还没有说完话的时候就打断孩子，让孩子从头说或者重新说一遍，而且这些父母对孩子的言语不流畅有明显的焦虑情绪，纠正时常采用批评、斥责的态度。由于这种长期来自家庭和社会的压力，儿童会逐渐出现如精神紧张、焦虑等心理变化，说话时更容易紧张，害怕说错，因此，也会引起口吃。

心理障碍是长期口吃者最大的困扰和最难解决的问题之一，口吃的复发与口吃者的心理状态密切相关，年龄越小、病程越短、越不在意自己口吃的人，心理因素在其口吃的成因上所起的作用也越小，因此，早期干预可以避免或最大程度地延缓心理压力的出现，也可以降低心理压力对口吃造成的不良影响。

4. 模仿因素

传统的观点认为口吃是儿童在语言发展的过程中学习口吃者说话造成的。学龄前儿童，尤其是2～5岁儿童的模仿能力很强。在掌握口语的过程中，儿童会不断将自己的言语与他人的言语进行比较，然后不断调整。一个孩子如果经常与口吃者接触，或者他的游戏伙伴中有口吃的孩子，那么他就不会觉得口吃是言语问题，反而觉得很有趣，于是经常模仿他人或自己的非流畅性说话方式，最终习以为常，成为口吃儿童。张未等对577例口吃儿童的调查表明，模仿致病者占77.1%[1]。

5. 语言因素

语言学派的研究者认为口吃的出现是因为说话者的编码过程出现了问题，比如儿童在碰到低频或不熟悉的字、词，语法复杂的句式，较长的语句，以及难发音的时候，更容易引起口吃问题。因此，语言表达准备得不充分或者语言表达与组织不同步，也是引起口吃问题的因素之一。

---

[1] 张未，李春生，裴宏良，等.口吃矫治的初步探讨——附577例分析[J].北京第二医学院学报，1984，（3）：231-235.

三、口吃的表现

人们都有可能出现言语不流畅的现象，重复单词和词组其实是很正常的现象。但是这种现象并不会长期存在，也不会持续发生，一般来说，非口吃者出现重复字词的概率低于1%。区分正常的发展性不流畅和口吃很重要。只有重复、中断、拉长等言语特征或者非言语特征持续存在超过6个月，并且无任何改善的情况下，我们才考虑儿童存在口吃的问题。

发展性不流畅包括整词、词组的重复，而口吃包括词内部分的重复和发音的延长。另外，口吃者通常说得较快，说话之前或说话时经常出现无声的停顿，有不当的发声姿势，对压力的反应不流畅，较容易受挫。总体上，口吃与发展性不流畅的区别如表5-1所示。

表5-1 口吃与发展性不流畅

对比内容	口吃	发展性不流畅
每个词的音节重复次数	2次或更多	1次或几乎没有
语速	比正常快	正常
气流	常常中断（受阻）	几乎不中断
声音紧张	常常明显	没有
100个词的延长次数	2次或更多	1次或几乎没有
延长时间	2秒或更多	1秒或更少
心理紧张	常常出现	没有
词内无声的停顿	可能出现	没有
尝试说话之前无声的停顿	常常比较长	不明显
说话不流畅后无声的停顿	可能出现	没有
发声姿势	可能不恰当	恰当
对压力的反应	较多的词语中断	在流畅方面没有变化
挫折	可能出现	没有
眼光接触	可能摇摆不定	正常

口吃的症状由核心行为、附加行为和心理特征三大紧密相联的方面构成。

1. 核心行为

口吃的核心行为又称口吃的核心症状。口吃的异常言语特征包括以下方面。

①语音的重复　音或音节的重复，词句的部分重复。

②首字难发　每句话的开头很难发出声音，声音一旦发出速度又过快。

③语音延长　发音时，元音或辅音会被延长。

④不适当的停顿　在词、词组或句子未完成时停止，在词句中出现不自然的暂停。

⑤语音插入　在句子中插入不需要的音、音节、词或短句。

⑥歪曲或紧张的发音　由于努力发声或发声器官的过度紧张而出现歪曲音或紧张性发音。

⑦发音急促不清　语速过快，或者语速突然变化。

这些异常的言语特征导致原本流畅、富有节奏的语言表达过程，被过多的、无法自控的语音重复、拖长和卡壳等问题中断。

2. 附加行为

口吃的附加行为又称口吃的第二行为，或者口吃的第二症状，指说话者为了逃避和摆脱口吃的核心行为，而出现身体某一部位或全身性的紧张，表现出各种不正常动作和行为的伴随症状，如喘气、歪嘴、弹舌、眨眼、抽噎、闭眼、面部抽搐、清嗓、颈部乱动、手舞足蹈、用手拍打脸或身体、跺脚、咬手指等，以及为了努力避免口吃的出现和从口吃的状态中解脱出来而故意说话停顿，或者回避某些容易使自己感到压力、说话结巴的场合等。

3. 心理特征

口吃儿童存在对口吃的恐惧心理，以及口吃所带来的焦虑、压力、羞耻、内疚、挫折等负面感觉和情绪。口吃者对口吃的不正确理解，导致其对自己、对整个人生及对世界的看法和认知发生改变，表现为逃避与外界进行言语交流，严重时与外界隔绝。心理障碍使口吃者的口吃症状进一步恶化，症状恶化反过来加重心理障碍，恶性循环的结果使口吃变得更加严重。

另外，口吃还有其他特点。

①波动性　在口吃的初发阶段，儿童言语的流畅期和非流畅期往往会交替出现。儿童情绪变化、生活不规律、环境改变等情况都有可能会造成口吃的波动，但随着口吃的发展和儿童年龄的增长，言语流畅期会越来越短。

②适应性　在反复朗读同一篇文章时，口吃的频率会降低。

③一致性　在朗读同一篇文章时，口吃者会在相同音节、相同位置出现口吃的情况。

四、其他非口吃的言语流畅障碍鉴别

1. 迅吃

迅吃是言语流畅障碍的一种。迅吃者在说话时由于言语形式化的速度跟不上说话的速度，加上自身言语监控能力的不足，通常会出现速度快、不合理的断句、缺乏节奏与韵律、清晰度低、话题转换无常等问题，还常会出现语句反复、暂停、插入等影响别人理解的问题，但是，迅吃者自己一般意识不到以上问题。迅吃者可能同时会有口吃，但与口吃者是存在区别的，见表5-2。

表 5-2　迅吃者和口吃者的区别

对比内容	迅吃者	口吃者
自我认知	认为自己和别人沟通没有问题；经他人提醒后言语清晰	能够意识到自己口吃；经他人提醒后口吃加重
语义	找词困难	无问题
语法	语序错乱	无问题
语用	对话内容混乱，难以维持话题	无问题

在自我认知上，迅吃者认为自己和别人沟通时没有困难，但口吃者通常会意识到自己的口吃问题。迅吃者自身常常无法察觉言语的问题，但经别人提醒以后，迅吃者的言语清晰度会改善很多，但口吃者由于压力则会更加紧张以致口吃加重。

在语义方面，迅吃者可能会有找词困难，有时听起来像是在胡言乱语，但口吃者则没有语义方面的问题。

在语法方面，迅吃者会出现语序错乱，而他没有自我纠正的意识，但口吃者基本不会发生语法错误的情况。

在语用方面，迅吃者的对话内容混乱，以致很难维持同一话题，但口吃者没有语用方面的问题。

迅吃者除了语言沟通困难，学业还会受到影响。比如，阅读时丢字、落字，存在书写问题，如字迹潦草、逻辑混乱等。迅吃者也可能同时伴有行为问题，注意力短暂、不持续或多动，以致行为表现比较差。

2. 神经性口吃

神经性口吃是一种后天与神经障碍相关的获得性言语不流畅。这种言语不流畅是中枢系统损伤（脑外伤、卒中、缺氧等）或者退化性疾病、痴呆等逐渐形成的，伴有神经系统症状和体征。上述言语不流畅的情况较罕见，这些由于外因获得的口吃被称为神经性口吃。

神经性口吃的言语特征明显，出现非自主的重复或拉长现象，但这种现象不是精神心理问题或者语言规则问题引起的，儿童很少有逃避行为；儿童对自己存在的言语不流畅问题没有焦虑或者恐惧；神经性疾病治愈后，儿童的言语流畅性可恢复正常。

3. 心因性口吃

心因性口吃通常发生于成人期。心因性口吃的儿童不存在神经性疾病，言语不流畅是由精神或心理因素引起的，多在儿童发生重大心理伤害或者压力事件后出现。

与口吃儿童相比，心因性口吃的儿童有强迫性或有神经官能症表现，常常出现焦虑、人格异常等，有些儿童可能不止一种病因。这种言语不流畅出现后就没有变化，不会随说话情境或方式有所改变。

第二节　口吃的评估

一、评估流程

口吃的评估至少应该包括收集儿童资料、评估儿童的口吃情况、分析评估结果和给出治疗建议四个环节，如图 5-2。

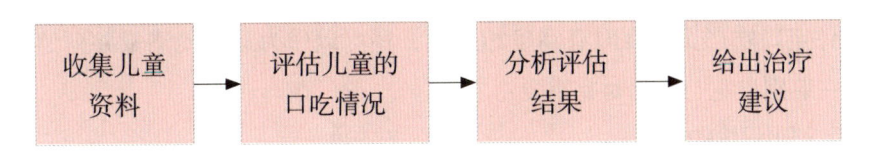

图 5-2　口吃的评估流程

资料收集环节，除需要收集儿童的一般信息外，康复师还需要收集儿童口吃情况的资料，资料主要来源于儿童及其家属。康复师通过访谈形式，了解儿童口吃的情况，包括口吃的发生和发展经过，周围人（包括家属、其他人）及儿童自身对口吃的态度等。

口吃发生的情况随着说话的情境、对象和内容等变化而不同，也就是在治疗室内和自然情境下的语言样本可能不同。因此，康复师除了要评估儿童在治疗室的表现，还要收集儿童在治疗室以外的表现。

在获取到完整信息之后，排除儿童并非其他非口吃的言语不流畅障碍后，便进入到诊断与评估口吃问题的环节。注意评估需要在安静、轻松的环境下进行，避免因压力导致儿童口吃表现加重。

评估结束后，康复师需要对评估结果进行分析，判断儿童是否有口吃，若有，找出儿童出现口吃问题的原因，并判断严重程度。

基于评估结果，综合儿童的资料信息及康复师的观察，康复师需要给出治疗建议，包括儿童是否需要接受治疗，需要治疗的话治疗的内容、频次、形式等。

二、评估维度

1. 口吃的频率

口吃的频率是指在一段语言材料中，儿童出现口吃的字数占语料总字数的百分比。评估时，康复师需要记录儿童在语料中出现口吃的字数，然后用口吃的字数除以语料的总字数，即可得出口吃出现的频率。临床上，口吃者并不是每一个字都会发生口吃。一般而言，口吃的频率平均在10%。

2. 平均口吃持续时间

口吃儿童通常平均口吃持续时间为1秒钟，严重的口吃儿童持续时间会超过1分钟。口吃持续的时间越长，口吃的严重程度越高。

3. 语速

非口吃者的平均语速为160字/分钟，而口吃儿童的平均语速为120字/分钟。语速不仅在评定口吃严重程度时有高度相关性，还可以作为与其他测量并列的综合性指标，尤其在鉴别口吃与迅吃时有重要意义。

4. 口吃严重程度的判断

口吃严重程度的判断具有最高的表面效度，也是临床上用来评定轻度、中度、重度和极重度口吃的方法。严重程度评定有间距评定和数字评估两种方法。间距评定是用等距的方法提供一系列由轻微到严重的录音口吃样本，与受试者进行比对，提供客观指标评定口吃严重性。数字评估则是用数字大小评定，不用量尺。有研究者认为，数字评估比间距评定更有效度。

三、评估内容

（一）家长问卷

由家长填写口吃或言语流畅度调查问卷，对流畅程度分级、异常主要表现、附加表现、加重或诱导因素、情绪情感表现等方面进行评价。

（二）综合评估

通过对话、独白、背诵、朗读或跟读的形式，对流畅度、附加表现、儿童和父母的情绪，以及言语运动和非言语运动能力进行评估，记录流畅度异常的发生频率及表现。

1. 言语特征评估

（1）无阅读能力儿童的口吃评估

无阅读能力指儿童的阅读能力低于小学三年级。

①对话 康复师与儿童进行对话，或者观察儿童与父母的对话。对话的目的是了解儿童在生活中的说话情况，以及儿童在说话时是否有回避现象。康复师可以问儿童喜欢的小动物、玩具和朋友等，也可以询问其学校和家庭的情况，总之，选取儿童感兴趣，愿意多说话的话题来交谈。

> 例如，你在学校有几个好朋友呢？
> 他/他们叫什么名字呢？
> 你最喜欢的玩具/书/小动物都有什么呀？
> 你家里都有谁呀？
> 平时谁送你上学呢？

②命名 根据儿童的年龄选取 10～20 张名词和动词图片，让儿童对名词图片的事物和动词图片的动作命名，从而了解儿童在词头音出现口吃的情况。

- 选择名词卡片 10 张，命名名词 10 个。
  例如，香蕉、雨伞、蜗牛、西瓜、汽车、奶牛、桌子、老师、太阳、喷泉。
- 选择动词卡片 10 张，命名动词 10 个。
  例如，洗手、吃饭、擦桌子、跳绳、打鼓、走路、跑步、抬头、蹲下、敬礼。

③描述 选取简单和较复杂的不同情景画图片，让儿童对图片分别进行描述，从

而了解儿童在不同句子长度及不同句型中口吃的情况。这项评估要注意给儿童留出一定时间来准备，必要时可以给一两句的引导语诱导孩子描述。

（2）有阅读能力儿童的口吃评估

与评估无阅读能力儿童的口吃情况有所不同，评估有阅读能力的儿童口吃情况时需要提高难度和增加朗读的内容。

①自由会话　了解儿童在日常对话中的说话状态，了解儿童口吃的特点。

例如，请数数，1～20。
请说一个熟悉的小故事或儿歌。

②命名和描述　选取名词、动词和情景画图片，要求儿童分别进行命名和描述，从而了解儿童在不同层级语句中的口吃表现和频率。

- 选择名词卡片10张，命名名词10个。

例如，宝塔、大海、蜗牛、冰箱、皮鞋、电脑、树叶、医生、马路、台灯。

- 选择动词卡片10张，命名动词10个。

例如，拥抱、钓鱼、开车、推门、握手、游泳、打针、撑伞、跳舞、弹琴。

- 选择情景画卡片1张，描述情景1个。

③单词朗读　选取单词字卡，要求儿童进行朗读，从而了解儿童在朗读单词时，面对不同的词头音出现口吃表现的差别，将朗读结果与命名结果相比较。

- 朗读单音节词。

例如，花、跑、在。

- 朗读双音节词。

例如，苹果、奔跑、可爱。

- 朗读三音节词。

例如，羽毛球、看电视、我和你。

④句子朗读　选取句子卡片，要求儿童进行朗读，从而了解在朗读句子时口吃儿童的状态，词汇在句子的不同位置和不同语法难度对口吃的影响，以及口吃的一致性和适应性。

- 朗读句子。

例如，下雨了，我没带雨伞。

这是一个阳光明媚的清晨，小鸟在窗前叽叽喳喳叫着。

- 朗读一段短文。

例如，开始时，它升得很慢，只露出一个弧形的金边儿。但是，这金边儿很快地扩大着，扩大着，涌了上来，到后来，就不是冉冉升起了，而是猛地一蹦就出了海面。于是那辽阔的天空和大海，一下就布满了耀眼的金光。

⑤回答提问　要求儿童回答康复师的问题，了解儿童在回答问题时说话和口吃的状态。

例如，你家住在哪里？

家里都有谁呢？

你在哪里上学／工作？

你觉得自己说话有什么问题吗？

⑥自我评价　在口吃的评估中，儿童对自己言语流畅性的评价是非常重要的。康复师可以让大龄儿童自己填写口吃自我评价量表，以便康复师对儿童口吃的发展过程加深了解，并且了解儿童的心理压力严重程度。

2. 附加行为评估

附加行为评估主要是对儿童伴随口吃出现的附加行为进行评估，包括令人分心的声音，如呼吸声、喘息声、频繁清嗓等；脸上的怪异表情，如歪嘴、弹舌、眨眼、抽噎、闭眼、面部抽搐、肌肉紧张等；颈部动作，如颈部向前、后、左、右乱动等；四肢动作，如手舞足蹈、用手拍打脸或身体、跺脚、咬手指等。

3. 心理特征评估

心理特征评估主要是评估儿童对口吃的态度和信念。内隐的心理评估不像外显行为那样容易被观察到，但是对于治疗计划的制订及实施却非常重要。评估心理特征最直接的方法就是询问儿童，或者访谈儿童家属，如父母或老师等。评估内容包括儿童的沟通态度和沟通焦虑，可以分为六大项：情绪行为、逃避反应、对口吃的期待、对流畅性的期待、治疗的动机和自我感知。

4. 相关功能评估

了解与儿童言语能力密切相关的其他相关功能的发育水平，包括听力、认知、情绪、行为、发育等方面。

四、评估标准

口吃的评价标准（Van Riper，1973）[1]如下。

①以2个字或更多字为单位进行重复，有2%或更多的单词被重复，声音非常紧张。

②2%或更多的单词被延长，并且延长时间超过1秒。

③不恰当的停顿，时间超过2秒。

④言语不流畅的同时伴随身体动作，如眨眼睛、面部肌肉的抖动，或者其他挣扎表现。

⑤对说话有逃避现象或情绪反应。

⑥言语异常的频率和严重性与说话情景有关。

这些评估标准与我们前面提到的口吃的三大症状也是相关的，但是有了明确的量化标准。

第三节　口吃的训练

康复师在对儿童进行口吃训练之前，需要明确儿童满足下面几个条件：口吃已经持续了6个多月；口吃中断的时间超过几秒钟；儿童因为口吃而萎靡不振，感到尴尬或沮丧。

一些儿童如果年纪较小、口吃意识尚欠，没有害怕、逃避或怪异动作则不必须进行正式的言语语言训练。然而，如果儿童出现严重的心理障碍，则建议儿童同时接受专业的心理咨询指导。

一、口吃训练的目标

（1）减少口吃行为

为了达到这一治疗目标，康复师采用的方法包括帮助儿童纠正错误的发声习惯，直接改变儿童的原始说话方式，帮助儿童建立轻松自然的发声方式，以及教授儿童修

---

[1] VAN RIPER C. The Nature Treatment of Stuttering [M]. Englewood Cliffs, NJ: Prentice-Hall, 1973.

补的技巧，帮助儿童建立一种有效的说话代偿方式，尽量提高交流能力。大部分口吃儿童存在说话语速过快、节奏感偏差等问题，因此在治疗过程中，康复师首先要让儿童放慢语速，采用跟读或齐读的方式：康复师或家长示范轻柔、缓慢地说话，让儿童进行跟读，然后再慢慢降低声音，让儿童掌握主动权。此外，康复师还可以借助节拍器、乐器等辅助说话的节奏，创造一个适宜的说话速度和节奏。

康复师可以采用一定的言语技巧减少口吃行为。言语技巧并非在说话全程使用，在熟练的情况下，例如，可以只在句首使用（儿童首字难发明显，但句首以外的部分流畅度可以接受），或者只在片语，词的初始位置使用（此位置容易出现口吃），或者一些困难的句子中使用。

（2）最大程度降低口吃对儿童各方面的影响

经过治疗，部分儿童的口吃可以得到治愈，部分儿童的口吃症状可以得到改善，还有部分儿童的口吃可能无法得到治愈，但它并不影响儿童的表达欲望，因此，治疗目标应设定为尽可能减少口吃带来的负面影响。为达到这一治疗目标，正确的宣教非常重要。治疗口吃的过程可能非常漫长，因此康复师和家长应该帮助儿童正确认识口吃，消除思想负担，减少儿童对口吃本身的恐惧，培养儿童敢想敢说的性格。

（3）建立一个良好的周围环境

康复师和家长应该建立一个良好的周围环境，改善和消除可能引起儿童口吃的因素，减少口吃发生的机会。康复师还要指导家长当儿童有口吃时，不要模仿、嘲笑儿童，不要使周围人过分注意儿童说话的缺陷，不能表现出急躁情绪，也不要粗暴地中断儿童讲话，应多给予安慰和鼓励，引导儿童树立克服口吃的信心。

二、口吃治愈的标准

口吃治愈标准（Silverman，1980）[1]如下。

①儿童言语不流利的数量控制在正常范围。

②儿童的言语流利程度在正常范围内持续至少5年。

③儿童不再认为自己有口吃或者会再次发生此类问题。

---

[1] SILVERMAN F H. The stuttering problem profile: A task that assists both client and clinician in defining therapy goals [J]. Journal of Speech and Hearing Disorders, 1980, 45(1): 119-123.

三、口吃训练的内容及方法

（一）家庭指导训练

康复师通过直接观察及与儿童的父母和其他家人的讨论，找出控制和影响口吃发生的环境和其他变量，目的是改善儿童的语言环境和家庭环境，缓解儿童的情绪压力。对儿童而言，家庭环境的调整尤为重要。口吃儿童的父母常有一些错误的观念，例如，父母是造成儿童口吃的原因；儿童出现口吃是想引起父母的关注；口吃儿童有心理和智力上的问题。以下方法可以指导家长鼓励儿童在放松的语言环境下说话。

1. 减慢语速，吐字清晰

家长说话时要减慢语速，有节奏，尽量吐字清晰，给儿童树立一个良好的榜样。儿童在这样的家庭环境中，受到潜移默化的影响，就会相应地减慢语速，建立起正确的说话方式。当儿童语速快的时候，家长可以说"不用着急，我们有很多的时间听你说"，而不应该说"慢慢说，放松点"之类的话。这些看似关心、安慰的话，其实一直都是在给孩子进行暗示：你说话有问题，赶紧注意改正。

2. 减少提问

家长要改变与儿童的口语交流方式，减少提问次数。交流时使用陈述句，有助于减少儿童的口吃。例如，当儿童在玩耍时，家长可以用一些简短的句子与儿童谈论他在做什么、想什么、有什么感受，说话语气要正常适中，不要让儿童感到自己是在做训练，否则他可能会拒绝回答。

3. 避免指示性提问

在与儿童交谈的过程中，家长应避免使用指示性的问句，例如，指示儿童："告诉妈妈，你去过哪里？""告诉爸爸，我们过去见到了什么？""告诉爷爷，你生日得到了什么？"等等。家长可以用给儿童描述事情发展的方式，可以让儿童插嘴发表自己的看法，但是不要逼迫儿童说这类的话。

4. 随时随地的表达

家长要理解儿童的语言表达愿望，不仅要给儿童充分表达的机会，还要降低表达的难度。家长在与儿童进行对话时，最好把谈论的物品和事情摆在儿童面前，也可以用图画代替实物。例如，与儿童一起看图书或故事书时，家长可以给图画命名、描述图画的特征或评论图画上的行为，儿童如果能自发地给图画命名或进行评论，就更容易被诱导出流畅性言语。

5. 倾听与关注

当儿童发起话题时，家长应该马上给予回应，并把儿童当作一个说话正常的成年人，与他进行平等对话。当儿童说话时，家长要注意听他说话，耐心倾听，并注意不要随意打断他说话。这种对话方式会让儿童忽略自己的言语不流畅，对说话更加自信，这样儿童的言语不流畅会得到缓解。

6. 减少自身紧张情绪

家长对儿童的口吃不要反应过度，不管儿童说得如何断断续续、充满停顿和重复，家长也不要表现出任何紧张或不满的情绪和表情，哪怕是不经意地皱了皱眉头。对儿童的口吃问题，家长应该放轻松，认识到口吃是一部分儿童语言发展中的一个阶段。此外，家长要营造一个舒适、放松的环境，家庭氛围要温暖、安详，这样能对儿童的口吃有缓解。

（二）放松训练

1. 身体放松训练

儿童在说话时感到紧张，甚至会出现各种不正常动作和行为的伴随症状，如嘴歪、面部抽搐、颈部乱动、手舞足蹈等。身体放松训练可以使儿童放松身体，缓解紧张的肌肉群，进而放松心情，为自然发声奠定基础。

2. 声带放松训练

声带放松训练帮助儿童协调发声器官和构音器官之间的运动，放松喉部肌群及声带。声带放松训练可以通过各种形式的打嘟完成。打嘟是由横膈膜扩张产生的气流冲击声带，使声带振动，同时使放松的双唇阻爆而形成一连串的"嘟"声，包括平调打嘟、升调打嘟、降调打嘟、旋转打嘟、快速打嘟、慢速打嘟和交替打嘟等。

（三）呼吸训练

1. 胸腹式呼吸训练

胸腹式呼吸训练需要腹部做主动收缩，最大程度调动起横膈膜和腹部在呼吸中的作用。进行呼吸训练时，康复师可以播放一些轻音乐，帮助儿童在放松状态下进行练习；呼吸方式的改变需要长期坚持，除了在治疗室的常规治疗，康复师还需要指导家长让儿童在家中坚持巩固练习，每次 10 分钟；呼吸要深长而缓慢，用鼻吸气，用口呼气，每分钟大约 6 次，无论是吸还是呼都要尽量达到"极限"量，即吸到不能再吸，呼到不能再呼为止。

2. 呼吸控制训练

经过胸腹式呼吸训练儿童已经建立了正确的呼吸方式，但在言语过程中如果儿童有呼吸支持不足、发音时间短等问题，康复师就可以进行呼吸控制训练：一口气说很长的话，一口气发长短不同的音，根据言语句式的长度灵活地调节呼吸气流量和气流速率。

（四）发音训练

1. 放慢语速训练

儿童语速过快会导致呼吸与发声的不协调，或者出现语音重复和拖音现象。放慢语速训练是让儿童能减慢语速，慢慢说话。

康复师可以设计一些慢慢说单词或词组的游戏，首先康复师示范如何慢慢说话，然后让儿童慢慢说上 15～25 个词。当儿童语速快的时候，康复师可以提醒儿童："不用着急，我们有很多的时间听。"

2. 降低音量训练

儿童说话用力的时候，发音器官非常容易紧张，会导致口吃的出现。康复师可以帮助儿童降低音量，柔和地说话。

康复师可以向儿童讲解耳语声、轻声、交谈声和大声说话的含义，见表5-3。

表 5-3 说话音量等级表

音量等级	描述
耳语声	用耳语声说话时，声带是不振动的。
轻声	用轻声说话不会吵到周围休息的人。
交谈声	用交谈声说话适合和他人进行正常的交流。
大声	用大声说话适合引起他人注意或在公共场合发言。

3. 首字发音训练

首字发音困难是很多口吃儿童容易出现的问题，词、词组、句子、逻辑重音、停顿后的第一字（首字）发音非常困难，儿童必须经过努力练习并借助手舞足蹈等伴随动作才可以说出来。

训练可以先从双音节词开始，康复师要求儿童说每个词的第一个字时，都轻轻地用力，可以放低声音，由微弱、音量较低的声音渐进式增大为正常或大音量，并且可以适当延长发音以免发声器官的紧张、痉挛。训练逐渐过渡到三音节词、四音节词和句子的训练。

4. 节奏训练

有的口吃儿童在说话过程中不会断句、停顿或换气，节奏训练可以教会儿童在说话时有明显的停顿，停顿清晰而有层次，既不破坏语句的完整性、连贯性，又能保证儿童顺畅、流利地讲话。如果儿童说话的节奏感存在问题，康复师可以用手打节拍，开始的时候让儿童打一拍说一个字，一个字一个字地慢慢说；也可以利用音乐节拍伴奏器，如图 5-3，让儿童跟着节拍朗诵。

图 5-3　音乐节拍伴奏器

（五）团体治疗

经过上述训练，儿童基本掌握了新的说话方式和技巧，但可能还是会害怕与他人交流，害怕在交流过程中出现口吃。团体治疗鼓励儿童积极参与集体活动，让儿童借助同伴的互相支持，在与同伴的互动中观察、学习、体验，并练习处理伴随的情绪和沟通问题，将学习到的技巧运用到实际生活中去。

1. 自然情景训练

自然情景训练可以改善儿童在治疗室或家中说话的流畅度，但在其他环境中儿童可能还会出现口吃问题。此训练的目的是让儿童在治疗室以外的情景中能够流畅表达，在任何情境中都能够控制讲话，不再害怕口吃。

2. 适应新的说话方式

此训练的目的是帮助儿童建立对说话的信心，练习用正向积极的沟通解决问题，不再害怕说话。康复师对儿童及其家长强调继续练习的重要性，要求儿童每天定时练习1次，并由儿童自己分析记录，自己解决压力情景。儿童不断自我增强，防止口吃复发。

当儿童能很自信地说话，成为一个比较积极、多话并主动参加社会生活的人时，康复师可以逐渐撤出面对面治疗，改为追踪治疗方式，追踪时间也慢慢由短到长。

（六）预防复发

一些口吃儿童如果过度紧张或焦虑可能会出现口吃复发的现象，因此，康复师需要对口吃儿童持续跟踪，维持儿童的言语流畅度，或者在发现儿童有可能出现口吃反复的危险信号时，及时介入，预防口吃复发。

第六章　语言发育迟缓

第一节 基本概念

一、语言发育迟缓的定义

语言发育迟缓是指在生长发育过程中儿童的语言发育落后于实际年龄相应的水平。语言发育迟缓儿童与正常同龄儿童相比主要有不会说话、说话晚，语言发展慢或停滞，语言表达或理解差及交流能力不佳等表现。

二、语言发育迟缓的病因

引起语言发育迟缓的可能性因素很多（图6-1），如精神发育迟滞、广泛性发育障碍、听力障碍、发育性特异障碍、语言环境不良等。但是，也有相当数量的语言发育迟缓儿童即使经过所有检查，也查不到原因。

图6-1 语言发育迟缓的可能性因素

1. 精神发育迟滞

精神发育迟滞又称智力发育迟滞或精神发育迟缓等，是指在发育期间儿童的整体智力水平显著低于平均水平，导致或同时伴有适应行为障碍。精神发育迟滞儿童在语言方面表现为理解能力、表达能力和言语清晰度等发育均较正常同龄儿童迟缓，在行为方面多伴有多动、注意力不集中等。精神发育迟滞是语言发育迟缓儿童最常见的病因。

2. 广泛性发育障碍

广泛性发育障碍是一组起病于婴幼儿期的全面性精神发育障碍表现，主要表现为人际交往障碍，交流沟通障碍及兴趣和行为方面的异常。不同个体之间症状严重程度差异较大，儿童可能伴有精神发育迟滞。

3. 听力障碍

听障儿童受自身听力的影响，听觉信息输入通道受损，难以在日常生活中自然地通过听觉获取完整的语言，发展语言能力。即使是学语后的听障儿童，虽然他们是在获得语言后才发生的听力障碍，但因为在语言交流过程中缺乏听觉反馈，也会出现不同程度的语言障碍。听障儿童的语言障碍表现在理解、表达、沟通交流等多个方面。

4. 受语言学习限定的特异障碍

此类障碍又称发育性特异障碍，包括发育性运动性失语（先天性词盲）和发育性感觉性失语（先天性词聋）。发育性运动性失语指语言的接收（理解）与年龄相符，但语言表达障碍。这种儿童通常预后良好。发育性感觉性失语指语言理解和表达都极度迟缓。这种儿童语言发育的预后不理想。

这两类特殊的失语症在临床上不易被明确诊断，因此包含在语言发育迟缓中。

5. 语言环境不良

不良的语言环境可影响儿童正常的语言发育。这类儿童本身一般没有障碍，但在发育早期被剥夺或脱离语言环境，导致语言发育迟缓。

6. 未知原因

有些儿童没有明确原因，能排除神经异常、听力障碍、构音器官障碍、脑损伤等，但表现出语言发育明显落后。这类语言障碍又称特定性语言发育障碍，病因目前尚不清楚。

三、语言发育迟缓的表现

语言发育迟缓儿童的语言问题有如下表现。

①语音方面　发音不准、吐字不清是语言发育迟缓儿童的主要表现。

②语义方面　词汇量不足、词语理解死板、对抽象意义的词汇理解水平较低，不理解比喻句等。

③语法方面　大量使用名词、动词，而副词、代词等较少使用；遗漏功能性词语，语句不完整；句式简单，很少使用复合句；语序错误，前后颠倒。

④语用方面　不了解社会交往中的礼貌性行为；掌握语言死板、不灵活；语言的实际运用能力差，问答交流能力差；缺乏交流的积极性，很少发起对话。

随着年龄的增长，阅读和书写也逐渐成为儿童语言发展的重要内容。语言发育迟缓儿童在阅读和书写方面通常也存在一些困难。例如，阅读时出现漏字、加字、不适当停顿，默读不专心等；书写时句型单一，句子成分省略、残缺，关联词逻辑错误等。另外，语言发育迟缓儿童写出来的作文往往描述呆板、不生动。

第二节　语言发育迟缓的评估

在 2～3.5 岁的儿童群体中，有高达 18% 的儿童面临语言发育迟缓的问题。这些儿童在 4～7 岁，约一半的儿童能够自动跟上同龄人语言发展的步伐，而另一半（约占 4～7 岁群体的 8%）则表现出持续的语言理解和/或语言表达困难，被诊断为语言障碍。

由于儿童语言发育迟缓发病率之高，对儿童在幼儿园与学校的生活、社交、学习影响之深，儿童语言的早期测评已经成为众多医生、康复师与教育专业人士的关注点。相关专业人士在婴幼儿时期尽早发现儿童的语言发育落后，可以为儿童在家庭和学校的生活提供针对性的科学干预。

一、评估原则

1. 综合原则

评估内容应多维化。康复师在儿童首次就诊时就需要全面了解儿童的基本信息，包括儿童的病史、听觉能力、构音语音能力及构音器官的结构和功能，以及神经发育、行为发育等情况，然后综合各方面结果准确找出儿童存在的问题，为正确诊断提供可靠线索，为制订科学有效的康复训练计划并选择合适的训练方法提供参考和依据。

2. 阶段原则

评估过程应包含定期的阶段性评估。康复训练 3 个月或 6 个月后康复师要给儿童进行一次阶段性评估，根据评估结果判断康复效果，如果康复效果没有达到预期目标，则根据评估记录分析原因，找到问题所在，调整康复训练计划，为制订更符合个体需求的阶段性康复训练计划提供参考。

3. 时效原则

评估应注重实效。康复师要随时对儿童进行观察和评估，评估内容可适时调整，根据情况进行选择，以便及时发现问题并解决，必要时应转诊。

4. 可信原则

评估的结果必须真实可信。只有能够反映出被试者真实情况的评估，才能保证诊断的正确和康复训练计划的科学可行。测试环境嘈杂、被试者情绪不稳、身体欠佳、注意力不集中、拒绝测试等情况都会影响测试结果。因此，测试环境要符合测试要求，例如，房间要保持安静，室内装饰不应分散被试者注意力，没有特殊情况家长和其他人员不能进入。测试应选择在被试者状态良好并愿意配合测试的时候进行。测试人员在进行测试时态度要始终保持平和，不论被试者答得对与错，测试人员都要给予鼓励和支持。测试指导语要统一，不能有暗示。同时，测试人员一定要经过标准化的培训，保证评估结果在不同测试人员之间的一致性，不能出现同一个孩子在相近时间内做的相同测试得出差异很大的结果的情况。

二、评估维度

从儿童语言发展的规律来看，儿童的语言发展是从前语言阶段的沟通交流到逐步建立语言符号表征、发展语法体系，再到灵活运用语法体系进行叙事、谈话的过程。因此，对儿童的语言能力进行评估，康复师需要以儿童语言发展规律为基础，从前语言沟通能力开始评估，逐步进行语音、语义、语法的评估，最后评估语言运用能力。

1. 前语言沟通能力的评估

前语言沟通能力是儿童在出现有声语言前（即前语言期）的沟通能力，是儿童学习有声语言前的必备能力。该能力是前语言期儿童能够协调对人和环境的注意，恰当回应外界刺激，并利用眼神、表情、手势动作等非口语形式发起沟通、表达需求的能力。对正常发育儿童来说，这种能力通常在他们发出第一个有意义的词之前就已经出现了。

前语言沟通能力的评估内容通常包括发起和回应共同注意，要求、轮流及模仿等技能，具体方法为评估儿童对环境中的非言语声、表情、手势动作等有无反应，以及是否会运用这些手段表达自己的需求和想法等。

2. 语音的评估

语音的评估主要考察的是儿童正确发音的能力，包括汉语普通话系统中正确发出声母、韵母、声调及连续语音的能力。具体方法通常是采用诱导自主发音或模仿发音的方式诱导儿童发出目标语音，并对其发音是否正确做出分析。

3. 语义的评估

语义评估常采用的评估方式有指认法、命名法、词表法和语言样本分析法。指认法是测试人员说测试词，然后让儿童指认。命名法是让儿童对呈现的事物或事物图片进行命名。词表法是让家长或康复师将儿童能够掌握的词汇从词表中勾选出来。语言样本分析法是通过分析获得儿童在自然状态下的语言样本中儿童的词汇表达情况。

4. 语法的评估

语法评估常见的评估方式有指认法、句法判断、句子复述、句式仿说、修饰语扩展、句子优化和语言样本分析法等。指认法是要求儿童根据目标句指出与句子相匹配的图片。句法判断是让儿童从句法方面判断句子正确与否，如判断句子是否存在词序不当、句子成分缺失、修饰不当等问题。句子复述是让儿童复述测试句，考察儿童模仿句长的能力。句式仿说是让儿童仿照测试人员的句法结构描述不同的场景。修饰语扩展是测试人员根据图片说出一个简单句，然后要求儿童扩句。句子优化是测试人员根据图片说出原句，要求儿童运用比喻修辞优化句子。语言样本分析法是通过统计儿童语言样本中的平均句子长度、所使用的句型、句类及句式等评估儿童的语法能力。

5. 语用的评估

语言能力的最终衡量指标是个体熟练运用语言形式以完成特定功能的能力，因此，评价儿童的语言能力不能缺少对语言应用能力的评估。语用的评估通常从交流行为、会话能力和叙事能力等方面进行评估。

交流行为的评估包括言语倾向和言语行动形式两个方面。会话主要以话轮的形式展开，包括话轮转换、会话发起、会话维持、会话中断和会话修补等指标。叙事能力是一种能脱离语境进行有组织表达的语言能力。具体方法主要是通过图片诱导儿童讲述一段故事，或者先由康复师读一遍故事，再由儿童根据故事的图片重述一遍。然后测试人员转录所有内容，再从叙事的宏观结构（如故事的要素、语法和情节构成的复杂性等）、微观结构（如词汇数、句子总数、相异词汇比、平均句长等）和艺术风格等方面对儿童的叙事能力进行评估。

三、评估内容

语言能力评估可以分成两大类，包括问卷类评估和测试类评估。

问卷类评估的特点有：不需要儿童配合，由看护人根据儿童日常生活中的听觉行为表现作答；多数问卷基于儿童在实际生活中的表现，能够反映出儿童真实的表现；操作简便，对时间、环境等均无太高的要求；适用于小龄及配合差的儿童。

测试类评估的特点有：由专业人员完成，而且专业人员必须经过专业培训之后才能进行施测；可以直接观察儿童的表现；相比于问卷类评估，更规范，也更标准化；适用于年龄比较大，配合度较高，具有一定语言能力的儿童。

1. 问卷类评估工具

常用于评估语言能力的问卷包括有意义使用言语量表（MUSS）和言语可懂度分级问卷（SIR问卷）。上述两个问卷的介绍详见听力言语障碍一章。

2. 测试类评估工具

（1）构音语音能力评估

构音语音能力评估可快速考察儿童汉语构音语音能力是否正常、哪些语音构音存在问题，从而为制订康复目标和训练方案提供依据。具体内容及操作可参考构音障碍一章。此外，国内广泛使用的还有由华东师范大学的黄昭鸣、韩知娟等根据汉语普通话儿童的音韵发展历程，设计的构音语音能力评估（又称"黄昭鸣—韩知娟词表"）。该评估由50个单音节词组成，包含21个声母、13个韵母和4个声调，每个词都有配套的图片。测试人员用提问或提示的形式（如不能诱导自发语音，可用模仿发音的形式），要求儿童说出图片所对应的词，每个词发3遍音，由专业人员对儿童的声母、韵母及声调构音情况计分。研发者还制订了相应的正常儿童得分参考标准，可与之对比。

（2）听障儿童语言能力评估标准与方法

听障儿童语言能力评估标准与方法是由中国听力语言康复研究中心（原中国聋儿康复研究中心）于1991年编制，在全国聋儿康复系统得到广泛应用。语言能力评估以正常幼儿的语言发育为标准，评估结果可以帮助康复师获得儿童的语言年龄。该评估从6个不同侧面了解儿童语言的发展状况及在评估过程中可能出现的错误走向，为制订科学的个性化的训练计划提供依据。具体内容及操作可参考听力言语障碍一章。

（3）儿童语言发育迟缓评价法

日本音声言语医学会以语言障碍儿童为对象，于1977年开始研制试用，1980年通过试案并发表，1987年对238名儿童进行测试取得了正常数据，增加了前语言阶段的检查项目，1989年正式命名为S-S（Sign-Significate relations）语言发育迟缓评价法。

此评价法能比较全面地对儿童各种语言障碍进行评价，并对引起语言障碍密切相关的交流态度和非言语功能进行评价，1991年中国康复研究中心（原中国聋儿康复研究中心）按照汉语的语言特点和文化习惯研制了汉语版 S-S 评价法。

汉语版 S-S 法是从语法、语义、语用等三个方面对语言发育迟缓儿童进行评定，适用于各种原因引起的语言发育迟缓，原则上适用于 1 岁至 6 岁半的语言发育迟缓儿童，对于年龄超出 6 岁半，但语言发展现状未超出此年龄段水平的儿童也可使用。此法不适用于听力障碍所致的语言障碍。

该评价法将语言发育水平划分成五个阶段，每个阶段又分为不同的发展水平。

①阶段 1 事物及其状态的理解困难阶段　此阶段的儿童尚未获得语言，也尚未形成对事物状态的概念，也就是说他们对周围的事物及其状态难以理解。他们的行为大多无目的性，如对物品的抓握、舔咬、摇动、敲打。

②阶段 2 事物的基本概念阶段　此阶段的儿童虽然也处于语言未获得阶段，但是与阶段 1 不同的是他们开始了解常用物品的功能和事物的某些状态，能够根据常用物品的用途大致进行操作，对于事物的状态也能够理解，对事物开始概念化。此时他们可以将他人领到物品面前或出示物品，向他人表示自己的要求。

此阶段可以细分成三个发育水平。

• 水平 1：儿童开始能根据事物的功能进行操作。例如，儿童能将电话听筒放到耳边假装打电话，能用鼓槌敲鼓。

• 水平 2：儿童能辨别若干成对事物之间的联系和区别，并在规定的范围内进行比较和配对。例如，测试人员先出示电话、鼓和茶杯，然后给被试者一个鼓槌，让他将鼓槌与其中的某个物品配成一对。

• 水平 3：儿童能够从几个选择项中将与示范项有关的成对事物选择出来。例如，测试人员将听筒、鼓槌和茶杯给被试者，然后出示茶壶，让被试者选择与之配对的那个物品。

③阶段 3 事物的符号阶段　此阶段儿童开始建立符号与指示内容之间的联系。此阶段又可以细分成两个发育水平。

• 水平 1：儿童开始理解手势符号的意思，学会运用手势符号来表达事物。例如，测试人员给被试者一顶帽子，然后拍拍玩具娃娃的头，看他能否将帽子戴在玩具娃娃的头上。

• 水平 2：儿童能够将言语符号与事物联系起来，开始理解言语符号，并学会用言语符号表达事物。例如，测试人员给被试者出示"鞋""面包""象"和"汽车"4 张图片，让被试者选择哪个是面包。

④阶段 4 组句（语言规则）阶段　此阶段儿童能够用 2～3 个词组成句子来描述

事物和事物的状态。

此阶段又可以细分成两个发育水平。

• 水平 1：儿童开始学习用 2 个词组成句子，并用来描述事物状态。例如，他们能理解"大的帽子""红色的鞋"等，也会用这样的句子来表达。

• 水平 2：儿童能够理解 3 个词组成的句子，例如，他们能理解"大的、黄色的帽子"，也能用这样的句子来表达。

⑤阶段 5 组句（语言规则）阶段　此阶段儿童能够理解和使用一些结构更为复杂的句子。

此阶段又可以细分成两个发育水平。

• 水平 1：儿童能够理解和使用具有可逆性的句子，即能够把主语和宾语颠倒位置表示不同的意思，例如，他们能够把"猫追鸡"这句话改成"鸡追猫"。

• 水平 2：儿童能够理解"被"字句所表达的意思。例如，他们能理解"鸡被猫追赶着"这句话的含义。

该评价法设定了各项目的合格标准和各阶段的通过标准，并提供各年龄正常儿童应该通过的项目的参考标准。通过一系列的检查，康复师可以确定被试者达到了哪个阶段，然后将评价结果与正常儿童年龄水平相比较，即可发现语言发育迟缓儿童，并且根据结果制订训练方案。

（4）语言行为里程碑评估和安置计划

语言行为里程碑评估和安置计划（Verbal Behavior Milestones Assessment and Placement Program，VB-MAPP）是由马克·桑德伯格（Mark Sundberg）编写。该评估主要用来评估孤独症谱系障碍儿童和其他发育障碍儿童的语言行为发展行况。

VB-MAPP 整合了应用行为分析和斯金纳的语言行为分析，为所有语言发育迟缓的儿童提供了一个以行为为基础的语言评估程序。康复师将评估结果与同龄正常发展儿童的数据进行比较，从而找出儿童语言习得和学习存在的障碍，确定个别化训练的目标。

VB-MAPP 主要包含五个部分。

第一部分里程碑评估，包含了 170 个可以测量的学习和语言里程碑，依序和均衡的跨越了 3 个语言发展阶段（0～18 个月，18～30 个月和 30～48 个月）所评估的 16 个项目：提要求、命名、视知觉感知与样本配对、听者反应、复杂听者辨识、动作模仿、独立游戏、社交与社交活动、仿说、自发发声、互动语言、语言架构、集体与教室技能，以及早期学术能力（数学、阅读、书写）。里程碑评估用于评估儿童当前的语言及相关技能的水平。

第二部分障碍评估，包含了24个常见于孤独症及其他智力障碍儿童中的关于学习和掌握语言的障碍评估。这些障碍包括自我刺激、发音清晰度的缺陷、强迫性行为、多动行为、没有对视、感觉防御、扫视的缺陷、条件性辨别的缺陷、不能泛化、薄弱动机、对行为有要求就会减弱动机、依赖强化物、视觉感知与配对的缺陷、听者技能的缺陷、对话的缺陷、社交技能的缺陷、依赖辅助、猜想式回答、行为问题、教学控制、提要求的缺陷、命名的缺陷、模仿的缺陷和仿说的缺陷。障碍评估就是为了确定儿童存在的障碍，让治疗团队更好地设定干预计划。

第三部分转衔评估，包含了18个评估领域，它的存在是帮助判断儿童是否取得有意义的进展，以及是否适合在一个相对比较松散的环境中学习。转衔评估的项目包括里程碑总分、障碍评估总分、不恰当的行为、教室常规与集体能力、社交能力、学术独立性、泛化能力、强化物的多样性、掌握技能的速度、技能的保有能力、自然环境下学习的能力、技能之间的转移、对变化的适应程度、自发性、独立游戏力、自理能力、如厕能力和进食能力。转衔评估的结果可以帮助儿童的个别化教育计划（Individualizod education plan，IEP）团队就该儿童的教育需要做出决定并设定首要目标。

第四部分任务分析和支持性能力。这一部分是学习和语言技能课程参考，大概有750项内容，覆盖了所有里程碑16项的内容。这些内容是直接与里程碑相关的，是儿童达到里程碑之前需要的技能，虽然不足以作为IEP或里程碑的标准，但是每项技能的获得都是在帮助儿童一步步接近他们的同伴。

第五部分安置指导和IEP目标。这一部分与另外四个部分结合，能够帮助课程设计团队均衡地照顾到儿童各方面的需要，减少在设计的时候出现失衡的状况。

（5）皮博迪图片词汇测验

皮博迪图片词汇测验（Peabody Picture Vocabulary Test，PPVT），是美国智力落后协会所介绍的常用智力测试方法之一，由美国的邓恩夫妇于1959年首次提出，1965年稍做修订。1981年发表修订版，即PPVT-R。

PPVT的适用年龄范围为2岁半至18岁，共有150张黑白图片，每张图片上有4个图，其中一个图与某一词的词义相符合。测试方法比较简单，测试人员口头说出要测的1个词汇，要求被试者指出图片上的4个图中哪一个最能说明该词的意义，与答案相符的得1分，反之得0分。但每一个被试者只做与其水平相接近的一部分的图-词。被试者在连续8个词中指错6个词时，中止测试，一般PPVT在15分钟即可完成测试。被试者的得分总和即为原始分数，测验所得的原始分数可以转化为智龄、离差智商分数或百分位等级。

PPVT测验简便，在学校、临床和职业选拔等方面都体现出重要的价值，因此，被作为一种语言智力的筛选测验而广为使用。

（6）中文早期语言与沟通发展量表——普通话版

中文早期语言与沟通发展量表——普通话版（Chinese Communication Development Inventory Mandarin Version，CCDI）是由北京大学第一医院梁卫兰等以国际广泛应用的麦克阿瑟沟通发展量表（MacArthur Communicative Development Inventory，MCDI）为基础，根据中国儿童语言发展情况和汉语语法规律研发而成。CCDI采用家长报告形式，无须儿童配合，使用起来方便快捷。该量表分为婴儿、幼儿两种表格。

婴儿表格是适用于8～16个月龄儿童的词汇及手势量表。该量表分为两部分。第一部分是早期语言，包含4项内容：早期对语言的反应（测试儿童是否已经开始注意语言）；常用短语的理解（了解儿童对常听的短语的理解情况）；开始说话的方式（测试儿童是否已经有模仿或自发地说一些词汇或短语的迹象，而不光是理解）；词汇（让家长判断孩子对词汇表中的411个词是"不懂""听懂"还是"会说"）。第二部分是动作及手势，包含5项内容，主要用于评估那些已经在测试年龄范围内，但还听不懂语言也不会说话的儿童在语言发展上的准备情况。

幼儿表格是适用于16～30个月龄儿童的词汇及句子量表。该量表也分为两部分。第一部分是词汇，让家长判断孩子对词汇表中的799个词是"不懂""听懂"还是"会说"。第二部分是句子和语法，包含4项内容：儿童对不在眼前的人、事、物的反应或谈论情况；儿童用词、造句的语法水平；儿童组合词汇的能力；儿童对语法难度逐渐增加的短语和句子的掌握情况。

（7）普通话儿童语言能力临床分级评估表

普通话儿童语言能力临床分级评估表（Mandarin Clinic Evaluation of Language Fundamentals，MCELF），是华东师范大学刘巧云等开发的儿童语言能力评估工具，旨在判断儿童语言障碍的程度。

该评估包含两大板块，第一板块为主测验，属于标准化测验；第二板块为辅助测验，属于目标参照测验。其中，主测验板块包括词语理解、词语命名、句子理解、句式仿说、看图叙事等5个测验，反映儿童的语言理解能力、语言表达能力和语言的综合运用的能力；辅助测验板块包括前语言沟通、语音感知、语音产生、模仿句长等4个测验，反映儿童的前语言沟通能力、语音能力和语言记忆能力。

该评估适用于语言能力处于正常儿童1～6岁水平的生理年龄大于6岁的语言障碍儿童，包括听力障碍、孤独症谱系障碍、智力落后、特定性语言障碍等。由于各类障碍儿童的语言水平通常和生理年龄不匹配，因此，生理年龄大于6岁但语言年龄在6岁以内的其他障碍儿童也可以使用该测验进行评估。研究者制订了该评估工具的上海地区参考标准，并开发出了计算机软件版。

（8）"梦想"普通话听力理解和表达能力标准化评估

普通话听力理解和表达能力标准化评估（Diagnostic Receptive and Expressive Assessment of Mandarin，DREAM，译为"梦想"），是由美国培声听力语言中心刘雪曼等人于2015年研发的评估工具，适用于2岁6个月至7岁11个月以普通话为母语的儿童，包括总体语言、语言理解、语言表达、句法和语义等5个模块。该评估借助现代化媒介进行，测试声音和图片通过平板电脑呈现，儿童通过触屏方式进行回答，结果被计算机记录并计分，测试过程约45分钟。2018年研发者又推出了适用于0～3岁儿童的"梦想"婴幼儿语言沟通评估（DREAM-IT）。DREAM-IT包括婴幼儿语言沟通发展的4个方面，语言理解、语言表达、社交沟通和认知玩耍。

第三节　语言发育迟缓的训练

一、训练目标

①帮助儿童纠正不正确的交流方式，改变或消除问题根源，建立自然、准确的语言表达方式。

②培养儿童良好的沟通行为，建立有效的沟通策略。改善儿童表达、沟通的行为，促使儿童成为更成熟的沟通者，减少障碍的发生。让儿童喜欢运用语言与人分享和交流，尽量提高儿童的交往能力和社会适应能力。

③最大程度降低语言发育迟缓对儿童生活造成的影响。

二、训练原则

①遵循儿童身心发展和言语语言发展规律。
②从语言理解入手，注重语言的实用性和泛化。

③创设良好的语言环境,激发儿童言语交流的欲望和积极性,循序渐进,坚持不懈。

④指导家长将训练内容融入日常生活,并在生活中扩展、延伸。

⑤治疗前对儿童进行言语功能评定,了解儿童的障碍类型和程度,并以此为依据制订科学有效的治疗方案。定期评估,及时维护并调整语言训练治疗方案。

⑥从儿童感兴趣的事物出发,积极与儿童互动,培养儿童良好的交往意识和习惯。

⑦选择儿童喜欢、感兴趣、贴近生活的内容,采用直观有趣的训练形式、丰富多彩的游戏活动,充分调动儿童兴趣。

⑧无论是在康复机构还是在日常生活中,正确、良好的语言示范都是儿童习得语言的基础,因此,要注重语言的示范。

三、语言训练的形式

以康复师是否直接介入语言训练为依据,语言训练可分为直接干预和间接干预两种形式。一般而言,儿童在建立新行为时,训练多采用直接干预的形式,而在需要反复练习、扩展使习得的语言行为泛化到实际生活中时,训练可采用间接干预的形式。

(一)直接干预

1. 一对一个别化教学

一对一个别化教学是以康复师为主要责任者,每周对儿童实施 50 分钟的个别化康复训练,训练重点应放在儿童语言结构、认知发展和沟通能力上。该形式的优点是具有针对性,对儿童存在的影响语言发展的问题能进行集中、密集性的训练,有利于短期内儿童语言的提升,该形式的缺点是儿童习得的语言行为较难泛化到实际生活中,影响儿童语言学习的进度和效果。

2. 集体教学

集体教学是康复师有目的、有计划地引导全体或多个儿童,围绕某一特定内容开展的教育活动。康复师可以在该形式中嵌入教学活动,连续对儿童进行语言干预。该形式能够弥补一对一个别化教学示范、练习机会少的不足。

3. 小组教学

小组教学是将语言障碍程度相近的儿童抽取出来形成小组进行的语言训练。在该形式中,康复师对小组内儿童既提供了有针对性的语言训练,又提供了运用已习得的语言行为、沟通策略与同伴练习的机会，弥补了上述两种干预形式的不足。

（二）间接干预

1. 家庭康复

家庭康复是以家庭为中心的干预形式，康复师在干预过程中承担咨询、协助的角色。家庭康复的训练工作主要由儿童父母或主要照顾者承担。康复师和儿童父母或主要照顾者共同给儿童制订康复计划，并根据计划进展情况进行及时调整和修订。康复师须指导并教会儿童父母或主要照顾者语言学习的技能、技巧等策略，让儿童父母或主要照顾者在日常生活中成为儿童语言发展的首要促进者和推动者。康复师应教会儿童父母或主要照顾者抓住生活中的时机给予儿童大量丰富的语言刺激，让儿童不断运用并扩展已学到的词汇来发展语言行为。

2. 协作康复

协作康复是指参与干预儿童语言发育迟缓的专业人员、家长彼此合作，共同为有语言障碍的儿童制订康复目标、干预计划及具体的训练方案等。协作康复要求康复师、言语治疗师和家长能将针对语言障碍的干预目标融合在日常教学过程中，并且在常规的课堂教学及日常生活中完成。协作形式较适合融合教育和随班就读的儿童。

四、语言训练的内容

（一）前语言沟通能力的训练

对于无口语沟通能力的语言障碍儿童，尤其是孤独症谱系障碍儿童，在语言训练中康复师应首先对他们的前语言沟通能力进行训练，帮助他们掌握语言学习的必要技能，并建立初步社交沟通模式，为进一步发展语言能力奠定基础。前语言沟通能力主要包括模仿、要求、轮流和共同注意。需要注意的是，在进行正式的训练之前，应确保儿童需要具备基本的安坐技能。

1. 安坐的训练

安坐技能是儿童能够安静坐下来的能力。这里的坐，不是狭义地指坐到椅子上，也包括安静地待在某个地方。如果儿童都不能安静地坐下来，那么他对人就不会有目光接触及交流，对物品也不会产生兴趣，自然也就不会知道康复师要教什么，也不知道自己应该要学习什么，因此安坐能力是人与人之间沟通交流的基础。

进行安坐技能训练的时候，利用吸引儿童的物品是必要的。物品的选择要从儿童的角度去思考，要符合儿童的意愿。物品可以是食物、饮料、玩具，也可以是一些不起眼的东西。用喜欢的东西将儿童吸引过来之后，康复师就可以慢慢引导孩子坐下来了，并且慢慢尝试延长时间。在儿童坐下来的时间里，康复师或家长甚至可以插入一些简单的指令。

2. 模仿的训练

模仿技能的训练内容包含动作模仿与声音模仿。

根据动作的复杂程度，动作模仿可分为一步动作和连续动作的模仿。动作模仿包含粗大动作、驭物动作和口面动作三类动作的模仿。粗大动作的模仿包括生活中常见的自然动作和用于社交的动作的模仿。粗大动作的模仿对儿童更好地了解和控制自己的行为，并与他人进行交流有较好的促进意义。驭物动作的模仿，如取物训练，可促进儿童对事物的了解与联系。通过口面动作的模仿，儿童可模仿他人的表情促进其对情绪的理解。

声音模仿练习是儿童学习口语的基础，通过声音的模仿，儿童逐渐掌握新的语音和词汇。

3. 要求的训练

儿童早期的主动要求行为往往与生理需求密切相关，通常是为了获取物品或改变他人的行为以达到自己的目的。在开始要求技能训练前，康复师应首先确定儿童的反应形式，即儿童能够用何种方式进行反应，比如口语、手语、手势、图片交换、书写等。康复师可以设置环境，建立儿童需求的动机，等待儿童表达出需求，与此同时康复师应在儿童现有的反应水平上，辅助儿童使用更多的语言来表达他的需求，以此来提高儿童的语言结构及语言的使用能力。当儿童的要求能力达到训练目标时，康复师应立即给予其要求的结果，以强化儿童正确提要求的行为。

提要求是儿童基于自己的动机而发生的，该行为的后效是让儿童达到自己想要的目的，因此，这个训练是一个相对自然且儿童喜欢的学习过程。

4. 轮流的训练

轮流技能是培养儿童说话能力的重要技能，它让儿童在与人互动时，在别人做出动作或说话时学会等待，然后模仿或做出回应等。儿童会在互动中慢慢地学习语言。儿童可从游戏中掌握轮流技能，例如，在叠高积木游戏中，儿童先放一块积木，然后等待康复师放一块积木，自己再放，如此类推。

5. 共同注意的训练

共同注意的训练可以分为三个阶段：一是目光接触阶段，主要发展儿童的目光探测能力；二是应答性共同注意阶段，主要发展儿童对他人发起的共同注意有恰当反应和主动回应的能力；三是自发性共同注意阶段，主要发展儿童主动引发他人进行共同注意的能力。儿童感兴趣的事物是共同注意产生的关键要素，因此训练内容的选择要注意儿童的个体偏好，每次训练康复师可以提供 5～8 种物品或活动供儿童选择。

（二）发音训练

1. 呼吸训练

语音是语言的声音，是语言符号系统的载体。呼吸系统是发声的动力系统，充足的气息支撑是语音发出的基础。发出声音的大小、长短和吸入肺部的空气量有关，吸入的空气越多，发出的声音就会越大、越长，反之，吸入的空气越少，发出的声音就会越小、越短。因此，从呼吸训练开始训练可以为语言发育迟缓儿童开始发音做好准备。

2. 口舌操练习

儿童要想清晰、响亮、流利地说话，就需要参与发音的下颌、唇、舌等构音器官协调运动，因此，发音训练还要安排口舌操的练习。口舌操练习可以提高构音器官的力度和灵敏度，加强构音器官的肌肉力量和精细控制力。

3. 诱导发音练习

诱导发音练习用于尚未掌握模仿发音技能的儿童。每次训练前康复师须选取目标音，目标音的选择要根据儿童语音习得发展顺序由浅入深地选择。

训练环境要相对安静、温暖舒适，有适合儿童的桌椅，还有适合儿童的年龄、个性、兴趣爱好且能激发儿童发音动机的玩具。

训练步骤如下。

- 选择目标音和仿说用的玩具。
- 先出示玩具，吸引儿童注意力，激发儿童的仿说动机。
- 给予儿童正确、清晰的发音示范。
- 仿音过程中，运用康复技巧帮助儿童提升仿音能力，如示范、自言自语、平行谈话、轮流、等待等。
- 及时给予奖励，如小贴画、小印章等。奖励不一定是物质奖励，临床上一些刚满 2 岁的儿童，同样接受并喜欢精神上的奖励，包括语言的奖励、身体动作的奖励，如拥抱等。

- 做好家长指导，指导家长在家庭生活中给儿童做仿说练习，使儿童有机会学习发出更多的音。

（三）词汇训练

语言的发展应以语言的理解为基础，在理解的基础上培养儿童的表达和交流能力。

发展儿童的语言首先要把儿童放在有丰富的语言刺激的环境中，让儿童获得大量的口语输入，继而引导儿童产生听觉注意。对语言声音的关注是口语发展的首要前提。语言理解要从情境下的语言理解训练开始，逐渐过渡到自由理解阶段。儿童在语音听辨和语言理解的基础上，开始模仿语音，学习说话，逐步获得有限的表达性语言，能够使用简单的词汇或词组表达需求。之后语言内容不断丰富，儿童能够使用简单句式进行对话交流，表达自己的意愿，但语言可能存在表达不完整或前后颠倒等错误，表述也可能缺乏逻辑性。当进入语言的成熟期后，儿童开始接近成人的语言水平。

词汇是语言的最小单位，儿童要想掌握好语言这一交际工具，必须掌握足够数量的词汇，才能准确表达自己的思想，与别人自如的交谈。掌握词的数量的多少，直接影响语言表达的质量。

1. 名词

名词是语言中最重要的词类之一，是词量最大、儿童掌握最早，也最能反映儿童生活环境和认知发展的词类之一。它是儿童早期词汇中重要的组成部分，也是语言发育迟缓儿童词语训练的最大组成部分。名词可分为具体名词和抽象名词两类。儿童对具体名词的学习相对容易。在学前阶段具体名词占据名词总数的绝大部分。以下是儿童学习名词的教学活动举例。

- 先教基本词，如先教"花"这样笼统的概念，再教"桃花、荷花"等更细致的概念。
- 围绕目标词开展大量丰富的语言刺激，描述事物的顺序是从事物的外部特征到事物的内在功能。描述时要把目标词分别放在句子的前面、中间和后面。
- 不要忽略概括性名词的学习，如"水果、蔬菜、动物、植物、食物"等，这种类别概念词语有一定的抽象性，因此，语言发育迟缓儿童学习起来有一定难度。康复师可通过类别概念词语与相应实物的反复匹配，帮助孩子逐步理解。
- 方位名词和时间名词应在适当的时间出现。方位名词可以渗透在各类活动中，康复师应留意并抓住时机。例如，拿取形状玩具时，三角形还在盒子里，半圆形在盒子外面，把正方形从盒子里拿出来，等等。时间名词也这样练习，例如，早上你洗脸、刷牙了吗？早上吃什么了？天黑了，爸爸妈妈就下班回来了，等等。

- 在语言训练时，用到最多的康复技巧是重复语言、平行谈话、自言自语和声学强调。康复师除了要在课堂上使用这些技巧，还要教会家长在家庭生活中使用，这对促进儿童语言发展有很大的作用。

2. 动词

动词是表示动作行为和事物之间联系的词语，是组织句子的结构核心。因此，动词同名词一样，对儿童的语言发展具有非凡的意义。动词包括表示肢体动作的词语，如爬、跑、坐等；反映心理活动的词汇，如喜欢、想、爱护等；表示人类活动的词语，如唱歌、跳舞等；其他词汇，如助动词（会、要、可以），趋向动词（来、回、去），判断动词（是）等。在组织训练内容时，康复师应将动词与经常搭配的物品和出现的场景一起编排。以下是儿童学习动词的教学活动举例。

- 反映外部动作的动词较易掌握，但反映心理活动的动词和助动词等较难理解，因此，在教这些词时康复师应多给予一些语言强化。例如，康复师问儿童"你想吃桃子吗？"给儿童选择"想还是不想"，让儿童回答"想或不想"。教"喜欢"一词时，康复师可以事先与家长做好沟通，让家长带上儿童喜欢的食物或玩具等，课堂上康复师可以问儿童"你喜欢吃苹果吗？"让儿童回答"喜欢或不喜欢"。

- 儿童在掌握一些动词后，就可以学习动词词组和带有动词的简短句子，例如，"吃苹果、妈妈抱、穿衣服、这是杯子"等。

- 学习动词时可以采用新词带旧词的方法，例如，在儿童理解了"高兴"这一动词后，配合当下情景，康复师可给儿童输入"开心、愉快、心情舒畅、情绪好"等相关词汇或词组，达到由理解"高兴"延伸到理解更多相似词汇的目的。

3. 形容词

形容词在学龄前儿童的词量中位居第三。在学习形容词的过程中，康复师一定要调动语言发育迟缓儿童的多种感受来学习，通过视、听、嗅、味、触等感知觉来认识事物。以下是儿童学习形容词的教学活动举例。

- 选择教学目标时应由简单到复杂，定好教学目标后，康复师可以选择不同物品来呈现形容词。例如，儿童学习形容词"毛茸茸"的时候，康复师可以准备不同的毛绒玩具、带毛的衣服等多种物品，通过让儿童触摸感受"毛茸茸"的感觉，同时进行相关的语言输入。

• 随着语言发育迟缓儿童语言水平的逐步提高，康复师要逐渐加大形容词的难度，尽量缩短与正常儿童之间词汇量的差距。例如，"热闹、孤独、开心"等词汇都要有意识地呈现给儿童。

4. 其他类词汇

其他词汇有量词、代词、副词、介词、连接词等。

量词是汉语中较复杂的一项内容，量词分为固定量词和临时量词。一般最先掌握的量词是"个""只"，很多孩子常常会把一个量词使用到所有物品上，因此，康复师要给予语言发育迟缓儿童正确的语言示范，使用准确的量词，这样才能帮助儿童掌握量词。

代词分为人称代词（你、我、他、我们、你们、他们等）、指示代词（这、那等）和疑问代词（谁、哪儿、什么）等。

副词包括程度副词（很、非常、最、更）、时间副词（马上、刚刚）、范围副词（都、一共、只）、否定副词（不、没）和语气副词（也许、究竟）等。副词相对较抽象，也是学习的难点，因此，平时在语言输入中应注意使用副词。

介词包括表示对象的介词（对、比、让）和表示时间、处所的介词（从、向、在）。介词中最常用的是"在"。儿童在表达中很容易遗漏介词，因此，康复师及家长在日常表达中要注意使用正确的介词，为儿童做出正确示范，同时加以提醒和慢慢引导，帮助儿童学会使用介词。

连接词是连接单字、词及句子中的字或字群的词，但不能独立充当句子成分。

（四）词组训练

词组是指两个或多个词构成的一定的组合关系，在汉语语法中，词组介于词和句的中间。词组主要有主谓词组（爸爸刷牙）、偏正词组（大气球）、动宾词组（吃饭）、联合词组（又香又甜）等。例如，儿童说"西瓜"时，我们可以要求他说"吃西瓜"。

（五）句子训练

进行句子训练前，儿童先要具备两个条件，一是能理解常用词汇和句子，因为句子的理解也是要在表达的基础上进行的，而且两者在之后的言语发展有着相辅相成的关系；二是能运用词汇和短语表达意思。句子训练的目标是帮助儿童使用汉语常用句式结构进行表达，为沟通交流奠定基础。

句子分为单句和复句，单句在语言中占有较大比例，复句也是必不可少的。句子包括陈述句、疑问句、祈使句、感叹句、被字句。陈述句是最易掌握的，不同类别疑问句的理解和表达时间有所不同，感叹句和被字句较晚掌握。陈述句在语言交往中占有很大比例，而且较为简单。在祈使句的学习中康复师可以通过"做客"这类角色游戏让儿童使用"请坐、请喝水"等这样的祈使句。在感叹句的学习中，康复师需要创设情景，例如，开生日会，在收到生日礼物时，让儿童使用感叹句，"这个礼物太好看了，我非常喜欢！"同时伴随兴奋、开心的神情和语调。

（六）语段训练

在句子交流的基础上，康复师要引导儿童逐步达到语段水平的理解和表述。儿歌和故事是主要的语段学习形式，对儿童学习语言有很大帮助。儿歌的学习可以培养儿童语言的节奏感和韵律感，并能丰富词汇。儿歌的选择要根据儿童的年龄和语言水平决定。

在讲故事的同时，康复师还应培养儿童看图讲述的能力。儿童在听故事的过程中常常是被动地学习语言，不需要考虑故事的情节是如何发展的，也不需要自己去组织语言表达。康复师应在适当的时候把讲故事的机会留给儿童，改变"你讲他听"的模式，让儿童先试着讲出图上的内容。开始时，康复师讲出大部分故事，把比较简单的内容留给儿童讲；之后可以把更多的内容留给儿童直到他能完整地讲述一个故事或一幅图画。儿童在讲述的过程中，不仅可以锻炼其组织语言和完整表述的能力，还可以锻炼其逻辑推理、总结概括等方面的思维能力。即使是正常发育儿童，他们在4岁之前讲述的内容往往也是无条理的，他们也不会先观察再讲解。因此，在训练初期，如果儿童不能准确讲出图画或故事中的情节内容，不要批评或指责他，而要引导他进行观察，寻找图中的关联性。对于儿童在讲述中出现的语法错误或不完整的现象，康复师可以示范呈现正确的语言表达，而不要给予太多的负面反馈，避免打击儿童言语表达的积极性。

（七）沟通行为和沟通策略的训练

学习语言的目的不是为了记住各种语法或语音规则，而是为了交际。想要熟练自如地运用语言与人交流，我们必须要学会沟通。语言发育迟缓儿童在语言表达方面存在一定困难和差距，这会影响沟通的顺利进行。因此，在日常教学中，康复师应将一些沟通行为和沟通策略作为教学目标，通过在课堂上创设活动，营造沟通的情境和机会，从而帮助儿童发展沟通能力。

1. 眼神注视

眼神注视是一项非常基本的沟通行为，在与人说话时，我们的眼睛通常都会注视着对方的眼睛或脸部，以显示出我们对说话者说的信息内容的关注。康复师可以通过正确示范帮助儿童建立这一行为。

2. 轮替和等待

在日常生活中，儿童经常需要遵守轮替规则，例如，在游戏活动中轮流进行游戏，没有轮到自己时等待，或者在谈话过程中按次序轮流进行发言，不抢话。轮替和等待行为的建立能够使儿童理解沟通交流的规则，建立良好的人际关系。

3. 礼貌用语和问候语的使用

儿童经常需要使用如"早上好""再见""谢谢""不用谢"等礼貌用语进行问候或交流。生活中需要使用礼貌用语的情境很多，康复师可以鼓励儿童经常使用，例如，每天上幼儿园时与康复师和其他小朋友打招呼，去别人家做客时互相问好及道谢等。康复师也可以在课堂上创设相应的游戏情境帮助儿童练习。

4. 提问

当对某事有疑惑或想了解相关信息时，人们会通过向别人提问来获取更多、更丰富的讯息。主动提问可以帮助儿童建立并获得主动寻求知识、信息的意识和能力，在沟通中是非常必要的。例如，在做"问在哪里？"的练习时，康复师就可以把儿童平时喜欢玩的一个玩具或玩具的某个部件藏起来，当儿童想玩玩具时，他就会向康复师提问。

5. 主动与他人互动

儿童能够主动地使用肢体动作或语言与人进行互动交流，表达愿望和请求，这可以帮助他们更好地与人沟通。康复师可以在课堂和生活中创设、利用不同的情境，给儿童制造与他人互动的机会，例如，遇到困难时请求别人帮助、向别人借用某个物品、与别人分享有趣的经历，等等。

6. 开启话题

儿童如果能够使用适宜的语言开启话题就可以很好地引起他人的注意，如果能够直接说出想要表达的内容就可以很好地与人交流。在课堂上，康复师可以通过改变儿童熟悉的情境的方式，鼓励儿童开启话题，例如，改变平日上课的地点、改变玩具经常放置的位置、故意装错玩具的某个部件，等等。

7. 请求重复

当听不清楚或听不懂说话者表达的信息时，儿童可以使用请求重复的策略，例如，提出"××，可以再说一次吗？"或类似的要求。请求重复的沟通策略能够提高儿童听话的专注力和敏感度，并使儿童能主动地表达需求，帮助儿童与他人更顺利地交流。

8. 证实部分信息

在与人交谈中，儿童如果因为没有听清楚或遗忘而对部分信息不能确定，就可以使用证实部分信息的策略向说话者进行求证。例如，康复师通知了去春游的时间、要带的东西，儿童如果只是没有听清春游的时间，就不需要对方全部再说一次，而只是询问"哪天春游？"就可以了。

9. 请求说明

在沟通过程中，针对自己不明白的信息或事物，儿童可以使用请求说明的策略请说话者解释或说明。例如，"这个玩具怎么玩？""'打的'是什么意思？"请求说明的策略能够帮助儿童在与他人互动时更好地行动，以及更好地理解别人的话语。

10. 提供说明

当交谈对象有不理解或不明白的信息时，儿童需要使用提供说明的策略，向对方解释或说明。例如，在玩具分享会上，请儿童介绍自己熟悉的玩具的玩法；在与儿童一起做他熟悉的美工活动时，请儿童向大家说明制作过程等。

11. 分享对话的主导权

在与他人交谈时，要使谈话能够顺利地进行，儿童就不能自顾自地说个不停，而是要懂得分享对话的主导权，即照顾到他人，给他人发表意见和想法的机会。

12. 维持话题、延伸话题和转换话题

为了让交谈能够维持一定的长度或时间，儿童必须依据别人所传达的信息，适当地回应，以此将话题维持下去。谈话中儿童常常还需要使用延伸话题的策略，让交谈双方能够把正在谈论的话题继续下去。

随着年龄的增长，儿童的社交范围逐渐扩大，沟通中会有更多的礼貌性和规则方面的要求，因此，儿童需要发展更高级的沟通策略。例如，能用正式的言语问候与道别，能使用合适的方式引起对方注意，能使用适当的语言征询他人的同意，等等。

五、语言训练技巧

根据临床观察，尽管语言发育迟缓儿童的语言发展落后于同龄儿童的实际年龄水平，但他们的语言发展规律同正常儿童一样，经过科学的康复训练，他们有机会发展出与同龄正常儿童相当的语言能力。为提升语言发育迟缓儿童的语言学习效果，康复师要教会儿童使用语言教学技巧。

1. 声学强调

声学强调又称"声学重点"，是在给儿童输入语言时，把句子中关键词的声音通过声学能量进行强调，如重音、停顿、放慢语速、耳语、重复等方式。这个教学技巧有助于儿童更好地理解口语，更易于儿童听取口语中的特定信息。

2. 自言自语

自言自语是将自己正在做的事情或自己当时的心理活动用语言对儿童讲出来。在给儿童进行语言示范和输入时，自言自语技巧为康复师提供了一个很好的思路。康复师通过语言告诉儿童自己的感觉、自己看到的任何事物。儿童能够从康复师的语言中领会到每个动作、事物，甚至心理感受都可以用语言表达、描述出来，这会使他们对语言的认识和理解更加深刻。

3. 平行谈话

平行谈话是将别人（儿童及其他人）正在做的动作或当时的心理活动用语言对儿童讲出来。儿童的注意力一般集中在当下的情境中，因此，同步的语言输入可以强化儿童对于此情境和相关语言的联结。平行谈话技巧关键在于康复师要观察儿童的关注点，投其所好。

4. 重述语言

重述语言是将儿童说的不完整、不符合语法等的语句用正确的方式再讲一次，协助儿童进行正确表达。重述语言技巧如果使用恰当，不仅能够让儿童学到语言的正确用法，还能促进儿童模仿部分重述的内容，增加更多口语练习的机会。

5. 扩展语言

扩展语言是使用稍高于儿童已有表达能力的语句，协助儿童提升语言表达能力。康复师和家长在教学和日常生活中要注意儿童语言的扩展。康复师可以使用新旧词汇的联结进行扩展，例如，"软软的"是幼儿掌握的旧词汇，康复师在语言输入中有意识地加入新的词汇"软绵绵"和"柔软"。康复师可以使用词汇和词汇之间的联系进行扩展，例如，刀→美工刀 / 菜刀 / 指甲刀；柜子→衣柜 / 鞋柜 / 书柜。康复师可以围绕词汇做横向、纵向多角度扩展，例如，围绕"衣服"一词做扩展，可以从种类上扩展为衬衣、毛衣、外套、棉衣等，也可以从款式上扩展为长袖、短袖、短裤、九分裤等。另外，儿童也可以通过阅读进行语言的扩展与丰富。阅读材料中有丰富的词汇和句式，能够对儿童的语言能力起到促进作用。

6. 语言的重复

儿童学习新词汇或新概念时，往往不能很快记住或理解，这时康复师和家长需要多次重复，以帮助儿童理解，促进儿童表达。重复是在不同的句式中将主要词汇反复呈现，但是重复时若不强调主要词汇和概念，则该词汇和概念不能被凸显，只会"埋没"在一段话中。因此，康复师要在不断"重复"的同时，突出主要词汇和概念。

第七章 儿童失语症

第一节 基本概念

语言是人类重要的交流沟通工具,儿童期是语言习得的关键时期。根据第二次全国残疾人抽样调查的数据,0～17岁言语残疾总人数为148人,占残疾人总数的1.78%,其中0～7岁单纯言语残疾总人数为37万人,占残疾人总数的0.45%。本次调查虽然没有将失语症列为儿童残疾的主要致残因素中,但提出了儿童失语症是导致言语残疾的原因之一。对于儿童失语症的现患率和发病率目前还没有大规模的流行病调查。

儿童失语症发生在儿童语言习得的过程中,因此,对儿童失语症导致语言障碍的研究和关注可以通过分析了解人类大脑对语言功能的获取机制,对失语症儿童进行及时的早期干预和训练,减少他们在今后的社会及学习过程中因语言障碍带来的残障,从而使他们在康复后能更好地融入社会。

一、儿童失语症的历史和现状

1866年Vaisse针对儿童期语言表达异常提出了先天性失语症(congenital aphasia)这一概念。1874年Clarus对于47名语言障碍的儿童使用了儿童失语症(childhood aphasia)的名称,并对儿童失语症的发病率、表现和预后做了观察和研究,之后有学者根据Clarus的描述提出了获得性失语症(acquired aphasia)的概念。在随后的一段时期内,很多学者给儿童失语症下了不同定义,综合起来儿童失语性语言障碍基本分为三个类型,即先天性失语症、发育性失语症(developmental aphasia)和获得性失语症。

目前儿童失语症主要指的是中枢神经系统损伤后导致的儿童获得性失语症。

二、儿童失语症的定义

儿童失语症又称儿童获得性失语症,是指大脑功能损伤后,已经正常获得一定语言能力的儿童出现的语言障碍。

该定义强调了儿童失语症是一种后天获得性障碍;在发病前儿童的语言言语发展水平与同龄儿童相符,即不存在影响儿童语言能力获得的各种病因,如听力障碍、认知障碍、大脑发育落后、广泛性发育障碍以及其他影响脑发育的先天性疾病和代谢性疾病。另外，这里所指的语言障碍包括了语言的感受障碍和输出障碍。一般来讲，典型的儿童失语症也会像成人失语症那样，儿童会出现语言功能的多模式受损，即听、说、读、写的各个模式受损，但一部分儿童早期在获得文字阅读和书写能力之前也会出现失语症，因此，儿童失语症也可以主要为理解和表达两方面功能的受损。

三、儿童失语症的病因和发病机制

儿童失语症的原发病因很多，主要是中枢神经系统受到损伤所致，列举如下。

1. 癫痫

癫痫会伴随出现语言障碍，或者语言障碍是癫痫的临床表现之一。目前研究比较广泛的获得性癫痫性失语（acquired epileptic aphasia），又称为兰道-克勒夫纳综合征（Landau-Kleffner Syndrome，LKS），是由 Lando 和 Kleffner 在 1957 年首先报道的，以儿童抽搐、声音辨别不能为特点的急性或进行性获得性语言障碍。

2. 脑卒中

脑卒中是以大脑组织的供血异常为特点发病的一类临床疾病，根据发病的特点可以分为出血性脑卒中和缺血性脑卒中。儿童出现动脉粥样硬化的可能性很低，因此，脑功能退行性病变导致的语言障碍非常罕见。儿童的脑卒中多与先天性心脏病、心脏内血栓脱落或在心脏疾病手术中出现的低灌注损伤有关。此外，儿童先天性脑动静脉畸形破裂出血和儿童镰刀细胞贫血等也是脑卒中的常见病因。

3. 脑外伤

脑外伤也是儿童失语症的常见病因，儿童在脑外伤的急性期会表现出明显的语言障碍。脑外伤根据发生时间可以分为直接损伤和继发损伤。直接损伤是大脑受外力直接冲击所引起的脑挫伤及弥漫性轴索损伤；继发损伤是外伤后脑组织水肿、血肿，脑组织受压，蛛网膜下腔出血，以及脑积水、脑萎缩等。

4. 脑炎

脑炎也是儿童失语症的病因之一，脑炎的致病因子包括病毒、细菌、螺旋体和其他致病微生物，当这些致病因子累积于脑膜或脑组织时可能会引起失语症。此外，脑炎引起的高热、惊厥又会加重大脑的缺血、缺氧，引起组织的损伤导致功能障碍。

5. 脑肿瘤及肿瘤治疗

脑肿瘤引起的儿童失语症主要与肿瘤生长的部位及肿瘤的体积和生物学特点有关，

Dennis 和 Spiegler 等均报道好发于儿童的恶性成神经管细胞瘤和星形细胞瘤常会导致失语症。此外，治疗恶性肿瘤的放射治疗、化学治疗等，如针对急性白血病进行的鞘内注射也会引起儿童失语症的出现。

6. 缺氧

各种情况所致的大脑缺氧也会引起儿童失语症，临床中如一氧化碳中毒、窒息、溺水、心脏停博及严重的低血压均可致脑实质受损或缺氧缺血性脑病。

肖农等人在 2003 年对 38 例儿童失语症病因的回顾性调查显示，排在儿童失语症第一位的致病因素为脑外伤，其次才是脑炎和癫痫[1]。

四、儿童失语症的临床表现

（一）儿童失语症的语言表现

儿童失语症发生在儿童语言的形成和习得期间，因此，不同年龄阶段的儿童语言表现也不尽相同，但总的来说，语言表现在以下几个方面。

1. 语言表达能力

（1）缄默

缄默是儿童失语症中比较独特的表现，目前机制尚不明确，这里的缄默指的是相对缄默或言语声音的缄默，而并非儿童的意识障碍导致的反应低下，缄默状态的儿童通常表现出良好的理解能力，能配合家长进行非言语的活动，但缺乏主动语言，儿童有时可能会发出笑声或咳嗽声，但大多数时间家长很少能观察到儿童的自主声音。缄默在成人失语症中并不多见，而在儿童失语症中或为首发表现，临床观察脑外伤后有失语症的儿童多有语言缄默期，时间长短不一。处在这一时期的儿童，沟通交流多以手势进行，这也是缄默的特征之一。需要注意的是，缄默并不是唯一存在或出现在儿童失语症之中，因此，康复师不能只因缄默现象就对儿童的语言障碍下结论，还需要评价语言的其他方面。

（2）言语的流畅性

失语症儿童的自发言语可以是流畅性的，也可以是非流畅性的，但在临床中多为非流畅性言语。非流畅性言语表现为言语的启动困难、电报式口语、口吃样口语及语

---

[1] 肖农，王俐，吴正文，儿童失语症的病因与转归[J]. 重庆医科大学学报，2003，28（3）：350–352.

速的缓慢和句子结构的简单化，有的儿童也会出现语音语调的改变和汉语四声改变。少数儿童的失语症为流畅性言语，表现为语量增多、语速较快，伴随有奇特语和杂乱语，此类儿童随着流畅的自发言语还会有一些精神上的改变，如易兴奋、欣快，有时还会有大叫声出现。表 7-1 为判断自发言语流畅性的标准。

表 7-1 自发言语流畅性和非流畅性的鉴别标准

自发言语表现	非流畅性	流畅性
句子长度	1～2 词的长度	4 个词以上
异常停顿	有	无
异常韵律及语调	有	无
言语速率	0～50 词 / 分钟	>90 词 / 分钟
努力行为	有	无
构音问题	有（合并构音障碍时）	无

（3）命名困难

儿童在不同语言发展阶段对于词的学习内容是不同的，例如，2 岁左右的儿童使用的词汇主要以实质词为主，代词和修饰词较少，因此，失语症儿童命名困难的表现是与其语言发育阶段密切相关的，临床上儿童失语症多见名词命名困难。与成人失语症不同的是，儿童受限于语言发育阶段单词的扩展和理解能力，因此较少出现成人失语症中的迂回现象或单词的释义现象，儿童多以沉默或手势来表达。

（4）错语

成人失语症中错语是一个较常见的言语表现，错语可以分为音素性错语、语义性错语和杂乱语三类。音素性错语指目的词被错误的语音元素所替代。语义性错语指目的词被另外一个语义明确的词语所替代，例如，儿童会将"窗帘"这个非常准确的词用在自己想说出的"杯子"这个词上。杂乱语指儿童在自发言语中使用与言语规则发音无关的音素组合来替代自己所要表达的意思。儿童失语症以音素性错语和杂乱语为多见，而语义性错语则较为少见，这种现象与儿童的语言发展能力有关。

（5）言语持续现象

言语持续现象指儿童在言语对答时出现的刻板重复某一个或几个音和词的现象。言语持续现象在成人失语症中多出现在完全性失语症和重度失语症中，而儿童在临床中出现这种现象的比例并不高，但在恢复或康复过程中这种现象会短时间存在，很快会消失。

（6）语法障碍

失语症儿童在发病前语法尚处在早期发展阶段，语法的结构和应用尚未固化，因此他们在患失语症后会出现明显的语法发展倒退的现象，例如，原本可以说词句的儿童患失语症后只能说简单的单词，原有语句中的代词消失或错误使用等。此外，儿童失语症也会造成儿童学习语法的障碍，影响儿童今后语法的学习。

（7）复述障碍

儿童失语症多见复述障碍。在复述的检查和练习中，儿童通常只能重复时间距离较近的单词或发音，而不能完整地将康复师的语句重复出来。在有流畅性口语的儿童中，复述障碍则表现为儿童在脱离复述的原有内容而加入其他不相关的发音等时，依然不能准确地完成复述过程。

（8）言语运动障碍

这里的言语运动不同于运动性构音障碍的言语运动，主要表现为儿童不能主动正确地模仿动作和控制言语运动的顺序活动，而在随意活动中或吃饭等日常生活中儿童的运动能力没有受到影响。失语症儿童多合并有言语失用和口面运动的失用，这也造成了儿童控制言语运动行为能力的异常。

2. 语言感受能力

（1）语音感受障碍

失语症儿童具有正常的听力，但在患病后会出现两种现象。一种为声音感受障碍，即儿童对声音的刺激没有转头和惊吓的反应，不能对自然声音进行分辨，临床常称这种障碍为听觉失认或中枢听觉障碍。另一种为语音感受障碍，儿童能够分辨出周围存在的自然声音，但不能分辨出亲人的呼唤声和言语交谈声，完全性的语音辨识障碍又称为纯词聋。临床中这类儿童常被误诊为听力障碍而接受听力的补偿，但不能解决听觉的问题。

（2）语义理解障碍

语义理解障碍指失语症儿童对言语含义的理解异常，他们对基本的口语指令不能理解，也不能执行，但会保留对日常生活的基本理解能力，在理解力方面会呈现对高频词汇的理解好于低频词汇，对形象词汇的理解好于抽象词汇的特点。儿童失语症与成人失语症的区别是，失语症儿童的理解力比表达能力保留得更为完整，并对视觉途径的理解要好于失语症成人。

3. 文字的感受和表达能力

失语症儿童如果在患失语症之前已经开始学习文字并获得文字概念，那么在患失语症后也会出现对文字的感受和表达障碍。与成人失语症类似，儿童失语症也会有如下表现。

（1）阅读理解障碍

儿童对文字语言的习得多在学龄前期，因此这类障碍多见于5岁以上的儿童，表现为儿童对文字、词汇和句子的诵读和理解障碍。值得注意的是，此类障碍也可以不伴随失语症而单独存在，例如，在正常语言发育和智力发育的儿童中出现的阅读障碍（dyslexia）。

（2）书写障碍

书写的形式可以分为摹写、抄写、听写和自发性书写（也称为描写或命名性书写）。书写的机制较为复杂，除了与理解有关，视空间定位能力也会影响书写的文字形态。失语性书写障碍主要指的是错误书写、字形结构异常及书写不能，儿童不能使用文字有目的地书写，例如，不能写出自己的名字，丧失原有的文字记录能力等。

儿童的文字语言系统尚处在学习和建立的阶段，因此失语性文字语言障碍具体表现为儿童原有文字的语言能力停滞或倒退，严重者会丧失已习得的文字语言能力，这种能力需要在今后的训练中重新建立。这和成人失语性阅读障碍和书写障碍者显著不同，成人已经获得文字语言，不需要再学习。而儿童的文字语言学习阶段尚未结束，尽管受到了影响仍有很大的学习获得空间。

（二）儿童失语症的非语言表现

儿童失语症的非语言表现是儿童失语症不同于成人失语症的一个特点，主要指儿童在与沟通相关的知觉能力、操作能力及行为能力上的障碍表现。

1. 感知觉障碍

失语症儿童会伴有躯体及颜面部的感知觉障碍，具体表现为感觉迟钝，甚至消失，而在口面部感觉障碍中，知觉超敏的现象也不能忽视。

（1）感知觉减退

失语症儿童会出现张口呼吸、流涎及主动吞咽减少的现象，口面部感知觉的下降会使儿童在口面控制及运动上出现异常，导致儿童在发音模仿时出现口面和舌唇运动不协调或不到位，从而引起发音的错误和含糊。但失语症儿童的上述运动异常需要同构音运动障碍儿童相鉴别，失语症儿童的异常是由于感知觉的降低，而不是神经支配的障碍。

(2)感知觉超敏

感知觉的超敏并不是一种正常的感觉反应,而是指原本正常的反应扩大出现或出现在不该出现的身体部位,此类儿童大多头面部和颜面部的知觉异常敏感,不喜欢他人接触,对他人的接触会反感、躲避,甚至害怕、哭闹。口腔感知觉过于敏感容易导致儿童出现咽反射和呕吐现象,影响儿童在语言训练中的配合度和依从性。

2. 注意力障碍

失语症儿童会出现注意力方面的障碍,具体表现为儿童同对话者在沟通交流中的对视时间缩短,对事物的注视时间缩短,频繁转移注意力,易受周围环境和事物的影响,不能在学习和训练之中集中注意力,严重者不会注意人和事物,甚至对声音的刺激也不转头寻找,这严重地影响了儿童交流沟通能力的发展。

3. 操作能力障碍

儿童的操作能力是儿童在学习语言时的必要能力。通过操作玩具和其他物品,儿童能够获得对事物基本概念的理解能力,并养成去观察的学习习惯。失语症儿童会出现完成不了操作任务的情况,主要原因包括儿童有肢体障碍、空间定位障碍及对事物的理解障碍,另外,儿童会出现将玩具或其他物品丢弃,仅能做与操作无关的刻板动作及不能根据玩具或其他物品的特性按照规则完成操作等情况。

4. 沟通交流能力障碍

失语症儿童在沟通交流上有自己的特征,包括适应行为落后和异常的行为表现。

(1)适应行为落后

儿童对陌生环境和陌生人表现出较低的适应能力,例如,惧怕别人的触摸和拥抱,不愿意或躲避与别人的接触,对环境变化表现出不安和哭闹,长时间不能接受环境的变化等,这些情况常见于3～5岁的儿童,随着儿童年龄的增长,这些情况会逐渐改善。

(2)异常的行为表现

失语症儿童表现为易怒和下意识的攻击行为,这些表现在以脑外伤为发病原因的儿童身上较为多见,甚至儿童会对家长的鼓励行为产生反感,并对打断自己行为的活动感到极为愤怒。

(三)获得性癫痫性失语症

获得性癫痫性失语症是 1957 年由 Landau 和 Kleffner 两人首先报道,临床上是以获得性失语、反复发作的癫痫及脑电异常为特征表现的一组综合征。这种失语症的临床特点主要有以下几点。

- 儿童期发病，发病年龄为3～8岁。
- 获得性失语，在已获得与年龄相当的语言能力后，丧失了已获得的语言能力。
- 爆发性脑电活动，通常发生在双侧颞叶，左侧多见。睡眠中脑电活动明显增多，甚至呈睡眠脑电连续状态。
- 癫痫发作容易得到控制并具有自限性。
- 多伴有性格和行为异常。
- 没有可以解释症状的脑部疾病。
- 随着脑部异常电活动的消退，可以获得一定程度的改善。

获得性失语是获得性癫痫性失语症中的一个突出表现，即儿童在起病前语言发育正常，失语是在癫痫之前或之后出现的。这种失语症典型的表现为儿童对言语信号的听觉理解障碍，发病早期儿童可以理解别人的手势并以手势进行表达，此时他们的听力检查结果是正常的，但随着病情的发展，儿童的语音出现错误，也会出现命名困难、错语和语法障碍，儿童的自发语量逐渐减少，直至完全缄默。严重时儿童甚至对非言语的声音也会失去反应，临床常会被高度怀疑为耳聋。这种失语症在早期会有波动性表现，甚至有儿童在发病几周或几个月内完全恢复的报道出现，但是如果发病持续时间超过1年，儿童则很少能够完全恢复，而且会遗留终身的语言残疾。

虽然这种失语症被称为癫痫性失语，但临床中癫痫发作并不是每个儿童都存在的，有研究报道称约有70%的儿童会出现癫痫，而其他30%的儿童却从来没有在临床上有癫痫发作的记录。癫痫的发作可以在失语之前或之后或同时发生，发作形式多样，但无强直发作。癫痫多在睡眠中发作，清醒时儿童可有不典型的失神发作和失张力发作，同一儿童可以有多种发作形式。这种失语症的癫痫发作是一个良性的过程，发作频率相对较少，对药物反应良好，容易控制而且有一定的自限性。

脑电异常是诊断获得性癫痫性失语症的重要依据之一，其特点为背景节律基本正常，儿童在清醒时可见一侧或双侧颞部爆发性的棘慢波活动，一般以后颞显著，左侧多见。睡眠时棘慢波明显增多，甚至呈持续状态。

获得性癫痫性失语症的存在显示出儿童失语症与癫痫的联系，也表明癫痫作为获得性失语症病因的一种证据，正在逐渐引起临床医生、语言学者和语言病理学家的重视。

第二节 儿童失语症的评估

目前关于儿童失语症诊断方面的研究仍存在一定的争议，主要的争议在于儿童语言发育年龄和获得语言年龄之间的界定，也就是儿童失语症和儿童发育性语言障碍年龄之间的界定。目前为止，尚无大规模的研究资料提供数据。临床上多将2岁作为儿童获得语言的年龄界限，理由是"2岁是正常儿童开始出现第一个有意义的语句的平均最小年龄"。尽管如此，随着现代社会的发展，儿童说出第一个有意义的语句的时间还有可能提前，因此，对于儿童失语症年龄的判断仍是今后研究中需要解决的问题。

一、儿童失语症的诊断与鉴别诊断

（一）儿童失语症的诊断

儿童失语症的诊断标准仍是一个综合的判断。

1. 了解病史与生长发育史

了解儿童失语症的病因非常重要，通常病史能提供这方面的直接证据，如儿童发病后直接出现的语言障碍表现和沟通交流能力的退化。详细询问儿童在病前的语言发育史和运动发育史也是非常重要的，这些情况能够帮助医生了解儿童的语言发展和运动发展是否符合同年龄群儿童的发展水平。语言发育史包括儿童开始说话的时间及病前已经获得的说话能力，运动发育史包括儿童在病前运动发育是否正常。

2. 观察儿童的语言能力和沟通交流能力

明显的失语症儿童的语言能力不难观察，但是儿童在病后的一些非言语行为会对医生的观察造成干扰，如适应行为的降低、哭闹不合作，因此即时的检查可能无法获取准确的资料，那么对于这类儿童，医生可以通过观察儿童的日常生活行为和沟通行为及自发语的表现来确定，必要时可以由儿童的监护人提供儿童的日常影像资料以帮助医生确定儿童的实际语言能力和交流能力。

3. 进行临床听力检查

由于听力障碍会造成儿童的语言发展问题，因此常规的听力学检查是非常必要的。医生可以对幼儿采用客观听力检查的方式获得其听力阈值，对4～5岁以上的儿童尝试进行游戏测听或纯音测听来进一步获得更准确的听力数据。

4. 进行语言能力的检查和评估

语言能力检查和评估可以帮助医生了解失语症儿童的语言障碍是什么，语言发展水平如何，为进一步的康复训练提供依据。

5. 进行非语言能力的检查和评估

儿童的语言能力与其智力、运动能力、听觉、感知觉密切相关。因此，对于失语症儿童除了语言能力检查，还应进行非语言能力的相关检查，包括儿童发音水平、认知水平、感知觉能力等，以便对失语症儿童进行全面的诊断。

（二）鉴别诊断

以上五项检查可以综合判断儿童的语言障碍，明确该儿童是否可以诊断为失语症，但同时需要与以下的言语语言障碍（详见相应章节）相鉴别。

1. 听力语言障碍

听力语言障碍与儿童失语症相鉴别的要点为听力障碍。这类儿童或者在病前有听力疾病史，需要进行听力补偿，或者在病后出现对声音的反应能力降低，经过听力检查证实为有听力障碍。这类儿童在进行有效听力补偿和康复训练后，语言能力基本同于正常同龄儿童。

2. 语言发育迟缓

在语言的产生和发展方面，语言发育迟缓儿童在病前即明显落后于正常同龄儿童，并伴有运动发育的迟滞。需要注意的是一部分儿童只出现语言发育迟缓，因此，医生应详细询问病前儿童的语言能力。

3. 伴随儿童沟通交流障碍出现的语言障碍

伴随儿童沟通交流障碍出现的语言障碍常见为孤独症儿童合并的语言障碍问题，这类儿童的社会交流行为明显异于正常同龄儿童，并有特征性的异常行为特点。通过孤独症相关量表测试属于这类儿童的，其病后语言障碍同病前相比无明显变化。

4. 运动性构音障碍

运动性构音障碍主要是中枢神经受损伤后导致的神经肌肉功能异常，具体表现在与言语有关的构音运动方面，如呼吸运动的受损，以及构音器官肌肉的麻痹、张力异常与协调障碍，这类儿童在病后表现为全身运动和口唇运动的功能异常，但是具有良好的理解能力和沟通交流意愿。

二、语言能力评估

对失语症儿童语言能力的评估主要是为了了解并确定儿童是否存在失语症，失语症的程度如何，主要障碍在什么方面，怎样确定训练的重点，训练是否有效，以及是否可以终止训练等。在选择失语症的评估方法时，康复师应考虑以下方面。

- 能够了解和评估儿童全面的沟通交流能力。
- 既能明确障碍点，也能明确保留的功能和出现的代偿能力。
- 包括儿童语言发展的各个阶段的评估。
- 评估需要一定的时间和深入程度。
- 能够给后续训练的次序提供明确的依据。
- 符合儿童语言发展的文化背景。
- 对于患有某些疾病和综合征的儿童即将出现的功能异常和退化，也能在失语症的评估中获取有益的信息。

与成人失语症评估不同的是，儿童失语症发生在语言的习得阶段，此阶段儿童的各项语言功能并不成熟。儿童在不同年龄阶段或在同一年龄阶段语言发展的差异性都是非常大的，而国内目前尚没有一个一致性较好的专门用于评估失语症儿童语言能力的量表，因此提倡使用与语言相关的功能量表进行检查和评估。目前国内主要采用成人失语症量表的部分内容和儿童语言发展水平评估这两种基本的评估方法对儿童进行语言能力的综合评估。发达国家和地区对儿童失语症的评估思路基本上与国内相同，但他们已经开始采用一些专用的儿童失语症评估量表。下文将综合目前国内外的检查，概述儿童失语症的常见评估方法。

1. 失语症综合检查

国内使用的儿童失语症的检查量表以中国康复研究中心汉化的汉语标准失语症检查表（Chinese Rehabilitation Research Center Aphasia Examination，CRRCAE）为主。该检查量表是由日本标准失语症检查量表（Standard Language Test of Aphasia，SLTA）汉化和修正而来，SLTA 的设计和使用主要针对成人，其常模和标准差也是以成人为检查对象得来的。

CRRCAE 在结构上与 SLTA 类似，共有 9 大项目，30 个分项测试，可以应用于 6 岁以上的儿童，其可信性在 8 岁以上的儿童中更加均一，因此学龄期儿童的失语症检查可以使用 CRRCAE 来进行评价。

2. 语言发育迟缓检查

对于 2～5 岁的幼儿，可以采用语言发育迟缓的评定量表评价儿童的语言功能。S-S 评价法主要适用于儿童语言发展的评估，是通过符号和指示内容的关系确定儿童的语言发育阶段，从而对比同年龄段的儿童语言发育来判断儿童语言的实际发育年龄的一种常用方法。目前该检查法由中国康复研究中心汉化并用于全国大多数的儿童语言康复机构。该检查法中的语言符号的理解检查和表达检查可以用于幼儿在获得语言符号后的检查，从而对失语症儿童的语言理解能力和表达能力做出准确的评估。

3. 伊利诺斯心理语言能力测验

伊利诺斯心理语言能力测验由美国伊利诺斯大学柯克（S. A. Kirk）设计，主要用于测量 3～10 岁儿童的语言交流能力。该测试包括回路（听觉、发音、视觉、运动回路）、过程（接受过程、表现过程、综合过程）和水平（表象水平、自动水平）三类内容，共有 10 项正式测验和 2 项任选测验供检查使用。测试的结果用心理语言年龄和得分来进行表示。

4. 儿童获得性失语筛查表

儿童获得性失语筛查表（Children's Aphasia Screening Test，CAST）适用于 3～7 岁由脑损伤或疾病导致的失语症儿童的语言能力和前语言能力的评估。

该量表的框架结构类似于成人失语症检查量表的框架结构，主要包括了对于语言系统的感觉–运动输入和输出的检查。该量表包括针对理解能力的测验和针对表达能力的测验，由 25 项测验组成，每项测验包括 5 个项目。选择测试材料的原则是简单、清晰，易于接受和易于控制。理解能力检查包括视觉概念的测试和听觉语言理解能力测试。其中视觉概念的测试有分别对实物、图形、形状和颜色的匹配测试及对字母形状的匹配测试，听觉语言理解能力测试有对实物、图片、颜色和动物的动作及实物图片的功能进行选择测试。表达能力检查包括前语言测试、语言表达能力检查和附加检查。其中，前语言测试是要求儿童对舌的运动、动物的叫声、人的说话声及大声从 1 数到 10 的行为进行模仿，语言表达能力检查包括图片同义的命名、句子结构、图片描述和应答性对话的检查，附加检查包括绘画、抄写和手势语的检查。

5. 儿童版代币测验

儿童版代币测验（Token Test For Children）适用于 3 岁至 12 岁 11 个月的儿童。该测验是由 20 个不同尺寸、大小和颜色的代币物组成的一个成套检查工具。儿童需要在测试中明确和执行 45 条口语命令，口语命令按照顺序增加句子的长度和复杂程度。该测验属于理解能力的单项检查，具有较高的敏感性，并能对于失语症儿童的理解能力进行量化评分，可以直观地反映出失语症儿童理解障碍的严重程度。

6. 皮博迪图片词汇测验修订版

皮博迪图片词汇测验由美国邓恩夫妇在1959年首次提出，并在1981年进行了修订。该测验适用年龄范围为2岁半至18岁，主要是为了测试儿童的词汇理解能力，因此测试时儿童不需要口语作答，而需要对测试图片做出判断并指认。该测验在智力障碍和心理评定上应用较广。1990年，华东师范大学桑标等人对该测验进行了上海地区的常模研究，研究结果证明该测验具有较好的信度与效度[1]。该测验也是作为失语症儿童单项听理解能力的检查，并能将测验结果与正常儿童进行比较，从而明确儿童听理解能力所处的实际阶段，为训练做出指导。

7. 口语表达能力评价

在国内，儿童专用的口语表达能力评价可以使用语言能力评估标准中的看图说话测试。该测试主要是通过儿童对图片内容的表达评估其口语表达能力，并与其实际语言年龄进行比较。图片按照儿童语言的发展从单词到语法结构进行排列，并按顺序对儿童进行检查。

此外，儿童口语表达能力检查可以利用波士顿图片命名能力检查进行命名障碍的评估。该项检查常用于成人的命名能力检查，是由Kaplan等人编制并在1983年发表。该检查主要由30张常见物品的黑白线条图画组成，检查时由儿童说出图片名称。

8. 读写能力检查

医生对学龄期的失语症儿童需要进行读写能力的评价。读写能力检查主要分为对文字的理解、朗读和书写能力检查，目前汉语中尚没有标准化的量表可供使用，医生可以根据汉语标准失语症检查表（CRRCAE）中的读写检查分项来进行，但需要考虑儿童在病前的读写能力，因此了解病史和儿童的学习能力很重要，它们可以为医生在评价中选用正确的材料提供依据。

三、非语言能力评估

儿童失语症发生在语言的习得过程中，而儿童语言能力的习得并不是一个孤立的事件，是儿童智力、运动，以及听觉、视觉和触觉等感知觉发育逐渐成熟的结果。因此，对儿童失语症的评估，医生除了要针对儿童语言相关功能进行评价，还应对儿童

---

[1] 桑标，缪小春. 皮博迪图片词汇测验修订版（PPVT-R）上海市区试用常模的修订[J]. 心理科学通讯，1990，（5）：22-27.

在语言障碍时期的其他与语言习得有关的功能做出正确评价,以便为之后的训练和预后判断提供更多的依据。

(一)儿童发育水平的评估

目前国内常用的量表有以下几种。

1. 格塞尔发育量表

格塞尔发育量表(Gesell Developmental Schedules)是由美国心理学家格塞尔于 1940 年制定并发表的,1974 年的修订版本适用于 0～5 岁的婴幼儿,目前国内使用的中文修订版为北京儿童保健所(现名北京儿童医院)于 1986 年进行修订和标准化而来的。该量表最初检查 4 个能区的发育状况,即动作能区、应物能区、言语能区、应人能区,修订后动作能区被细分为大运动能区和精细运动能区,因此,量表目前检查 5 个能区的发育状况。该量表通过计算每个能区的成熟年龄和发育年龄得出儿童的实际发育商,并以此评价儿童的发育水平。该量表可以用来判断儿童神经肌肉或感觉系统是否有发育缺陷,帮助医生对儿童神经系统的实际发育做出准确评价。

2. 丹佛发育筛查测验

丹佛发育筛查测验(Denver Developmental Screening Test,DDST)是由美国丹佛大学心理学家弗兰肯伯格在 1967 年发表的,其检查对象为 0～6 岁的婴幼儿。该测验属于筛选测验,能够快速、简单地筛查出发育异常的儿童,从而为进一步对儿童进行其他的诊断性检查提供依据。该测验在我国已经做了汉化和标准化,是我国一种标准化儿童发育筛查方法。该测验由 104 个项目组成,共分为 4 个能区,个人–社交能区反映了儿童对周围人群的应答能力和自理能力;精细运动–适应性能区反映了儿童的观察能力及用手操作取物和画图的能力;语言能区反映了儿童的听觉、理解和运用语言的能力;大运动能区反映了儿童坐、步行和跳跃的能力。

3. 新版京都神经发育检查

京都神经发育检查是在 1951 年由日本京都儿童医院设计使用并提出的,并于 2002 年修订,是日本应用较广泛的一个标准发育评价量表。该检查适用对象跨度较大,适用于 0～14 岁儿童,检查的项目主要包括 3 个领域,即姿势与运动、认知与适应能力及语言与社会能力。该检查项目较多,每项检查较细致,检查结果可以准确反映儿童的实际发育情况,但目前该检查并未在国内使用。

4. S-M 社会生活能力检查

S-M 社会生活能力检查(Social Maturity Scale,S-M scale)应用较为广泛,主要用

来评价 1～13 岁的儿童的沟通交流能力及其他的社会适应能力。该检查包括对儿童生活自理、活动、作业、意见交换、社团参与及自我控制能力的发育水平评价，通过计算得出儿童的社会生活年龄和社会生活指数，从而帮助医生了解儿童在社会参与中的实际状态和障碍问题，为制订有针对性的干预方案提供依据。

（二）儿童认知水平的评估

1. 韦克斯勒智力量表

韦克斯勒智力量表（Wechsler Intelligence Scale）是目前使用最广泛的智力量表之一。它分成人智力量表（WAIS-R）、儿童智力量表（WISC-R）和学前儿童智力量表（WPPSI）。三个量表既各自独立，又相互衔接。

儿童智力量表和学前儿童智力量表的编制原理、特点与成人智力量表相同，分为言语测验和操作测验两部分，每部分包括 6 个分测验。每位被试者分别做言语测验的 5 个分测验和操作测验中的 5 个分测验，每部分中的第六个分测验可作为某种原因不能实施某个子测验时的补充。言语测验内容包括普通知识、一般理解、算术、找出事物相关点、词汇解释、数字广度。操作测验包括填图、图片排列、积木图案、物体装配、代码配对和迷津。

韦克斯勒儿童智力量表适用于 6～16 岁儿童及青少年，林传鼎和龚耀先各自对此量表进行修订，分别称为韦氏儿童智力量表中国修订本（WISC-CR）和中国—韦氏儿童智力量表（C-WISC），目前国内广泛用于心理、教育、医学等领域。

韦克斯勒学前儿童智力量表是韦克斯勒儿童智力量表的扩延，用于 4～6.5 岁儿童，汉语版称为中国—韦氏幼儿智力量表（C-WYCSI）[1]，因为我国目前城市与农村经济文化条件尚有一定差别，所以此量表分为城市版和农村版。

2. 考夫曼儿童成套评估测验

考夫曼儿童成套评估测验（Kaufman Assessment Battery for Children，K-ABC）发表于 1983 年，是美国心理学家考夫曼夫妇根据认知心理学、神经心理学和临床研究的最新成果编制而成的。该量表由继时性加工量表、同时性加工量表和成就量表 3 个基本部分构成，共有 16 个分测验。

测试人员先要根据被试者的年龄从 16 个分测验中选择 7～13 个分测验进行测试。

---

[1] 龚耀先，戴晓阳. 中国—韦氏幼儿智力量表（C-WYCSI）的编制 [J]. 心理学报，1988，（4）：364–376.

儿童完成后，测试人员计算量表分数，然后，将继时性加工量表、同时性加工量表、成就量表和心理加工量表（相当于继时性加工和同时性加工之和）所包含的分测验的量表分分别求和，再转换成标准分数和百分等级，就可以对被试者的智力发展状况做出分析和判断。一般来说，年龄越大的儿童需要进行的分测验越多。不过，每个被试者最多只做 13 个分测验。该量表适用于 2 岁 6 个月至 12 岁 11 个月的儿童，其中学龄前儿童平均用时 45 分钟，学龄儿童平均用时 75 分钟就能完成测试。该测验使用语言文字的情况较少，因此适用于听力障碍、言语障碍、情绪障碍、智力障碍及学习障碍儿童。测验任务有趣、容易施测也是本测验的两大优点。

（三）儿童感知觉能力的评估

1. 听觉功能的评估

听觉功能不同于听力水平。失语症儿童的听力水平多无异常，医生利用相关的设备检查（如耳声发射和脑干诱发电位测试）便可以明确诊断。而听觉功能指的是大脑对感受声音的正常认知过程，如儿童对环境音、动物声和人语声的辨识能力。听觉功能是婴幼儿学习语言的必要基础条件之一。前文提到的"听障儿童听觉语言能力评估标准与方法"中的自然环境声响识别测试可以用于了解儿童对于声音的感知能力。此外，条件反应定向测听和游戏反应测听均可以间接观察幼儿对于声音的感知反应，从而获得儿童听觉功能的情况。近年来，随着电生理学的发展，事件相关电位（Event-Related Potential，ERP）的测试也开始用于听觉功能的检查，该测试客观性较强，可以不依赖于儿童的主观反应，因此测试结果更为可信。

2. 视觉功能的评估

视觉功能与视力水平之间的关系类似于听觉功能与听力水平之间的关系。视觉功能也称为视知觉功能，指的是大脑将到达眼内的光线信息进行接收、解释并形成概念的过程。视觉功能的评价主要包括视觉注意力、视觉记忆、区别图形能力和视觉想象能力的评价。

视觉注意力的评价主要反映了儿童对视觉刺激的注意、追踪和分配的能力。视觉记忆的评价反映了儿童对视觉刺激的记忆过程，儿童可以利用视觉记忆将之前的视觉刺激与新的视觉刺激进行对比、匹配和选择，从而获得对视觉信息的辨别能力。区别图形能力的评价是儿童通过视觉去区别图形的形状、面积、色彩、数量、空间、位置和次序的能力。视觉想象能力的评价是儿童通过声音进行相关图像想象的能力，如当测试人员对一幅未完成的画说出"这是一只大熊猫"时，儿童能够根据想象将图形或画像补完或重新绘出的能力。视觉功能对于儿童语言概念的形成和文字的学习非常重要，因此，需要进行必要的检查和评估。

3. 口腔感知觉的评估

人在说话时只有依靠口腔的构音器官进行相应的活动才可以发出清晰的结构化声音，口腔各器官的位置觉、温度觉和运动觉等口腔感知觉减退会使儿童运用口腔各器官的能力退化，加重口失用的表现。临床上可见儿童长时间地张口呼吸，不能进行口腔运动的模仿，不能分离区别口腔各器官的活动等。儿童如果有口腔感知觉过敏史，就会害怕进行口腔运动，出现恶心、呕吐的反射，这些表现会造成儿童在后续训练时对发音和构音运动的抵触和不合作，从而影响训练的效果。因此，口腔感知觉的评价可以给训练提供有益的指导。

总之，儿童失语症的评估既有正式的标准化评估，也有一般的功能性评估。个体的差异性既有发育的差异，也有环境的差异，还有语言习得背景的差异，因此康复师在进行儿童失语症的评估时要认识到评估的灵活性和个体差异性，从而选择适合的评估方法，准确了解儿童的障碍状况，为后续康复训练打好基础。

第三节　儿童失语症的训练

目前，儿童失语症的康复训练方法基于循证医学的证据尚不充足，国内外也缺乏相关指南文件，因此，针对儿童失语症的康复训练研究仍然处在实践之中。

一、训练原则

儿童失语症与成人失语症在神经发育、解剖、表现等方面都有所不同，因此训练的策略和重点也有很大的差异，但是儿童失语症的训练原则基本上与成人失语症的训练原则类似，具体如下。

1. 早期干预的原则

儿童失语症的康复训练强调早期干预，康复师在儿童一般情况稳定时就可以对儿童开展语言相关的训练。康复师鼓励儿童使用代偿能力，建立良好的家庭交流沟通条件，为儿童后期的进一步康复打下基础。研究证明，早期进行语言康复训练的失语症儿童可以较快地建立起交流沟通模式，并缩短住院康复时间。

2. 强化原则

儿童失语症的训练建立在语言功能习得的基础之上。由于患病，失语症儿童脱离了日常的学语环境及沟通交流的条件，因此在康复训练中康复师要强调恢复和维持儿童已经习得的语言能力。

在康复训练中，给予一定强度的训练和强化对康复效果有相当的积极作用。强化需要建立在训练和实际应用的基础之上，需要家庭的介入和辅助才能取得良好的效果。不过，强度也需要控制，以免儿童产生厌倦情绪或诱发其他并发症，如癫痫等。

3. 针对性原则

儿童失语症的康复训练要有针对性。康复师在训练前要对失语症儿童的障碍进行准确评价。有针对性的训练可以起到短时间的强化作用，并能较快地改善儿童损伤的功能。为了达到训练目的，训练一个阶段后康复师需要重新评估以评价训练效果，并及时调整训练方向和训练重点，以保证训练内容为儿童所需。

4. 结构化原则

儿童失语症的康复训练与成人失语症训练的不同之处在于儿童处在系统学习语言的阶段，因此，仅仅使用常规的一般性语言训练是不够的，康复师需要根据语言的学习过程制订结构化的训练任务，从简单到复杂，渐进式地刺激并教授语言。这样的训练不仅能够促进儿童已有语言能力的康复，也能够结构化地促进儿童重新学习语言，获得语言功能。

5. 持续性原则

儿童失语症的康复训练应是持续的过程。在儿童语言发育成熟的过程中，语言康复训练应该持续进行，并与学习相结合。机构的训练一般是有时间限制的，因此，家长的参与和执行对后续的家庭康复训练非常重要。训练中康复师应鼓励家长学习基本的训练方法，开展对儿童的辅助康复，指导家长开展儿童出院后家庭康复阶段的训练，随访并调整儿童的训练方案，这些都有益于儿童获得完善的功能康复。

6. 鼓励和激励原则

积极正向的引导对失语症儿童坚持康复训练、乐观面对自己的障碍、主动进行社会参与有重要的意义。在训练中康复师应对儿童的参与和改善给予及时、正面的鼓励与激励，以促进儿童的自我学习欲望。

二、训练策略与方法

（一）训练策略

1. 游戏的策略

儿童是在游戏中学习语言及其他相关技能的，这点与成人有显著的不同。通过游戏，儿童发展了自己对事物的观察力、注意力、理解力和模仿能力，此外，还掌握了社交和操作的技巧。因此，游戏的策略适用于各种类型的训练。

对失语症儿童来说，游戏可以消除他们对训练环境和康复师的恐惧，培养儿童对训练工具和材料的兴趣。同时，康复师可以利用游戏很好地刺激儿童听感知、视感知和触觉等感知能力的恢复和发展，从而为有针对性的康复训练打下基础。

2. 建立实用交流的策略

语言是在交流中产生的，儿童在发育过程中很大程度需要家长的照顾和抚育，实现基础交流需要家长的教育和引导，但需要注意的是，如果家长辅助得过多，反而会使儿童的主动交流能力和实用交流能力降低，从而影响语言功能的自然恢复，即是失用性退化的结果。

实用交流能力的训练就是要把儿童的语言训练与日常生活、游戏、集体活动和学习过程结合起来，促使儿童使用自己保留和代偿的语言功能，从而促进其语言功能的进一步恢复、习得和发展，改善其使用语言的条件和能力，达到交流的目的。

3. 刺激治疗与教育结合的策略

刺激治疗是失语症训练的基础，其原理来源于语言习得的基本过程，也是各种训练方法发展的来源。在成人失语症的康复训练中，刺激治疗是主要的训练方法。刺激治疗也适用于儿童，训练中应与语言的教育相结合。康复师利用刺激治疗建立儿童语言的习得模式并及时展开语言的教学，从而扩大儿童的语言习得范围。这样既能代偿和恢复儿童已经失去的语言功能，还能针对语言刺激治疗无效的方面，利用儿童大脑所处的学习阶段，发挥儿童的学习能力，重新学习语言，扩展语言能力，提高训练效果。

4. 增强和辅助交流的策略

康复师要在语言的康复训练中较好地利用儿童的学习能力，这一点是儿童失语症训练不同于成人失语症训练的鲜明特点。即使是失语症的儿童，他仍然具有学习使用新的工具和交流方式的能力。例如，在训练中康复师可以利用音乐旋律引导儿童对发音和呼吸进行控制和习得，同时也能很好地改善交流效果。对于处在缄默状态的儿童，康复师可以教会他们使用交流图册和电子交流图板表达自己的需求和决定,并将这些工具应用于社会和家庭的交流中。在实践中,经常会有家长担心儿童使用这些方式会忽略对语言发音的学习和训练,实际上这种担心大可不必,利用辅助交流的手段可以促使儿童理解能力的提高,对其在后续进行语言功能的康复是有积极意义的。

5. 小组和集体训练的策略

经典的儿童失语症训练强调一对一的训练,认为这样可以避免因刺激产生的条件反射形成干扰而不能将好的反应维持下来,但是,儿童具有社会活动的天性。集体活动反而更会使儿童集中注意力,注意模仿,甚至产生竞争性学习的反应,是有利于语言康复的。同时,小组和集体训练有利于儿童主动使用自己的交流方式与他人进行沟通,从而提高儿童的社会性活动能力,为其将来回归幼儿园、学校打下良好的基础。因此,儿童失语症的治疗也提倡在能力相当的几个儿童之间以集体训练的形式来进行康复治疗,这样往往会获得比一对一训练更好的效果。

(二)训练方法

1. 刺激疗法

失语症的刺激治疗是由舒尔(Schuell)在19世纪60年代提出的,用于成人失语症的康复治疗,是目前失语症治疗的主要理论依据。刺激治疗强调了听觉理解在失语症康复中的重要意义,并强调了具有一定强度的康复治疗的有效性。刺激治疗主要包括6个治疗原则。

(1)使用强烈的感觉刺激

舒尔强调了听觉刺激在语言康复中的有效性,以及听觉和视觉联合刺激对重度及复杂失语症治疗的有效性。

(2)使用适当的感觉刺激

在康复治疗中感觉刺激应是适当且利于引起儿童反应的。康复师应根据儿童的需要进行感觉刺激的调整,通过调节刺激的频率、熟悉程度、速度、长度及刺激声音的大小等增加或减少训练中的难度,从而达到适当地自然引出儿童反应的效果。

(3)反复进行感觉刺激

康复师要使儿童对刺激产生稳定、正确的反应,就应适当进行重复强化。

(4)刺激应引起儿童的反应

儿童应对刺激产生注意、表情变化、指示动作、语音和示意等反应,这有利于形成刺激和反应的回路,这些回路在刺激的引导下得到辨别、选择、整合,从而促进下一步形成的刺激-反应回路。

（5）对刺激引出反应的正强化

对于刺激引出的反应，康复师应给予反馈和强化。康复师应将正确的反应通过正强化固定下来，并对容易完成的刺激进行难度调整以逐渐提高儿童的能力。

（6）对刺激的矫正

如果由于刺激的不适当或难度过大而无法引出儿童正确的反应，康复师要及时矫正刺激。对于儿童出现的错误反应，康复师应给予负强化措施，以免儿童再次出现错误反应，但是要注意，在矫正儿童反应时应避免儿童出现不良情绪或挫折情感。

刺激治疗适用于失语症儿童，在训练时康复师需要注意选择符合儿童发展阶段的训练材料，如彩色图片、有趣的玩具、婉转悦耳的声音材料等，这些材料有利于引出儿童正确的反应并帮助儿童进行训练。

2. 感知觉的训练

感知觉的训练包括声音的感知训练、图形的感知训练、注意力训练和口腔知觉训练。

（1）声音的感知训练

声音的感知训练主要包括声音的辨别训练和仿说训练。声音的辨别训练是利用声音材料让儿童对环境声音、玩具声音、动物声音和人的话语声进行辨别的训练。康复师选用适当的鲜艳的玩具、图片、卡通图画作为输出条件，并尝试和儿童同时去模仿声音，让儿童了解、掌握声音的特点和概念。声音的仿说训练是训练儿童学习并模仿康复师的声音，包括声音的长短、个数，不同声音的组合及叠音词的发音。这个训练可以使儿童逐步掌握模仿大人发音的能力，为复述训练打下基础。

（2）图形的感知训练

图形的感知训练是通过选择、匹配、归类和拼搭的方式训练儿童观察图形的形状、大小、方向、结构、位置和颜色等特征，为儿童后续的图片理解和指认训练建立基础。

（3）注意力训练

注意力训练是利用镶嵌板、拼图、串串玩具和套圈玩具等材料训练儿童的持续操作能力和合作能力，并逐渐延长操作时间，增加儿童集中注意力的时间，为儿童学习能力的恢复建立基础。

（4）口腔知觉训练

口腔知觉训练包括口腔感知觉和运动觉两方面的训练。康复师选择适当的刺激物，利用味觉和温度觉刺激儿童的口腔感知觉，这个训练可以使感觉反应过度的儿童在改善口腔敏感度的同时增加口腔的主动活动机会。康复师可以利用按摩棒、呼吸工具（如泡泡）训练儿童的口腔操作，增加儿童的口腔运动觉。在训练中康复师应注意采用引导和诱导的方式，增加训练的趣味性，同时加强儿童对康复师的模仿，但不要进行强迫训练，以免增加儿童的恐惧感。

3. 旋律音调疗法

旋律音调疗法（Melodic Intonation Therapy，MIT）是在左侧大脑损伤引起的失语症儿童的训练中利用右侧大脑半球对旋律语调的发音控制机制代偿和支持左侧大脑语言的口语输出处理通路，从而引导儿童进行有目的发音说话的过程。该疗法近年来广泛地用于重度失语症及严重的言语失用等运动性言语障碍儿童的训练之中。儿童对音乐旋律和节奏较成人更能产生注意和兴趣，同时有节奏的发音和旋律也更利于儿童跟随康复师进行发音的模仿活动。康复师利用 MIT 的训练程序可以使儿童更有兴趣参与到训练中。目前已有利用 MIT 的训练程序对失语症儿童进行口语表达的训练和研究。

4. 小组训练与集体训练

失语症儿童的小组训练和集体训练在儿童之间、儿童与家长之间，以及儿童与康复师之间提供了交流的机会。小组训练和集体训练以游戏作为主体，在游戏的基础之上添加儿童之间的相互协作、儿童与大人之间的相互合作。康复师利用歌曲、体操、舞蹈的形式开展沟通和交流的训练和发声训练，从而提高儿童的语言交流能力。

5. 扩大和替代沟通训练

在正常的沟通交流中，非言语交流的行为非常普遍。尽管非言语交流较言语交流从形式上来讲准确性较差、效率较低、传递信息的速度较慢，但它具有直观、易于理解和易于学习的特点。对于严重失语症的儿童、缄默期的儿童、慢性失语症后遗症及严重的言语失用的儿童，康复师都可以使用非言语交流形式帮助儿童进行沟通。

辅助儿童进行非言语交流的策略是扩大和替代沟通策略（Augmentative and Alternative Communication system，AAC）。AAC 的学习和使用不仅是在儿童确实无法进行言语交流后采用的"最后"手段，也是失语症儿童短期和长期使用的辅助手段之一，是一项训练内容。康复师应向家长进行科学的宣传和推荐，打消家长对应用非言语交流手段会影响儿童语言发展的顾虑。

AAC 根据内容可分为手势语或体态语系统、符号系统、实物系统、图片系统、图示系统和电子信息交流系统。利用 AAC 的原则和工具，儿童可以避免处于"被忽略"的状态，而能够主动参与到日常沟通中去，从而改善儿童的理解力。同时，AAC 系统也能很好地使儿童在回复的过程中学习新的适合口语交流的词语，扩展儿童的语言知识，为临床上传统的语言训练提供很好的辅助促进作用。

三、家庭指导与支持

对失语症儿童的家庭指导和支持非常重要。康复师需要在训练的同时教会家长必要的沟通技巧，以及如何去辅助而不是替代儿童进行语言上的交流。家长对儿童的强迫和惩罚行为，以及不去干涉的对策，都不利于失语症儿童的康复。在训练时，康复师可以邀请家长参加并一同采用正确的方式去引导儿童的交流，这有利于儿童失语症的康复，但也要强调家长参与的时机和方式。例如，对儿童已经形成的不良交流方式，家长在训练时应回避，这样康复师能够重新矫正儿童异常和不良的交流行为，为儿童掌握正常的语言功能建立良好的基础。

一般来讲，家庭指导和支持主要包括家庭训练的指导和支持，以及社会生活的指导和支持两个方面。家庭训练的指导和支持主要是儿童在家庭中进行的持续的语言能力训练和家长在儿童训练期间的训练对策和方法。社会生活的指导和支持主要是儿童在上普通幼儿园和学校后期所采用的学习和生活支持对策，包括对儿童学习的帮助、班级生活的开展和学校环境的调整等方面，这种支持能使儿童较快地回归社会，接受正常的学龄教育。

四、预后与残留障碍

儿童失语症的预后与儿童的年龄和病因有密切关系。一般年龄在5岁以下的失语症儿童预后较好，脑外伤的儿童较其他病因导致的失语症儿童预后好。即使失语症儿童在口语交流和日常会话中能够得到非常理想的恢复，他们在后续的学习环境、工作环境和人际交往中仍可能出现障碍。目前儿童失语症的恢复尚缺乏大规模的流行病调查和可靠的恢复评价指标，还没有可信的数据能说明失语症儿童恢复和回归的程度。因此，儿童失语症的预后仍需要大量的临床数据来进行研究和佐证。

失语症儿童常见的残留障碍包括较同龄儿童的语言发展水平落后、口语表达障碍（如命名和找词困难）、学习困难、社会适应行为的落后，以及沟通交流行为的异常等。同儿童失语症的预后一样，对失语症儿童的长期随访仍缺乏临床数据。

第八章　言语语言障碍的预防宣教

第一节　预防宣教要点

一、各类言语语言障碍预防的要点

（一）构音障碍的预防要点

构音障碍的预防训练应根据病因开展。

运动性构音障碍的儿童由于神经病变等出现与言语相关肌肉的麻痹、收缩力减弱或运动不协调等现象。在原发疾病平稳后康复师应尽早为儿童开展针对构音异常的训练，如根据异常部位及异常的发音进行有针对性的改善训练。康复师可通过保持正确的身体姿势、改善肌张力、提高肌力、促进运动协调等方法针对言语表现进行训练，并根据评定结果从呼吸、喉、腭、腭咽区、舌体、舌尖、唇、下颌运动依次进行。康复师要注意根据儿童的身体状况选择适当的训练方法和强度，训练的次数和时间原则上越多越好，但要避免过度疲劳。

器质性构音障碍的儿童须先通过手术修复唇腭裂和舌系带过短等器质性问题，恢复后再进行相应的训练，如腭咽闭合功能训练、唇舌运动训练及语音训练。一般建议康复训练应在修复术后，即手术部位肿胀基本消退，缝线已自行脱落或拆除，手术部位的知觉开始恢复后，尽早开展。

功能性构音障碍的儿童在语言水平 4 岁以上、异常构音固定化的情况下须进行构音训练，如听觉训练和构音动作训练。康复师可通过听辨训练，改善错误的构音习惯，改变错误构音动作，重新学习正确构音动作，从而改善发音。

以上三类构音障碍还可以通过口部运动训练，加强口部肌肉力量和运动功能，起到预防作用。口部运动训练是利用触觉和本体感觉刺激技术，促进口部（下颌、面部、唇、舌）的感知觉正常化，抑制口部异常运动，并建立正常的口部运动模式的训练方法。

（二）听力言语障碍的预防要点

听力障碍预防包括一级预防和二级预防、三级预防，具体如下。

1. 一级预防

社会层面，要保证空气、水、食品的安全。个人层面，备孕期间要做好准备，如锻炼身体、不抽烟、不酗酒、不熬夜；新房装修要保证各种检测指标安全；在孕期要保证营养，避免感染，避免接触有毒有害物质，定期到正规医院进行围产保健。

2. 二级预防

如果母亲有早产、高胆红素血症或宫内感染的情况，新生儿就要做各种与听力相关的检查。

3. 三级预防

儿童如果确定有听力障碍，就要早期对症治疗，如抗感染治疗、佩戴助听器、植入人工耳蜗等。

听觉能力是言语能力发育的前提和基础，聆听技能的获得是确保听障儿童获得有声言语的重要保障。因此，对已经确诊存在听力障碍的儿童来说，早期发现听力异常，早期得到明确诊断，早期验配助听器或植入人工耳蜗，同时开展听觉训练、言语语言训练，促进言语能力的发展，才能将言语语言障碍降到最低程度。

（三）嗓音障碍的预防要点

根据嗓音评估结果，有些嗓音障碍的个体只需要进行嗓音保健即可，而有些个体则需要进行嗓音训练，但即使如此，日常的嗓音保健对嗓音障碍的预防也十分重要。

在日常的嗓音保健中，儿童应当注意以下几点。

①声带要注意保湿；当环境干燥、大量用嗓、每天喝含咖啡因的饮料较多时，要注意补水。

②避免乱发脾气、争吵、喊叫、模拟怪声；避免频繁清嗓子、用力咳嗽。

③避免长时间不停地用声，尤其在嘈杂的环境中应避免长时间大声说话；避免长时间用耳语声说话（即说悄悄话），尤其是声带术后的病人。

④说话语速不宜过快；避免使用不恰当的音调、音量说话（如说话音调过高/过低、音量过大）；在大的房间或人群中说话时，应使用扩音设备。

⑤注意避免被动吸烟。

⑥饮食尽量清淡，不宜过于辛辣、油腻，限制食用酸性食物及富含薄荷醇的食品；睡觉前三个小时不宜进食，避免引起反流性喉炎。

⑦尽量避免待在干燥、污染的环境中；避免吸入刺激性物体（如粉尘等）。

⑧保证充足睡眠，舒缓压力。

（四）口吃的预防要点

口吃儿童通常在嗓音方面没有异常，能够正常组织词序、语法和语句。最轻微的口吃通常不易被察觉，最严重的口吃影响到大多数言语交流。口吃儿童的言语流利度可随情景变化而变化，可能与不同情景所造成的焦虑、紧张情绪有关，如在唱歌、朗读和自言自语时，口吃会减轻，但在打电话、演讲时口吃会加重。

口吃的预防应从儿童学语时期开始，正确引导儿童说话，培养儿童良好的说话习惯，减少儿童对说话的恐惧，减少口吃的发生。最重要的是对家长进行辅导，改善儿童的语言环境和家庭环境，缓解儿童的情绪压力。

对口吃的预防，人们应注意以下几点。

①与儿童对话时，说话者应做到语速放慢、句子改短、咬字清晰、音节分明。

②对儿童讲话时，说话者不仅要用较慢的语速，还要用和蔼的目光，消除儿童的紧张心理。

③尽量让儿童保持愉悦的心情，家庭气氛要活跃，避免过多冲突，不要让孩子长期处于恐惧、焦虑、紧张的情绪中。

④儿童应养成良好的说话习惯，吐词清楚，避免模仿口吃儿童说话。

⑤家长应忽略儿童的口吃问题，避免在儿童出现口吃的情况时家长表现出在意的行为或语言。

（五）语言发育迟缓的预防要点

儿童言语语言障碍的预防关键在 3 岁以前，特别是出生后 2 岁内。早期正确培养儿童语言能力是减少儿童言语语言障碍的关键。语言发育迟缓的预防要做到"早发现，早诊断，早干预"。语言发育监测和筛查能有效发现早期儿童语言发育迟缓，是儿童发育监测的重要内容之一。一般儿童在 9 个月、18 个月、24 个月和 36 个月时要进行正式的全面发育筛查，包括语言和言语发育筛查。如果筛查中发现儿童有语言发育的问题，就需要尽早干预。

在家庭当中，父母可采取如下策略促进儿童的语言发展。

①倾听孩子，随时随地有耐心地对儿童讲话，回应他们的对话意图。

②话题要与孩子的程度经验相结合。

③大声给孩子朗读，每天亲子阅读半小时，鼓励孩子评论图片或故事。

④跟孩子一起玩语言游戏，如发声游戏、猜声音或记忆游戏（听觉、视觉）等。

⑤丰富孩子的生活经验。

⑥适当限制孩子与电视和其他媒体的接触。

（六）儿童失语症的预防要点

引起儿童失语症的疾病以脑卒中最为多见，其次为脑炎、脑外伤等。因此，预防儿童失语症需要积极预防失语症的病因，具体方法如下。

①积极预防脑卒中、脑外伤、脑炎、各种代谢性脑病等。

②要注意了解、预防和控制诱发脑血管疾病的危险因素。

③定期体检，早期发现脑血管疾病及其相关的危险因素，及早预防。

④改变不良的生活方式，保持健康的生活方式。

⑤保护颅脑，尽量避免脑部受到损害导致失语症的发生。

⑥家长若发现孩子的言语出现问题，应及时带孩子到医院进行检查，早发现、早诊断、早治疗是预防和治疗失语症的关键。

二、言语语言障碍训练的要点

言语语言障碍训练重在早发现、早干预。不同类型言语语言障碍的发作原因不同，训练方法也有所不同。训练要点如下。

①积极治疗原发病，针对不同的疾病进行相应的病因治疗。如果病情稳定后儿童仍存在语言障碍，则可以同时进行语言功能康复训练。

②改善儿童养育环境中可能存在的不利因素，如家庭内尽量只使用一种语言，家庭气氛和谐。

③若语言障碍是由器质问题引起的，如唇腭裂、巨舌、舌系带过短，应尽早进行针对性的手术处理，术后尽早开展有效的语言训练，恢复这些器官的功能。

④听力障碍儿童应尽早进行听力补偿或重建，配备助听器或植入人工耳蜗后及时进行听觉训练、语言训练等。

⑤做好家庭指导，争取家庭的支持与配合，积极开展家庭训练，家长在语言训练中起着至关重要的作用。

⑥训练的方法、策略和内容要适合儿童个体需求。

⑦注意焦虑、注意缺陷多动障碍等伴发问题的处理。

第二节 预防宣教活动实施

一、预防宣教活动的目的

每个人在人生的不同阶段都可能会面临不同的引发言语语言障碍的因素，各类场所也存在不同的致残因素。预防宣教活动的目的是要逐步把言语语言障碍预防知识融入医疗保健人员、社会工作人员、残疾人工作者等职业培训课程和教材中，加强预防宣教能力建设，发挥专业人员在预防知识普及中的权威指导和示范引领作用；要实施全人群全生命周期的预防策略，加强处于不同人生阶段人群重要障碍因素的防控宣传教育；要把常规宣传教育与主题宣传教育活动相结合，引导公众树立风险防范意识，学习预防知识，提升预防技能，动员全社会重视、参与、支持预防行动。

二、预防宣教的方法

随着早期预防、干预和康复工作的推广，以家庭为中心的知识普及正在逐步推广。贯彻以家庭为中心的预防宣教及康复理念，普及指导方法，科学有效地推行预防宣教及康复焦点核心问题。开展幼儿园、学校、社区和家庭及全社会共同参与的预防宣教活动模式，提高儿童家长的知识和技能。

言语语言障碍预防宣教的方法分为四大类和八种方式，见图8-1。

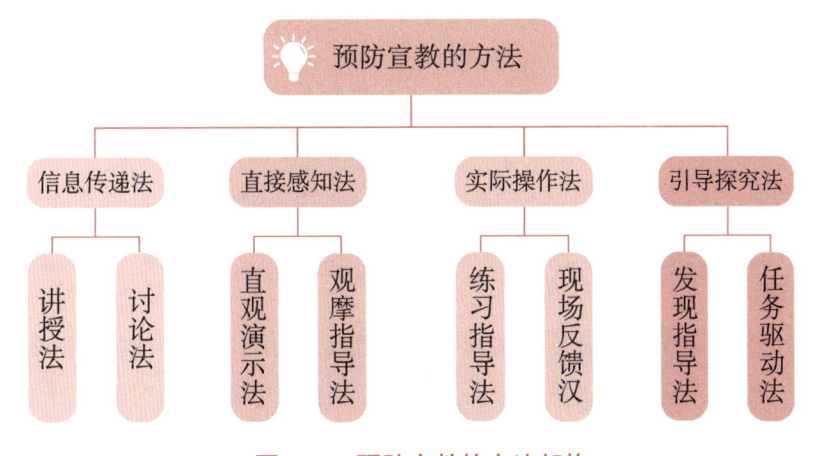

图8-1 预防宣教的方法架构

（一）信息传递法

信息传递法是以语言信息为媒介，通过讲授、谈话、讨论或阅读指导等方式，帮助宣教对象理解、把握有关言语语言障碍的概念等知识性内容，拓展、丰富其有关言语语言障碍的认识性问题的方法。信息传递法可细分为讲授法和讨论法。

1. 讲授法

讲授法是宣教者借助简明、生动的口头语言，通过叙述、描绘、解释、推论等方式，向宣教对象传递有关言语语言障碍预防与康复的科学知识，引导宣教对象正确分析和认识问题的方法。讲授法要注意的是：宣教既要重视内容的科学性，又要尽可能地与宣教对象实际认知基础或经验相结合；宣教应注意培养宣教对象的专业思维，内容应具有启发性；宣教过程中的语言要尽量生动形象，语速、音量要适度，条理清晰，通俗易懂。讲授方法的优点是宣教者容易控制指导进程，能够使宣教对象在较短时间内获得大量、系统的专业知识。

2. 讨论法

讨论法是宣教者将宣教对象分成几个小组，围绕言语语言预防与康复过程中遇到的问题，让宣教对象通过小组讨论进行主动思考，互相启发，激发学习兴趣，提高解决问题的能力的一种方法。讨论的问题要具有代表性、话题性。讨论时，宣教对象要联系自身认知和实际情况进行言语语言预防知识的储备，获得正确的观点和系统的知识。讨论法要注意的是：讨论前，宣教者应提出论题和讨论的具体要求，指导宣教对象准备收集有关资料或做好观察记录，认真写好发言提纲；讨论时，宣教者要善于启发、引导宣教对象自由发表意见；讨论结束后，宣教者应进行小结，概括讨论的情况，使宣教对象获得正确的观点和系统的知识。

（二）直观感知法

直观感知法是借助直观演示或通过参观、观摩等形式，帮助宣教对象获得有关言语语言障碍预防与康复的新知识或巩固其已有专业知识的方法。直观感知法可细分为直观演示法和观摩指导法。

1. 直观演示法

直观演示法是宣教者通过各种实物、直观教具或行为示范，使宣教对象获得直观认识的一种方法。直观演示法要注意的是：演示目的要明确，每次演示着重解决一个重点问题；演示的内容要尽量排除不必要因素的影响；演示过程所呈现的现象要明显且容易观察。

2. 观摩指导法

观摩指导法是宣教者组织宣教对象到服务机构进行实地观察、调查和学习的一种方法。一般而言，宣教者通过示范和讲解，要求宣教对象围绕着观摩内容收集有关资料，记录，质疑问难，整理观摩记录，将感性认识升华为理性知识，从而达到掌握预防知识的细节要领。根据宣教活动深入开展的需要，有关观摩活动的组织形式又可分为准备性观摩、并行性观摩和总结性观摩等。

（三）实际操作法

实际操作法是宣教者指导宣教对象反复、多样地应用言语语言障碍预防与康复理论知识进行实际操作的方法。实际操作法的目的是帮助宣教对象把已经了解的理论知识转化为可以应用于言语语言障碍预防与康复实践的技能和技巧。实际操作的可细分为练习指导法和现场反馈法。

1. 练习指导法

练习指导法是宣教对象在宣教者的指导下巩固言语语言障碍预防知识，并运用相关知识形成言语语言预防与康复实操技能和技巧的指导方法。练习指导法要注意的是：宣教对象依照示范，尝试练习，找到理解和运用之间的偏差，进而重新调整和修正。

2. 现场反馈法

现场反馈法是宣教者以现场为中心，以宣教对象正在进行的言语语言障碍预防与康复实践为中介，对宣教对象实施的行为进行及时纠正反馈的方法。宣教者通过观察，发现问题与不足，结合宣教对象的表现，以建议的方式给予宣教对象进一步引导。现场反馈法要注意的是：对宣教对象要先进行肯定和鼓励；反馈建议要具体细致，不要太过笼统；要使用建议性语言反馈宣教对象的不足。

（四）引导探究法

引导探究法是宣教者以在言语语言障碍预防与康复过程中出现的问题为载体，组织、引导宣教对象通过独立的探索和研究，以发现问题的形式对言语语言障碍预防与康复的专业知识进行学习，创造性地解决问题，从而帮助宣教对象获得知识和发展能力的指导方法。引导探究法可细分为发现指导法和任务驱动法。

1. 发现指导法

发现指导法是宣教者以在言语语言障碍预防与康复过程中出现的问题为载体，不直接提供给宣教对象学习的内容，而是提供一种问题情境，即一些实例和问题，让宣教对象积极思考，独立探究，自行发现并掌握相应的知识、方法和结论的一种指导方法。具体步骤包括：创设问题的情境，使宣教对象在这种情境中产生困难，继而提出要求解决或必须解决的问题；促使宣教对象利用宣教者所提供的某些材料、所提出的问题，提出解答的假设；请宣教对象根据自己的认识、理解和经验，从理论上或实践上检验自己的假设；请宣教对象根据已有的实践或别人的研究获得的一定材料或结果，在仔细评价的基础上得出结论。

2. 任务驱动法

任务驱动法是宣教者给宣教对象布置探究性的学习任务，宣教对象通过查阅资料，对言语语言障碍预防与康复的知识进行整理，再选出代表知识进行讲解，最后由宣教者进行总结的一种指导方法。任务驱动法既可以小组为单位进行，也可以个人为单位进行。任务驱动法要注意的是：宣教者布置任务要具体，最好结合宣教对象在进行言语语言障碍预防和康复实践中遇到的共性和有代表性的问题，宣教对象要积极提问，以达到共同学习的目的。任务驱动法可以让宣教对象在完成"任务"的过程中，培养起分析问题、解决问题的能力，以及独立探索和合作的精神。

第三节　预防宣教活动评价

言语语言障碍预防宣教活动评价是对预防宣教活动的价值做出判断的过程。评价的内容包括回答诸如宣教对象是否获得言语语言障碍预防的基本知识及宣教者的工作过程和宣教效果怎么样等问题。评价的目的是为了改进和调整宣教活动。因此，言语语言障碍的预防宣教活动不能只停留于收集资料、描述现状，还要对评价资料和结果进行深入分析和解释，并判断其意义，为预防宣教活动采用更加的策略提供科学依据。

一、评价内容

评价内容主要包括三个方面，分别是宣教计划、宣教过程和宣教效果。

1. 宣教计划

对宣教计划的评价应建立在了解宣教对象需求的基础上，看活动计划与方案是否能达到宣教活动的目的，帮助宣教对象理解、把握有关言语语言障碍预防的理念、观念、原则、概念等知识性内容，拓展、丰富或改善有关言语语言康复的认识性问题。

2. 宣教过程

对预防宣教活动的评价应特别注重对宣教实施过程的评价，评价维度包括以下两个方面。

①宣教的内容、方式策略和环境条件　是否能调动宣教对象学习的积极性，是否能为宣教对象提供有益的学习经验，并符合其需要。

②宣教者的态度和行为　包括宣教者的语言方式，对活动的控制和管理，宣教者与宣教对象的互动质量及对活动环境、设备、材料的准备和利用等。

3. 宣教效果

对宣教效果的评价应明确宣教以后宣教对象是否了解言语语言障碍预防的一般知识，能达到在自然生活环境中推行对言语语言障碍预防目的。

二、评价方式

宣教者和宣教对象是预防宣教活动的主要对象。对宣教计划、宣教过程和宣教效果的评价都反映在宣教对象和宣教者的评价中，评价方式分为宣教者自我评价和宣教对象满意度调查。

1. 宣教者自我评价

宣教者的自我评价是宣教者运用专业知识审视预防宣教活动，发现、分析、研究、解决活动中出现的各类问题的过程。自我评价包括对宣教活动的环节设置、活动气氛、内容选择及现场反馈等的评价及后续思考，以期达到优化宣教内容、提升实际工作能力的目的。

自我评价应注意遵循以下原则。

（1）客观性原则

自我评价要尊重事实，实事求是，理性思考，不感情用事；评价指标要设置合理，能够较全面、准确地反映预防宣教活动整体的真实水平。

（2）全面性原则

自我评价要力求全面，涵盖整个预防宣教活动的点点面面，既要包含宣教内容，又要涉及活动组织安排，做到"点面结合"。

2. 宣教对象满意度调查

宣教对象满意度调查是由宣教对象进行评价。设计满意度调查问卷时，问卷应能够不受时空限制，并可以在短时间内获取更多信息。问卷内容包括对宣教者知识、能力等的评价，对预防宣教活动内容的评价。满意度调查问卷的设置，要从有收获、有效率、有补充、有待完善等方面入手。

（1）有收获

有收获指通过预防宣教活动，宣教对象学到了知识，锻炼了能力，有着愉快、积极地参与体验感，激发了继续宣教活动学习的兴趣。

（2）有效率

有效率指宣教活动带给宣教对象的充实感，也就是宣教活动对宣教对象中的多少人产生了效率，对每一名宣教对象产生了多少效率。

（3）有补充

有补充指在宣教过程中出现的宣教内容预设之外的互动和收获，包括活动气氛活跃，宣教对象参与性高，思维、情感的投入，能生成思维的碰撞，讨论预设问题之外新的问题，以及带来新的思考和收获。

（4）有待完善

任何宣教活动都不是十全十美的，都会出现这样那样的状况，活动是需要反思、改善、重新设置的。

三、评价程序

预防宣教评价的程序一般包括设计评价方案，明确评价什么，采用什么方法及什么时间进行评价等；实施评价方案，收集评价资料；分析、解释评价资料，得出结论，并给出进一步的建议。

附录 1　言语语言功能评估汇总表

基本信息
姓名：　　　　性别：　　　年龄：　　　出生日期：　　　　民族： 家庭住址： 监护人姓名：　　　联系电话： 其他：　　　　　　　　　　　　　　　　　　　　　记录人：
问题主诉
病史（现病史、既往史、家族史、语言环境情况、康复治疗史及训练史等）
其他相关功能评估结果
评估结果
训练建议

附录 2 构音器官检查表

姓名：_____   性别：_____   年龄：_____   出生日期：_____
检查时间：_____   检查者：_____

		坐在病人对面观察	正常	稍有异常	异常	备注
头面部	外观形态	头部的大小和形状				
		面部对称性				
		左半边和右半边				
		上下颌骨				
		嘴唇				
		鼻子				
		鼻唇沟				
		双眼睁开时没有眼睑下垂				
		没有流涎				
		没有其他面部显著特征				
	功能	脸部				
		微笑正常				
		眼睛				
		眉毛对称抬起				
		双眼闭合完全				
		嘴唇				
		闭着嘴唇噘嘴				
		微张开嘴唇噘嘴				
		可以左右噘嘴				
		可以噘嘴发 /u/ 音或咧嘴发 /i/ 音				

续表

				稍有异常	异常	备注
头面部	功能	可以快速发出 /pa-pa-pa/				
		下颌关节				
		可以张大嘴巴				
		下颌可以左右移动				

		坐在病人对面观察	正常	稍有异常	异常	备注
呼吸	外观形态	平静呼吸				
		用鼻子呼吸				
		没有呼吸费力（胸式呼吸）				
		说话时呼吸				
		用鼻子呼吸				
		没有呼吸费力（胸式呼吸）				
	功能	平静呼吸				
		可以通过鼻子快速呼吸				
		可以胸腹联合式呼吸				
		说话时呼吸				
		可以持续发 /a/ 音 5 秒钟				

		坐在病人对面观察	正常	稍有异常	异常	备注
口咽部	外观形态	牙齿				
		前牙没有缺失				
		牙间距				
		咬合				
		舌				
		大小				
		颜色				
		休息时位置				

续表

口咽部	外观形态	舌系带				
		没有裂隙、病变和抽搐				
		软硬腭				
		颜色				
		拱顶高度				
		没有裂隙				
		如果有裂隙：已修复　没修复				
		悬雍垂				
		形状				
		长度				
		扁桃体				
		大小				
	功能	舌				
		伸出				
		向上（试图够鼻尖）				
		向下（试图够下巴）				
		左右（左嘴角到右嘴角）				
		快速左右移动（左嘴角到右嘴角）				
		旋转（正反时钟，舔嘴唇）				
		在上牙内外左右移动				
		在下牙内外左右移动				
		能快速平稳地说"pa-pa-pa"				
		能快速平稳地说"ta-ta-ta"				
		能快速平稳地说"ka-ka-ka"				
		能快速平稳地说"pa-ta-ka"				
		腭咽				
		重复发短 /a/ 音，软腭运动明显				

续表

口咽部	功能	提升对称				
		鼓颊				
		轻压面颊时,能保留口内气体				
		没有鼻漏气				

附录3 构音语音能力评估记录表

姓名：_____ 性别：_____ 年龄：_____ 出生日期：_____

评估时间：_____ 评估人员：_____

目标音	记录音			目标音	记录音		
	声母	韵母	声调		声母	韵母	声调
1. bō 菠				26. shǒu 手			
2. pò 破				27. xiā 虾			
3. mǎ 马				28. wá 娃			
4. fā 发				29. zhuō 桌			
5. dà 大				30. yuè 月			
6. tǎ 塔				31. biǎo 表			
7. nǚ 女				32. niú 牛			
8. lí 梨				33. kuài 筷			
9. gē 鸽				34. zuǐ 嘴			
10. kù 裤				35. fàn 饭			
11. hǔ 虎				36. mén 门			
12. jiě 姐				37. jiǎn 剪			
13. qì 气				38. suàn 蒜			
14. xī 西				39. yuán 圆			
15. zǐ 紫				40. pīn 拼			
16. cì 刺				41. dūn 蹲			
17. sì 四				42. yún 云			
18. zhǐ 纸				43. láng 狼			
19. chē 车				44. qiāng 枪			

续表

目标音	记录音			目标音	记录音		
	声母	韵母	声调		声母	韵母	声调
20. shū 书				45. chuáng 床			
21. rì 日				46. rēng 扔			
22. ěr 耳				47. tīng 听			
23. cài 菜				48. wēng 翁			
24. bēi 杯				49. hóng 红			
25. gāo 糕				50. xióng 熊			

[记录方法] 正确：√；歪曲：⊗；省略：⊖；替代：实发音。

[检查结果]

声母：_____

韵母：_____

声调：_____

附录4 双字调评估记录表

姓名：_____ 性别：_____ 年龄：_____ 出生日期：_____
评估时间：_____ 评估人员：_____

1-1	飞	机	乌	鸦	1-2	关	门	拍	球	1-3	喝	水	铅	笔	1-4	吃	饭	积	木
字					字					字					字				
词					词					词					词				

2-1	门	窗	熊	猫	2-2	蝴	蝶	弹	琴	2-3	苹	果	红	纸	2-4	游	戏	玩	具
字					字					字					字				
词					词					词					词				

3-1	火	车	水	杯	3-2	女	孩	脸	盆	3-3	洗	澡	洗	手	3-4	扫	地	跑	步
字					字					字					字				
词					词					词					词				

4-1	电	灯	看	书	4-2	气	球	跳	绳	4-3	绿	草	下	雨	4-4	睡	觉	电	视
字					字					字					字				
词					词					词					词				

单字调总得分：_____
 一声得分：_____ 二声得分：_____ 三声得分：_____ 四声得分：_____
双字调总得分：_____
 一声得分：_____ 二声得分：_____ 三声得分：_____ 四声得分：_____

附录5　听觉能力评估记录表

姓名：_____　　性别：_____　　年龄：_____　　出生年月：_____
评估日期：_____　　评估人员：_____

评估内容		错误走向记录（正确）–（错误）	最大识别率
自然环境声响识别			
语音识别	韵母识别		
	声母识别		
数字识别			
声调识别			
单音节词识别			
双音节词识别			
三音节词识别			
短句识别			
选择性听取			
听觉康复级别		平均成绩	
康复建议			

附录6　语言能力评估记录表

姓名：_____　　性别：_____　　年龄：_____　　出生年月：_____
评估日期：_____　　评估人员：_____

评估内容	测试记录	测试结果	语言年龄
语音清晰度（％）			
词汇量			
语法能力（模仿句长）			
理解能力（听话识图）			
表达能力（看图说话）			
交往能力（主题对话）			
语言康复级别		平均综合语言年龄	
康复建议			

附录7　言语语言障碍预防宣教活动满意度调查问卷

预防宣教内容：　　　宣教讲师：　　　宣教日期：　　　宣教地点：

预防宣教活动组织方面	
项目	评价内容
您在参加活动前获得活动通知的渠道	○ 社区宣传栏通知　　○ 社区微信通知　　○ 邻友推荐
您认为本次活动场所安排如何	○ 好　　○ 较好　　○ 一般　　○ 较差　　○ 差
您认为本次活动时间安排及时长如何	○ 好　　○ 较好　　○ 一般　　○ 较差　　○ 差
您对本次活动的组织安排整体印象如何	○ 好　　○ 较好　　○ 一般　　○ 较差　　○ 差
预防宣教活动课程及宣教者方面	
宣教内容、案例与实际情况的关联性	○ 非常满意　○ 满意　○ 一般　○ 不满意　○ 差
宣教内容的实用性	○ 非常满意　○ 满意　○ 一般　○ 不满意　○ 差
宣教内容的启发性	○ 非常满意　○ 满意　○ 一般　○ 不满意　○ 差
宣教知识的系统性	○ 非常满意　○ 满意　○ 一般　○ 不满意　○ 差
宣教内容可参与性	○ 非常满意　○ 满意　○ 一般　○ 不满意　○ 差
宣教者语言表达能力及课程熟练度	○ 非常满意　○ 满意　○ 一般　○ 不满意　○ 差
宣教者对课堂气氛的调节	○ 非常满意　○ 满意　○ 一般　○ 不满意　○ 差
宣教者对问题的解答能力	○ 非常满意　○ 满意　○ 一般　○ 不满意　○ 差
宣教内容对您实际面临的问题的帮助程度	○ 非常满意　○ 满意　○ 一般　○ 不满意　○ 差
本次宣教活动内容整体评价	○ 非常满意　○ 满意　○ 一般　○ 不满意　○ 差
其他建议	

参考文献

[1] 李胜利. 言语治疗学 [M]. 北京：华夏出版社，2004.

[2] 孙喜斌. 听障儿童康复听力学 [M]. 北京：新华出版社，2004.

[3] 卢晓月. 听障儿童言语康复技能 [M]. 北京：新华出版社，2004.

[4] 林崇德. 发展心理学 [M] 北京：人民教育出版社，2008.

[5] 孙喜斌. 听力障碍儿童听觉、语言能力评估标准及方法 [M]. 北京：三辰影库电子音像出版社，2009.

[6] 林宝贵. 语言障碍与矫治 [M]. 第 2 版. 台北：五南图书出版公司，2009.

[7] 胡向阳. 听障儿童听觉口语教学示范教材 [M]. 北京：中国文联出版社，2011.

[8] 万萍. 言语治疗学 [M]. 北京：人民卫生出版社，2012.

[9] 胡向阳. 听障儿童全面康复 [M]. 北京：北京科学技术出版社，2012.

[10] 李福胜，张婷，曾西. 言语治疗技术 [M]. 武汉：华中科技大学出版社，2012.

[11] 陈小娟，张婷. 特殊儿童语言与言语治疗 [M]. 南京：南京师范大学出版社，2014.

[12] 黄昭鸣，朱群怡，卢红云. 言语治疗学 [M]. 上海：华东师范大学出版社，2016.

[13] 梁巍. 残疾儿童康复教育概论 [M]. 北京：北京出版社，2018.

[14] 张芳. 儿童言语矫治示范 [M]. 北京：北京出版社，2018.

[15] 张芳，史泱. 儿童构音语音训练手册 [M]. 北京：北京出版社，2018.

[16] 曲春燕. 儿童言语语言障碍与治疗 [M]. 北京：北京出版社，2018.

[17] 陈军兰. 听觉口语教学理论与实操 [M]. 北京：北京出版社，2018.

[18] 张玉梅，宋鲁平. 失语症新理论新进展 [M]. 北京：科学技术文献出版社，2019.

[19] 卫冬洁，江钟立. 康复治疗师临床工作指南：失语症康复治疗技术 [M]. 北京：人民卫生出版社，2019.

[20] 刘巧云，候梅. 康复治疗师临床工作指南：儿童语言康复治疗技术 [M]. 北京：人民卫生出版社，2019.

[21] 席艳玲，黄昭鸣. 康复治疗师临床工作指南：言语障碍康复治疗技术 [M]. 北京：人民卫生出版社，2020.

[22] 杨淑兰. 口吃：理论与实务（第二版）[M]. 新北：心理出版社，2017.

[23] T/CARD 014/2021. 言语语言障碍儿童康复服务规范 [S]. 中国残疾人康复协会，2021.

[24] T/CARD 027/2022. 儿童言语功能评价服务指南 [S]. 中国残疾人康复协会，2022.

[25] 张明红. 学前儿童语言教育 [M]. 上海：华东师范大学出版社，2001.

[26] 周兢. 汉语儿童语言发展研究 [M]. 北京：教育科学出版社，2009.

[27] 刘巧云. 儿童语言康复学 [M]. 南京：南京师范大学出版社，2021.

[28] 鲍怀翘，林茂灿. 实验语音学概要 [M]. 北京：高等教育出版社，2014.

[29] 卢红云，黄昭鸣. 口部运动治疗学 [M]. 上海：华东师范大学出版社，2010.

[30] 曾志华，吴洁茹，熊征宇. 普通话训练教程 [M]. 北京：中国传媒大学出版社，2017.

[31] 吕丹，黄孟捷，陈援，等. 儿童嗓音障碍指数量表在嗓音疾病患儿中的应用 [J]. 中华耳鼻咽喉头颈外科杂志，2019，54（2）：121-125.

[32] 王吉，黄孟捷，吕丹，等. 儿童嗓音相关生活质量量表在儿童嗓音疾病中的应用 [J]. 临床耳鼻咽喉头颈外科杂志，2019，33（10）：979-982.

[33] 张群显. 赵元任五度标记法制标调法 [J]. 学术研究，2012，5，152-156.

[34] 李嵬，祝华，BARBARADODD，等. 说普通话儿童的语言习得 [J]. 心理学报，2000，32（2）：170-176.

[35] 张芳，晁欣，史泱，等. 3～5岁听障与健听儿童双字调发音的比较研究 [J]. 中国康复理论与实践，2014，20（5）：401-403.

[36] 肖农，王俐，吴正文. 儿童失语症的病因与转归 [J]. 重庆医科大学学报，2003，28（3）：350-352.

[37] 桑标，缪小春. 皮博迪图片词汇测验修订版（PPVT—R）上海市区试用常模的修订 [J]. 心理科学通讯，1990，(5)：22-27.

[38] 张未，李春生，裴宏良，等. 口吃矫治的初步探讨——附577例分析 [J]. 北京第二医学院学报，1984，(3)：231-235.

[39] 龚耀先，戴晓阳. 中国—韦氏幼儿智力量表（C-WYCSI）的编制 [J]. 心理学报，1988，(4)：364-376.

[40] SILVERMAN, F H. Stuttering and Other Fluency Disorders [M].3rd ed. Long Grove, Illinois: Waveland Press，2004.

[41] GUITAR, B.. Stuttering: An integrated approach to its nature and treatment [M].4th ed.. Baltimore, MD: Lippincott Williams & Wilkins，2014.

[42] VAN RIPER C. The Nature Treatment of Stuttering [M]. Englewood Cliffs, NJ: Prentice-Hall,1973.

[43] VAN RIPER C. Speech correction:an introduction to speech pathology and audiology [M]. 7th ed. Englewood Cliffs, N.J.: Prentice Hall,1984.

[44] SHEEHAN J G. Conflict theory and avoidance-reduction therapy [C]//Stuttering: A second symposium. New York: Harper & Row, 1975: 97-198.

[45] ZIMMERMAN-PHILLIPS S, ROBBINS A M C, OSBERGER M J. Assessing cochlear implant benefit in very young children [J]. The Annals of Otology, Rhinology & Laryngology, 2000, 109(12): 42.

[46] ROBBINS A M, RENSHSHAW J J, BERRY S W. Evaluating meaningful auditory integration in profoundly hearing-impaired children [J]. Otology & Neurotology, 1991, 12: 144-150.

[47] YAIRI E. Disfluency characteristics of childhood stuttering [J]. Nature and treatment of stuttering: New directions, 1997, 2: 49-78.

[48] HOWIE P M. Concordance for stuttering in monozygotic and dizygotic twin pairs [J]. Journal of Speech, Language, and Hearing Research, 1981, 24(3): 317-321.

[49] SILVERMAN F H. The stuttering problem profile: A task that assists both client and clinician in defining therapy goals [J]. Journal of Speech and Hearing Disorders, 1980, 45(1): 119-123.

[50] LANDAU W M, KLEFFNER F R. Syndrome of acquired aphasia with convulsive disorder in children [J]. Neurology, 1998, 51(5): 1241.